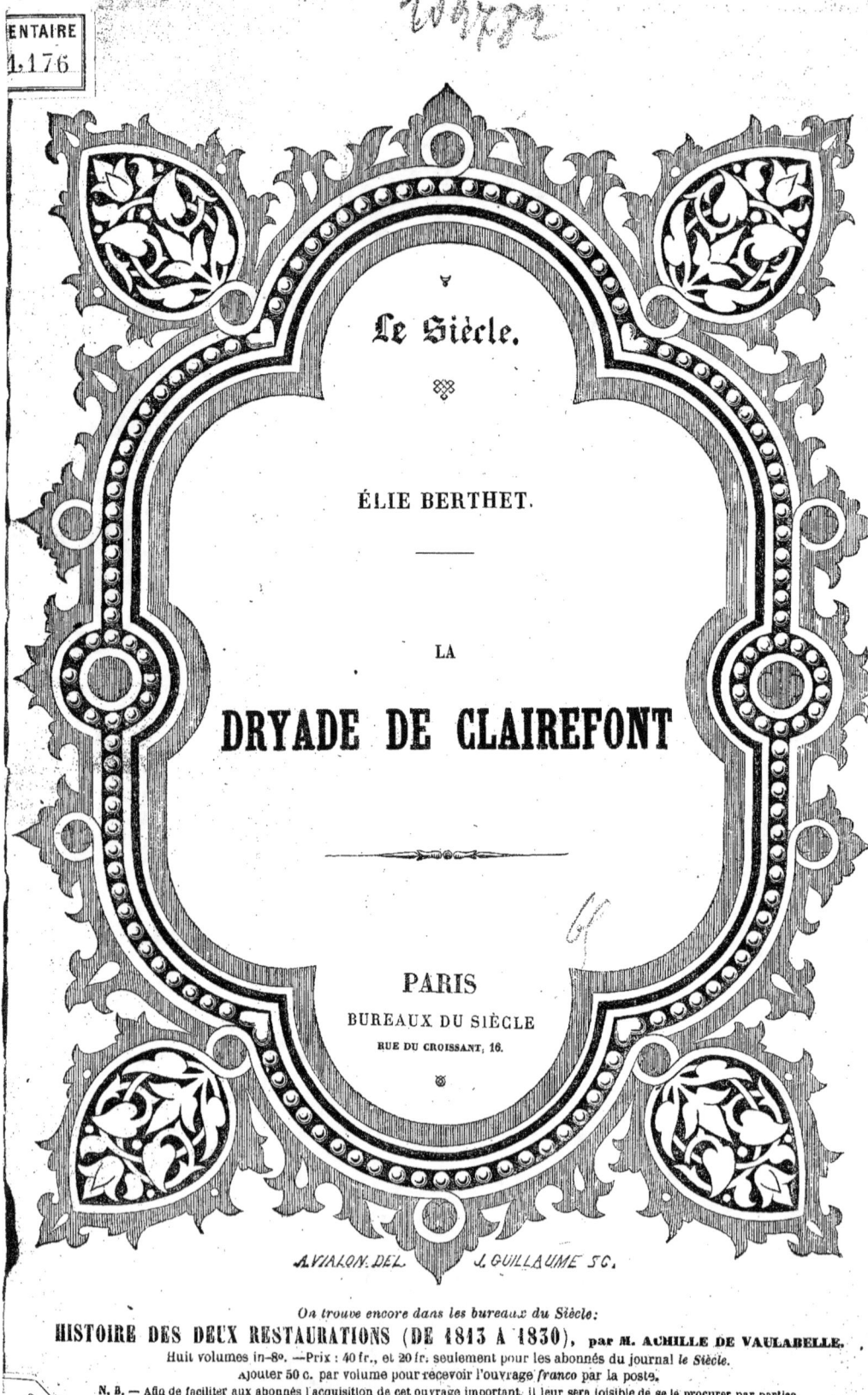

Le Siècle.

ÉLIE BERTHET.

LA

DRYADE DE CLAIREFONT

PARIS
BUREAUX DU SIÈCLE
RUE DU CROISSANT, 16.

A. VIALON. DEL.   J. GUILLAUME SC.

On trouve encore dans les bureaux du Siècle:
HISTOIRE DES DEUX RESTAURATIONS (DE 1813 A 1830), par M. ACHILLE DE VAULABELLE.
Huit volumes in-8°. — Prix : 40 fr., et 20 fr. seulement pour les abonnés du journal *le Siècle*.
Ajouter 50 c. par volume pour recevoir l'ouvrage *franco* par la poste.
N. B. — Afin de faciliter aux abonnés l'acquisition de cet ouvrage important, il leur sera loisible de se le procurer par parties de deux volumes chaque, au prix de 5 fr. pris au bureau, et de 6 fr. par la poste.

Elie Berthet.

LA DRYADE
DE CLAIREFONT

PREMIÈRE PARTIE

LA FAMILLE SAVINIEN.

L'ancien prieuré de Clairefont, autrefois maison de l'ordre de Cîteaux, est situé sur les marches de la Lorraine et du Luxembourg, à quelque distance d'une de ces villes fortifiées dont les canons et les ouvrages à la Vauban protégent le sol français contre l'invasion étrangère. Cet édifice, qui s'élevait au milieu de bois verdoyans et de campagnes plantureuses, portait encore, pendant les dernières années de l'empire, les traces des dévastations révolutionnaires.

Le calme le plus profond régnait alors dans ses vastes cours, dans ses somptueux jardins en terrasses qui descendaient par gradins jusqu'à la rivière voisine, dans son parc immense aux arbres séculaires. Les toitures de plomb du couvent étaient arrachées; des portions de bâtiment avaient été démolies pour en extraire les magnifiques pierres de taille; les grilles de fer, chefs-d'œuvre de serrurerie, avaient disparu. Les corridors, les longues galeries, les cellules inhabitées et inhabitables étaient encombrés de matériaux; la pluie et le vent pénétraient librement dans l'intérieur par les fenêtres béantes sans vitres et sans châssis.

Toutefois l'art architectural n'eût pas perdu grand'chose à la destruction complète du prieuré de Clairefont. Au moment où la révolution avait éclaté, les moines étaient en train de reconstruire leur couvent suivant le goût bâtard et sans style qui distingue l'architecture du siècle dernier. Le vieux et noble édifice n'était déjà plus qu'une espèce de grande maison blanche et régulière.

La démolition de l'église acheva d'enlever à ses constructions leur aspect religieux, et, n'eût été ce nom de prieuré qu'on leur donnait par habitude, il eût été impossible de soupçonner leur destination primitive.

Au commencement de la restauration, elles furent achetées par un riche entrepreneur de maçonnerie, qui, nous devons l'avouer, voulait seulement spéculer sur les matériaux, ainsi qu'avait fait la bande noire pour l'église du couvent. Mais, après réflexion, l'acquéreur changea d'avis et résolut d'établir sa demeure à Clairefont, dont la situation centrale lui présentait de nombreux avantages. L'appartement du prieur fut réparé, afin de servir au logement d'une famille bourgeoise; on ferma tant bien que mal avec de vieilles planches les brèches des murailles, et, laissant le reste des bâtimens dans leur état de dégradation primitif, Savinien, le propriétaire actuel, s'installa avec son monde dans sa nouvelle demeure.

Du reste, Savinien n'était pas difficile, et il se fût contenté de beaucoup moins pour son habitation. Originaire d'Auvergne, il avait commencé par être compagnon maçon, et était venu chercher fortune dans le pays pendant les premières années de ce siècle. A cette époque, il était complétement illettré; il savait à peine lire; mais il ne manquait pas d'intelligence, ou plutôt il possédait cet esprit pratique qui par de petits moyens arrive aux grandes choses. Bientôt il se lassa de gâcher au profit des autres du plâtre et du mortier; avec le produit de quelques économies amassées liard à liard, il se mit à travailler pour son compte. Grâce à son expérience, à son activité, ses spéculations réussirent. Le succès l'enhardit : il se lança dans de nouvelles entreprises qui ne tournèrent pas plus mal. La besogne ne manquait pas alors en Lorraine au remueur de moellons. Savinien sut habilement profiter des circonstances. Soutenu d'abord en secret par les fonds de certains capitalistes qui avaient foi dans son habileté, son expérience et sa probité, il aborda sans crainte de plus vastes entreprises. Il avait à ses ordres une véritable armée d'ouvriers, de contre-maîtres, de conducteurs de travaux; cependant il dirigeait et voyait tout par lui-même; son infatigable activité ne faisait jamais défaut, et l'impulsion puissante qu'il savait donner à ses opérations en assurait le succès. Pendant quinze ans, aucune construction importante ne s'était élevée, dans deux ou trois départemens, sans que Savinien y eût pris part. Aussi avait-il réalisé des bénéfices considérables; depuis longtemps il avait remboursé à ses bailleurs de fonds les sommes avancées par eux, et il spéculait avec ses propres ressources. Enfin, à l'époque où nous en sommes, on évaluait déjà sa fortune à plusieurs millions, et, en vertu du principe « qu'il n'y a que le premier million qui coûte, » nul ne pouvait dire où s'arrêterait cette prospérité.

Sans doute une certaine dose de bonheur est nécessaire au succès des entreprises les mieux combinées; mais Savinien ne négligeait rien pour mettre les bonnes chances de son côté. Esprit froid, calculateur, ne donnant rien au hasard, il savait prévoir les obstacles et s'arrangeait pour les tourner quand il ne pouvait les franchir. Au frottement du monde, son intelligence épaisse de paysan auvergnat s'était dégrossie, et l'on pouvait dire qu'elle s'était accrue en même temps que sa fortune. Défiant par caractère, il avait senti de bonne heure la nécessité de suppléer à l'insuffisance de son éducation afin de ne pas être trompé. Malgré la multiplicité de ses occupations, malgré l'obligation où il se trouvait de courir incessamment d'une extrémité à l'autre de la province pour surveiller ses travailleurs et ses chantiers, il avait promptement appris à écrire, à compter, à tenir les livres. Un ancien maître d'école, pauvre diable instruit et patient, qui avait été rudement éprouvé par la mauvaise fortune, lui servait de secrétaire, et ce secrétaire le suivait partout. En voiture, à cheval, le soir dans de mauvaises chambres d'auberge où Savinien était habituellement forcé de coucher, le maître et l'élève travaillaient avec ardeur; les comptes du jour servaient ordinairement de prétexte et d'exemple à la leçon. Grâce à tant d'efforts, Savinien devint rapidement un autre homme. Les idées sommaires que lui donnait de vive voix son précepteur sur l'histoire, la géographie et les autres connaissances indispensables, ne lui avaient pas moins profité que les aperçus d'arithmétique et de géométrie. La lecture, la fréquentation constante d'un homme instruit, les rapports habituels avec des gens bien élevés, avaient transformé peu à peu Savinien. Sans doute cette éducation était superficielle et manquait de solidité; mais, sauf dans ses manières une sorte de rudesse indélébile, sauf dans son langage certaines expressions vulgaires dont il ne pouvait se corriger entièrement, il eût été difficile au premier aspect de reconnaître que le millionnaire était parti de si bas.

La famille de Savinien se composait de sa femme, jeune et jolie, mais constamment maladive, et d'une belle-sœur. Peut-être l'opulent industriel aurait-il pu déterrer dans son pays natal quelques personnes qui se fussent empressées de réclamer l'honneur de sa parenté, surtout depuis qu'il avait fait une brillante fortune, mais il avait rompu toutes relations avec elles depuis un grand nombre d'années, et il les avait complètement oubliées. Aussi ses affections se concentraient-elles sur sa jeune femme, dont la santé chancelante exigeait les soins les plus assidus. Par malheur, Savinien, toujours en voyage pour ses affaires, ne pouvait venir que bien rarement et pour ainsi dire en courant au Prieuré; plusieurs semaines se passaient quelquefois sans qu'il eût le loisir de rendre visite à sa chère Salomée, et la malade était abandonnée aux soins de Paula, sa sœur aînée, qui du reste avait pour elle un dévouement sans bornes.

Les circonstances qui amenèrent le mariage de Savinien méritent elles-mêmes une mention spéciale. Nous avons regret de dire que Salomée et Paula étaient tout bonnement deux orphelines appartenant à une tribu de bohémiens particulière à la Lorraine. Cette tribu n'a pas les mœurs vagabondes, les habitudes farouches et anti-sociales des gitanos répandus dans les Pyrénées et le midi de la France; les individus qui la composent se piquent d'avoir un domicile fixe, une profession réelle et une incontestable probité; mais, outre les traits caractéristiques de leur race, ils conservent un langage qui ne ressemble en rien aux langues vivantes de l'Europe, comme aussi certaines idées et certaines croyances qui donnent à penser que, en dépit de leur titre de chrétiens, ils sont restés païens au fond du cœur. Néanmoins, de toutes les tribus de bohémiens connues, aucune plus que celle des bohémiens lorrains ne montre de tendance à se fondre avec les populations environnantes, et peut-être, à l'heure où nous sommes, a-t-elle effacé complètement la ligne de démarcation qui l'en séparait autrefois.

Avant le mariage de Salomée, les deux sœurs parcouraient pendant une partie de l'année les foires et marchés du département avec une petite charrette traînée par un âne et chargée des grossières faïences que l'on fabrique dans le pays. Jeunes et jolies l'une et l'autre, elles étaient exposées dans leur vie nomade à des dangers de plus d'un genre; mais quiconque avait osé tenter de les outrager avait toujours eu sujet de s'en repentir. En pareil cas, elles s'étaient défendues avec l'énergie sauvage de leur race. Paula, l'aînée, avait presque la force d'un homme, et sa main pouvait être redoutable; quant à Salomée, elle s'armait, à la moindre alerte, d'un petit poignard sorti on ne savait d'où, mais dont la lame fine et acérée donnait à penser aux plus hardis. D'ailleurs, dans les villages et les auberges qu'elles fréquentaient, il était rare qu'il ne se trouvât pas à leur portée des bohémiens lorrains, qui accouraient aussitôt pour les protéger. Bien qu'elles n'eussent aucun rapport avec les gens de leur caste, ceux-ci leur témoignaient en toute occasion un grand respect, car elles descendaient des princes de la tribu, et cette illustre origine les rendait comme sacrées aux yeux de leurs anciens frères.

Un événement qui pouvait avoir des conséquences terribles rapprocha Savinien des deux jolies colporteuses. Un émigré, rentré en France à la suite des Bourbons, avait chargé l'entrepreneur de restaurer son château qui tombait en ruines depuis vingt ans. En inspectant les travaux, Savinien se risqua sur un échafaudage qui se rompit, et il fut précipité, d'une hauteur de quarante pieds, sur des pierres et des solives. Quand on le releva, on le crut mort, car il était couvert de sang et ne bougeait plus.

L'accident était arrivé dans un pays presque désert; le château en construction n'offrait aucune ressource. Les ouvriers transportèrent le corps en apparence inanimé dans l'unique auberge du hameau le plus voisin. On déposa Savinien sur un lit; mais, toujours convaincus que la vie l'avait abandonné, les ouvriers et les gens de la maison ne lui donnaient aucun secours, et l'on ne songeait même pas à envoyer chercher un médecin.

Or, Salomée se trouvait alors dans cette auberge, où la fatigue et une indisposition passagère l'avait retenue, tandis que sa sœur continuait sa tournée avec l'âne et la charrette. A la vue de Savinien évanoui, la jeune bohémienne fut touchée de compassion; elle s'intéressa vivement à lui, et ne tarda pas à reconnaître qu'il respirait encore. Avec une autorité justifiée par la gravité des circonstances, elle chargea un des ouvriers d'aller chercher le médecin, tandis qu'elle en expédiait un autre à monsieur Blanchard, le secrétaire de Savinien et le seul ami qu'on lui connût. Pour elle, experte dans l'art de soigner les blessures, comme les femmes de sa race, elle ne demeura pas inactive.

Grâce à ses soins intelligens, Savinien ne tarda pas à reprendre connaissance, et Salomée put constater que, sauf un bras cassé et de violentes contusions, l'état du blessé ne présentait rien d'inquiétant. Alors, avec l'habileté d'un praticien et la délicatesse d'une femme, elle posa des éclisses sur le membre brisé, pansa les plaies et les meurtrissures, si bien que le médecin, qui arriva quelques heures plus tard, trouva la besogne faite et bien faite. Salomée ne connaissait pas le riche entrepreneur et n'avait jamais entendu parler de lui ; il ne s'agissait pour elle que d'un homme souffrant, abandonné. Néanmoins elle lui témoigna cette abnégation que le cœur inspire, et réellement Savinien lui dut la vie.

Pendant près d'un mois que le blessé passa dans cette misérable auberge de village, la sollicitude de la jeune garde-malade ne se démentit pas. Souffrante elle-même, Salomée ne s'épargnait ni les fatigues ni les veilles. Deux ou trois jours après l'événement, sa sœur Paula était venue la rejoindre avec la boutique ambulante ; mais elle refusa de quitter son poste. Paula, qui l'adorait et ne savait pas résister à ses caprices, dut encore continuer seule sa tournée commerciale, revenant seulement une fois par semaine rendre visite à sa sœur bien-aimée. Bientôt le malade fut hors de danger ; mais il était condamné à une immobilité complète, et l'ennui le rongeait. Blanchard, toujours en route pour surveiller les nombreux travaux que dirigeait son patron et porter des ordres aux contremaîtres, ne pouvait tenir compagnie à Savinien, et celui-ci eût péri d'impatience et de spleen sans la jolie Salomée. Elle lui chantait des chansons dans une langue inconnue, mais qui avaient une douceur et une harmonie singulières ; elle lui racontait des histoires étranges, empreintes de la bizarrerie et de la brillante imagination de l'Orient, dont la petite bohémienne tirait son origine. Les malades diffèrent peu des enfans : Savinien, bien qu'il ne la comprit pas toujours, prenait un plaisir extrême aux récits de Salomée ; et d'ailleurs, quand elle cessait de chanter et de conter, elle avait un babil vif, animé, spirituel, qui charmait les oreilles et le cœur.

On devine sans peine le résultat de ces longs tête-à-tête. Cet Auvergnat simple et grossier, qui jusqu'alors n'avait eu qu'une passion, celle de l'argent, s'éprit de sa charmante garde-malade. Salomée, de son côté s'était attachée à lui par son dévouement même. Puis l'entrepreneur n'avait alors que quarante ans, et, malgré ses formes un peu lourdes, c'était de l'homme, au sang pur, aux dents blanches, au teint frais. Ils s'aimèrent donc, et comme il n'y avait pas bien loin d'un ancien compagnon maçon à une bohémienne marchande de faïences, ils parlèrent de mariage. Paula, consultée, n'éleva pas d'objections à ce projet, si bien que, peu de temps après le rétablissement du futur, la cérémonie eut lieu dans l'église du village où avait commencé la connaissance.

Aucune pensée d'intérêt n'avait déterminé les deux sœurs à cette union ; ni l'une ni l'autre ne soupçonnait la fortune de Savinien, et elles ne le croyaient pas de beaucoup supérieure à la leur. Aussi furent-elles très surprises quand, le mariage accompli, le nouveau chef de famille leur déclara qu'elles devaient renoncer à leur petit commerce de colportage, qu'il était assez riche pour leur fournir les moyens de vivre *comme des dames*, ce furent les expressions dont il se servit, et qu'elles viendraient toutes les deux s'établir à la maison, où il n'y aurait pas trop de deux bonnes ménagères. Paula avait tremblé d'abord que l'on ne la séparât de sa chère Salomée ; aussi fut-elle charmée de la proposition. Elle n'affecta pas de scrupules exagérés de délicatesse ; elle accepta cette offre comme une chose toute simple, sûre que les services qu'elle rendrait à sa sœur et à son beau-frère, l'économie qu'elle apporterait dans la maison, compenseraient amplement l'hospitalité qu'elle allait recevoir. Les deux sœurs, ravies de cet arrangement, vinrent donc s'installer au Prieuré, où elles vécurent, suivant le vœu de Savinien, en dames châtelaines.

Plusieurs années s'écoulèrent, et le bonheur de la famille fut troublé seulement par la mauvaise santé de Salomée. Madame Savinien était atteinte d'une maladie de langueur dont la cause échappait aux investigations de la médecine ; on espérait seulement que le temps, le bien-être et la tranquillité d'esprit finiraient par vaincre ce mal mystérieux. Les deux sœurs vivaient fort retirées au Prieuré avec quelques domestiques. Elles sortaient peu, et leurs promenades ne dépassaient guère l'enceinte du parc, qui était immense. Savinien, toujours nomade et absorbé par ses occupations, venait rarement au Prieuré, malgré l'intérêt puissant qui l'y appelait, et ses visites n'étaient jamais longues. Mais, quand il arrivait avec son inévitable Blanchard, ou, comme il le disait, quand il venait *manger la soupe* à la maison, c'était fête au logis ; on le comblait de prévenances, et le spéculateur, dur pour lui-même, avait d'ordinaire grand'peine à s'arracher aux délices de ce bonheur domestique. Il ne parlait jamais de ses affaires à sa femme et à Paula ; seules dans le pays peut-être elles ignoraient sa richesse, et elles continuaient de diriger le ménage sans parcimonie sordide, mais avec une économie sévère. C'était Savinien lui-même qui devait les engager parfois en souriant à se permettre certaines dépenses modestes devant lesquelles elles eussent reculé.

Dans le courant de 1820, un événement longtemps souhaité excita la joie de toute la famille ; Salomée allait être mère. Trois jours après avoir appris cette heureuse nouvelle, Savinien envoya, par un messager, à sa femme, une chaîne d'or à longue chute, une montre et surchargée de diamans, que Salomée ne put croire à la valeur réelle d'un pareil cadeau ; elle demeura convaincue que la chaîne était du cuivre doré, que les diamans étaient du strass. Le présent n'en fut pas moins le bienvenu, et Savinien, à son retour, fut chaleureusement remercié. Toute la maison se réjouissait dans l'attente d'un héritier. À la vérité, le médecin de madame Savinien n'avait pu retenir un geste d'inquiétude en apprenant l'état de sa malade, et Paula, qui en savait peut-être autant que le docteur campagnard sur la santé de sa sœur, témoigna par un redoublement de soins et de vigilance combien la crise prochaine lui causait d'alarmes. Mais Salomée passa les premiers mois de sa grossesse sans qu'aucun symptôme vraiment inquiétant vînt justifier ses craintes ; tout faisait espérer au contraire qu'une révolution favorable pourrait s'accomplir chez la jeune femme à l'occasion de sa prochaine maternité.

Paula elle-même avait donc fini par se rassurer, quand un jour, peu de temps avant le terme de la grossesse de Salomée, un mendiant vint frapper à la porte du Prieuré, et demanda par charité quelque nourriture. Les deux sœurs accueillaient habituellement avec faveur de pareilles requêtes ; d'ailleurs le pauvre était un vieillard à longue barbe blanche, tout voûté, et qui marchait péniblement appuyé sur son bâton ; de plus, il n'avait pas ce ton humble et pleurard des mendians ordinaires, mais une voix sonore, bien timbrée, qui imposait aux moins timides. Quoique Marion, la cuisinière, sans même consulter ses maîtresses, l'engagea-t-elle à se reposer dans la salle basse, devant le feu, pendant qu'elle lui préparerait une bonne soupe. Il venait d'accepter cette invitation, quand Paula entra dans la cuisine pour y donner des ordres. Le vieillard, absorbé par les délices d'un potage savoureux, ne se dérangea pas, et la belle-sœur de Savinien put l'examiner en toute liberté. A sa peau basanée, à ses cheveux crépus, à son nez busqué, elle reconnut un bohémien ; mais ses découvertes ne s'arrêtèrent pas là, car elle s'écria tout à coup avec un accent de surprise et de joie :

— Je ne me trompe pas ! c'est Pétrus le Hexenmeister ! Que Dieu soit loué ! Pétrus guérira ma sœur.

En entendant son nom, Pétrus le Hexenmeister, ou le sorcier, se retourna lentement. C'était en effet un vieux bohémien lorrain qui, disait-on, possédait des secrets pour guérir les maladies réputées incurables, et qui, à ce talent merveilleux, joignait celui de lire l'avenir dans la main des croyans. Paula avait eu l'occasion de le voir autrefois et prisait très haut son mystérieux pouvoir, sans réfléchir que si Pétrus avait joui vraiment de dons aussi précieux, il eût été autre chose qu'un vagabond, implorant la charité publique sur les grands chemins.

Le bohémien fixa sur elle ses yeux gris, qui brillaient encore à l'ombre de ses épais sourcils, et à son tour il n'eut pas de peine à reconnaître sous le costume d'une riche bourgeoise une fille de sa race. Cependant il se taisait, quand Paula lui adressa la parole dans la langue de la tribu et sembla lui donner l'explication de cette rencontre.

Alors Pétrus se leva d'un air de respect, et évidemment ce respect n'avait pas pour cause l'opulence apparente de son hôtesse; mais bientôt sa physionomie changea d'expression à mesure que Paula lui parlait. Lui-même fit plusieurs questions d'un ton bref, et les réponses qu'il reçut parurent augmenter son mécontentement. Tout à coup, sans songer à achever son dîner, il alla prendre son bâton derrière la porte, s'enveloppa dans son manteau troué, et voulut sortir, en marmottant des paroles inintelligibles qui pouvaient être des malédictions.

Mais Paula, se jetant au-devant de lui, sembla le supplier de rester; on eût dit qu'elle employait les flatteries, les promesses pour l'y décider. Enfin le mendiant s'apaisa un peu et revint prendre sa place. Paula voulut qu'il continuât son repas, et alla jusqu'à le servir elle-même. Pétrus grondait sourdement, mais il laissait faire, et sans doute l'appétit et la bonne chère luttaient victorieusement contre sa mauvaise humeur. Un grand verre de vin qu'on lui versa réussit à le dompter, et il eut l'air d'acquiescer enfin aux désirs de son hôtesse. Aussitôt celle-ci courut prévenir Salomée au premier étage; puis elle revint chercher Pétrus, qui la suivit en silence.

Que se passa-t-il entre les deux bohémiennes et Pétrus le hezenmeister? Nul ne le sut jamais; seulement les servantes entendirent confusément à l'étage supérieur des gémissemens, des sanglots, que dominait la voix grave du vieux mendiant. Au bout d'un quart d'heure, Pétrus redescendit, toujours accompagné de Paula, qui, les yeux pleins de larmes, lui parlait d'un ton suppliant. Il répondait par monosyllabes, et ses traits semblaient plus sombres qu'auparavant. En traversant la salle basse, Paula lui offrit encore du vin, mais il refusa sèchement; elle lui présenta quelques pièces d'argent, il détourna la tête avec impatience; elle se dirigea vers la porte et sortit. Il traversa la cour en grommelant, et on entendit claquer avec force la grille extérieure. Depuis on ne le revit jamais au prieuré.

II

LE TILLEUL DE LA TERRASSE.

Paula était alors une belle jeune fille, alerte, vigoureuse, d'un caractère froid et contenu. Rarement elle laissait voir ses impressions; accoutumée de bonne heure à une existence rude et pénible, elle avait honte d'une émotion comme d'une faiblesse. Cependant ce jour-là elle ne songeait pas à cacher aux servantes les larmes abondantes qui inondaient ses joues brunes. En dépit d'un froid très vif, elle demeurait debout sur le seuil à regarder le mendiant s'éloigner, quand une voix faible l'appela de l'étage supérieur. Alors seulement elle rentra, et, sans adresser la parole aux deux servantes, qui attendaient tout ébahies et ne comprenaient rien à ce qui se passait, elle regagna la chambre de sa sœur.

Cette chambre, entièrement lambrissée en chêne sculpté, était vaste et triste. Le mobilier, en acajou, de style maigre et sec du premier empire, jurait par ses proportions mesquines avec la sombre majesté de cet appartement monacal. Devant la vaste cheminée, que Savinien avait fait réduire par ses maçons à des proportions modernes, se trouvait un canapé sur lequel était à demi couchée la maîtresse du logis.

Salomée offrait un remarquable contraste avec Paula. Elle avait bien, comme son aînée, un teint brun, des yeux noirs et pleins d'éclat, des cheveux d'un noir de jais ondés sur le front; mais autant Paula était grande et forte, autant la cadette était frêle, délicate et de proportions mignonnes. Malgré la *position intéressante* où se trouvait madame Savinien, on eût dit d'une enfant; à ne voir que ses traits fins, aux lignes pures, d'une pâleur uniforme, on lui eût donné seize ans à peine, bien qu'elle en eût près de vingt-cinq. Leurs caractères n'étaient pas moins opposés. Autant Paula se montrait grave et réservée, autant madame Savinien se montrait habituellement vive, enjouée, expansive; et sa faiblesse semblait être une excuse pour les caprices puérils qu'elle manifestait avec candeur.

Salomée avait été elle-même vivement agitée par la visite du mendiant. Elle était à demi couchée sur le canapé, le visage couvert de ses deux petites mains chargées de bagues. En voyant rentrer sa sœur, elle se souleva péniblement et lui jeta les bras autour du cou.

— Ma bonne Paula, — dit-elle en sanglotant, — il est donc vrai, tout est fini pour moi? Il va me falloir vous quitter, toi et mon cher Savinien! Et mon enfant, mon pauvre enfant qui n'est pas encore né, et qui est déjà condamné comme moi!

— Paix! Salomée, paix! ma petite, — répondit Paula, qui prenait d'ordinaire avec elle un ton maternel et qui, en ce moment surtout, sentait le besoin de lui imposer, — vas-tu croire ce vieux fou de Pétrus? Je ne sais où j'avais la tête d'amener ce rustre aussi brutal que méchant!

— Est-ce ainsi, — demanda Salomée au comble de l'étonnement, — que tu parles du hezenmeister, autrefois le plus habile rebouteur de la tribu, un sage qui opère tant de merveilles?

— Oui, il peut remettre sans doute un membre disloqué ou couper la fièvre avec des herbes, mais certainement il n'en sait pas aussi long que monsieur Delmas, notre médecin, qui entend le latin et le grec... D'ailleurs Pétrus ne t'a pas tâté le pouls, il n'a pas examiné ta langue et ne t'a pas questionnée sur ton mal; il s'est contenté de regarder dans ta main, et c'est après en avoir étudié les lignes qu'il nous a prédit tant de terribles choses.

— Eh bien! ma sœur, ne te souviens-tu pas que Pétrus était notre plus savant chiromancien, et que les événemens annoncés par lui arrivaient infailliblement? N'est-ce pas lui qui me prédit, quand j'étais encore enfant, que je ferais un riche mariage, et cette prédiction ne s'est-elle réalisée? Sœur, quand tu me l'as amené, tu étais convaincue toi-même de son pouvoir.

— C'est un méchant homme, te dis-je; irrité de nous voir, nous les filles de Magnus Herman, les descendantes des anciens rois de la tribu, devenues chrétiennes, alliées « une famille étrangère, il a inventé des mensonges pour nous tourmenter. Encore une fois, je ne crois ni à ses prétendus secrets en médecine, ni à ses paroles magiques, ni à ses prophéties, et tu sais bien, ma sœur, que monsieur le curé nous a défendu d'accorder aucune confiance à ces superstitions d'autrefois.

Quoi qu'en dît Paula, les deux sœurs n'avaient pas abjuré complètement les croyances de leur caste et les idées de leur enfance. Leur catholicisme, peu éclairé quoique sincère, s'alliait fort bien à la superstition bohémique, et dans leurs longues causeries ni l'une ni l'autre n'avait jamais émis de doutes à cet égard. Salomée ne tint donc aucun compte de cette incrédulité de circonstance.

— Tu veux me tromper, Paula, — reprit Salomée; — mais ne t'ai-je pas vue pleurer et trembler comme moi quand Pétrus, après avoir examiné les lignes de ma main, m'a dit que la naissance de mon enfant me coûterait la vie, et que mon enfant lui-même...

— J'ai tremblé de rage, j'ai pleuré de colère, Salomée, en entendant ce vieux scélérat débiter ses inventions stupides, qui peuvent avoir sur toi une influence funeste.

Aussi, je ne me pardonnerai jamais de t'avoir exposée à ce danger...

Et de nouvelles larmes brillèrent dans les yeux de Paula. Cette faiblesse d'une sœur dont elle connaissait le caractère énergique détermina un brusque revirement dans l'esprit de Salomée. Elle dit en essayant de sourire :

— Quoi! chère Paula, te chagriner pour si peu!... Au fait, ce vieux Pétrus, qui ne sait même pas lire, connaîtrait ma maladie comme la connaît monsieur Delmas, qui me soigne depuis tant d'années? Et puis, nous, des dames, des bourgeoises, devons-nous écouter les contes absurdes des gens de la tribu? Souviens-toi comme nous riions, étant enfans, de nos vieilles femmes qui, pour gagner quelques sous, lisaient dans la main du premier venu toutes sortes de prospérités impossibles. Pétrus, sans doute, n'en sait pas plus qu'elles. Aussi, réflexion faite, je me soucie peu de ces sottes prédictions!... Tiens, embrasse-moi, ma sœur; je n'y pense plus... je t'assure.

En même temps, elle se haussait pour présenter son front à sa sœur.

— Merci, chère petite, — lui dit Paula d'un ton caressant; — te voilà redevenue raisonnable; mais cette secousse t'a fatiguée; repose-toi, je le veux.

Elle l'arrangea doucement sur les oreillers du canapé, elle drapa les plis de sa longue robe, lissa ses cheveux, et, après lui avoir donné un baiser, elle leva un doigt pour lui commander le silence, comme on fait aux enfans.

Madame Savinien demeura immobile et muette, les yeux fixés sur la flamme mobile du foyer. Cependant les nuances rosées qui venaient par momens colorer son teint, les légères et rapides contractions des muscles de son visage, trahissaient encore le travail de sa pensée.

— Paula, — dit-elle enfin d'un air suppliant, — ne te fâche pas, mais il faut que je revienne encore une fois sur cette visite du hezenmeister. Pétrus m'a dit qu'en punition de la faute que j'ai commise, moi fille d'Hermann, en quittant ma tribu et en épousant un chrétien, je ne devais pas voir grandir l'enfant auquel je vais donner la naissance, et que cet enfant lui-même n'atteindrait pas l'âge de vingt ans.

— Pétrus a inventé tout cela; tu vivras encore longtemps pour être heureuse mère comme tu es heureuse épouse.

— Soit, ma sœur, je veux te croire; mais est-ce une raison pour négliger le moyen qu'il a bien voulu, à force de prières, nous indiquer pour préserver mon enfant de ce mal héréditaire?

— Oublie ces folies, Salomée; les conseils de Pétrus, comme ses prédictions, ne méritent aucune attention.

— Allons, ma chère, tu ne peux mépriser à ce point la science du vieil hezenmeister, le sage de la tribu! Et puis, le moyen est si simple... planter un jeune arbre le jour de la naissance de l'enfant, prononcer certaines paroles au moment où l'on recouvre de terre les racines de l'arbuste, tout cela ne présente pas de grandes difficultés; alors, le sort de l'enfant et celui de la plante seront liés pour toujours. Tant que l'arbre sera sain et vigoureux, la créature humaine dont l'existence se trouvera unie à la sienne vivra, grandira, prospèrera. Elle mourra seulement le jour où l'arbre lui-même sera desséché dans sa racine, et cet accident dût-il n'arriver qu'après cent années... N'as-tu pas vu combien Pétrus y attachait de prix?

— Je le connais depuis longtemps, Salomée; la vieille Sarah me l'a révélé autrefois, et je sais les cérémonies à employer pour opérer le charme.

— Eh bien! si je venais à succomber... mais non, non, — ajouta Salomée aussitôt, — je ne succomberai pas, je l'espère, je le crois; seulement, quoi qu'il arrive, promets-moi, chère sœur, de suivre minutieusement les instructions du vieux Pétrus pour préserver l'enfant à naître du malheur dont il est menacé dans l'avenir.. Je pourrais charger Savinien de ce soin; mais Savinien est fort incrédule, et peut-être négligerait-il...

— Je te le promets. A vrai dire, malgré mon peu de confiance dans les prédictions du hezenmeister, je comptais mettre à l'épreuve le singulier moyen dont il s'agit... Tranquillise-toi donc; tes désirs seront satisfaits, et sans aucun doute tu pourras t'en assurer par toi-même.

— Merci, Paula, — répliqua Salomée en se renversant sur ses oreillers, — me voilà contente... Mais, — ajouta-t-elle avec un accent de souffrance, — mais je me sens épuisée.

— Repose-toi, ma sœur... Mon Dieu! j'aurais pu t'épargner ces fatales émotions.

— Ne t'alarme pas, chère Paula; dans quelques instans il n'y paraîtra plus.

Néanmoins l'agitation et les souffrances de Salomée allèrent toujours croissant.

Vers le soir, la pensée vint à Paula que la crise attendue se déclarerait peut-être. Les deux servantes commençaient à être de cet avis; elles n'en doutèrent plus quand madame Savinien leur donna l'ordre d'envoyer chercher son mari, qui était à la ville voisine, et le docteur Delmas.

— Oui, oui, — dit Paula, — il est temps... Nous n'avons que trop attendu. — On courut prévenir Simon, le jardinier, et son fils. Malgré l'heure avancée, ils se hâtèrent l'un et l'autre de monter à cheval pour exécuter les ordres de leur maîtresse. Le docteur ne tarda pas à paraître, empaqueté dans un grand manteau de peau de renard. Paula, sans lui permettre de se réchauffer et de prendre un moment de repos, l'entraîna dans la chambre de la malade; mais peut-être le médecin ne jugea-t-il pas le cas si pressant, car il ressortit bientôt pour aller prendre à la cuisine une rôtie dans du vin chaud. Paula le suivit. — Eh bien! docteur? — demanda-t-elle.

— Tout va bien, du moins pour le moment.

— Mais plus tard?

— Je ne suis pas le bon Dieu pour prévoir ce qui arrivera.

— Ma pauvre sœur aura-t-elle la force de supporter cette terrible crise?

— Je vous le dirai quand nous en serons là.

— Ainsi donc, vous craignez...?

— Rien; mais, que diable! il ne faut pas trop compter non plus sur une organisation usée.

Paula retourna près de sa sœur en murmurant :

— Mon Dieu! ce misérable hezenmeister aurait-il dit vrai? — Vers minuit, arrivèrent Savinien et Blanchard; ils venaient de faire huit mortelles lieues de pays en trois heures, dans un cabriolet découvert, et ils étaient transis de froid. Savinien, à peine descendu de voiture, s'empressa de se rendre chez sa femme. Il affectait d'ordinaire une grande impassibilité; néanmoins, en cette circonstance, la servante qui le précédait pour l'éclairer remarqua qu'il était tremblant et que ses jambes fléchissaient sous lui. Un léger cri parti de la chambre annonça quelle impression sa présence avait produite sur la malade; mais, au bout de quelques minutes, Savinien sortit, et, ne voulant pas s'éloigner, il s'établit dans un petit salon voisin. Il était plus calme maintenant, et il fit appeler son secrétaire Blanchard, qui sans doute eût préféré dormir dans la cuisine, au coin du feu; mais comme ce voyage subit au Prieuré laissait un grand nombre d'affaires en suspens, il fallut écrire plusieurs lettres, au bruit des gémissemens qui s'élevaient toujours de la chambre de Salomée. Vers le matin, les gémissemens devinrent plus forts, puis ils cessèrent tout à coup, et une petite voix grêle fit entendre quelques plaintes. Savinien releva la tête et écouta. La porte s'ouvrit; Paula parut sur le seuil, portant dans ses bras un enfant nouveau-né. — Savinien, — dit-elle d'une voix très altérée, — venez embrasser votre fille.

— Ma fille! chère petiote!... — murmura le père.

Une larme brillait dans ses yeux, et il déposa sur le front délicat de l'enfant le baiser paternel, ce baiser de bienvenue qui doit accueillir l'entrée dans le monde d'une faible créature. Blanchard s'approcha respectueusement à son tour, afin de donner aussi un baiser au nouveau-né, mais la voix du docteur appela Paula d'un ton d'inquiétude, et un geste froid du patron, qui montrait une lettre commencée, rappela son devoir au secrétaire.

Cependant le travail ne tarda pas à être interrompu de nouveau. Une des servantes vint annoncer que madame était évanouie et en grand danger. Cette fois, Savinien congédia son secrétaire et entra dans la chambre. En effet, la malade, épuisée, avait perdu complétement connaissance, et tous les efforts étaient impuissans pour la ranimer. Ce fut seulement après plusieurs heures qu'elle rouvrit les yeux et prononça quelques mots sans suite ; mais évidemment elle n'avait pas encore conscience d'elle-même. Le médecin paraissait toujours soucieux.

— Eh bien ! docteur ? — lui demanda encore Paula.
— Je ne sais rien.
— Monsieur Delmas, — lui dit Savinien tout bas, — cinquante mille francs pour vous si vous sauvez ma femme.

Delmas secoua la tête.

— Vous m'offririez tous les trésors de la terre que je ne pourrais faire davantage.

Savinien se retira dans l'embrasure d'une fenêtre et mordit son mouchoir pour étouffer ses sanglots.

Bientôt un signe imperceptible de la malade fit accourir Paula. Les lèvres décolorées de Salomée remuèrent, mais on n'entendait aucun son. Paula se pencha sur le lit, et elle put enfin distinguer ces mots à peine articulés :

— Ta promesse... souviens-toi !...

Savinien se leva d'un bond.

— Que veut-elle?... — demanda-t-il à Paula.
— Elle m'a fait certaines recommandations, et elle désire que je les accomplisse à l'instant même.
— Accomplissez-les donc !... accomplissez-les, quand il devrait m'en coûter la moitié de ma fortune !

Paula descendit à la loge de Simon et lui donna ses ordres.

— Un arbuste que l'on plantera aujourd'hui même dans le parterre de madame ! — répliqua le jardinier, qui avait son franc-parler à la maison ; — cela se peut, car les arbustes ne manquent pas dans ma pépinière ; mais à quoi diable cela servira-t-il ?... Je croyais que l'on avait autre chose à penser aujourd'hui.

— Monsieur l'entend ainsi ; dépêchez-vous.
— Enfin, puisqu'il le faut... Mais quelle essence choisirai-je ? Nous avons des arbustes de toutes sortes.

Paula réfléchit quelques secondes.

— Le tilleul, — demanda-t-elle, — n'est-il pas l'arbre le plus robuste et le plus vivace de notre pays ?
— Sans doute ; mais pourquoi pas un prunier ou bien un pêcher ? J'en ai d'une espèce magnifique, et ça rapporterait au moins quelque chose.
— Prenez un tilleul, — répliqua Paula.
— Bien, bien, mademoiselle, — dit Simon en allant avec lenteur chercher ses outils dans un coin de la loge ; — mais, quoique le temps se soit adouci et paraisse vouloir tourner à la pluie, la terre est encore durcie par la gelée, et l'arbuste aura peut-être de la peine à prendre racine.
— Que dites-vous ? serait-il possible qu'un arbuste planté aujourd'hui pût périr ?...
— Damé ! cela s'est vu.
— Cet arbuste, — murmura Paula, — sera donc réellement l'image de la frêle créature dont la vie est encore incertaine... N'importe ! il faut en courir la chance.
— Suffit, mademoiselle ; mais, par charité, apprenez-moi pourquoi vous tenez tant à planter cet arbre aujourd'hui même ?
— C'est afin qu'il nous rappelle le jour où est née la fille de ma sœur.
— Oui, oui, j'ai entendu dire que tel était souvent l'usage parmi les grandes gens ; mais il se pourrait bien que cet arbre, qui doit rappeler le souvenir d'une naissance, rappelât de même temps... autre chose.

Paula ne répondit pas à cette remarque navrante et détourna la tête ; puis, après avoir recommandé au jardinier de la faire prévenir quand tout serait prêt pour la plantation, elle s'empressa de retourner auprès de Salomée.

Bientôt on vint lui annoncer à voix basse que Simon l'attendait sur la terrasse. La malade était toujours dans le même état de prostration alarmante, mais elle était calme, et ses yeux clos pouvaient faire croire qu'elle dormait. D'ailleurs Savinien ne la quittait pas, et le docteur Delmas, à qui l'on n'avait pas permis de s'éloigner, ronflait sur un canapé. Paula crut donc pouvoir sans inconvénient s'absenter pendant quelques minutes, et elle se rendit sur la terrasse où devait être planté l'arbre natal.

On était alors en hiver, comme nous l'avons dit. Au froid piquant des journées précédentes avait succédé depuis le matin un temps pluvieux et sombre ; des bouffées d'un vent tiède avaient amené le dégel. Quoique la pluie ne tombât pas encore, l'eau ruisselait sur les murs, sur les feuilles des arbres toujours verts. Le ciel était couvert d'une de ces couches de vapeur qui, suivant les météorologistes, ont souvent plusieurs lieues d'épaisseur et laissent à peine passer un jour terne et crépusculaire. De grosses nuées, apportées par le vent, venaient encore par intervalles assombrir l'atmosphère ; la nature semblait avoir pris ses vêtemens de deuil.

La terrasse choisie pour la plantation de l'arbre natal formait autrefois le jardin particulier du prieur de Clairefont. Elle était séparée du parc et de la rivière par plusieurs autres terrasses qui servaient de potager. Adossée à cette partie des bâtimens qui tombait en ruines, elle se trouvait à l'abri du vent du nord et offrait une exposition favorable à la végétation. Salomée, pendant les dernières années de sa vie, en avait fait la promenade favorite ; quand brillait un rayon de soleil, c'était là qu'elle venait en chercher sa part. Un parterre encadré de buis, des allées bien sablées et quelques arbres égayaient ce petit espace, tandis que des panaches de lierre cachaient les crevasses des murailles voisines. On y jouissait habituellement d'une vue étendue sur la rivière et la forêt ; mais, par ce ciel bas et sombre, tout se confondait dans une brume humide, tout prenait des teintes grises et terreuses du plus sinistre aspect.

Simon avait creusé une fosse profonde au centre d'une plate-bande qui, dans la belle saison, était garnie de fleurs. Il avait rejeté la terre au bord du trou, et, appuyé sur sa bêche, il regardait tranquillement son ouvrage. A ses pieds se trouvait un jeune tilleul alors complétement dépouillé de feuilles, mais dont les racines charnues, le tronc sain et lisse, promettaient pour l'avenir un bel arbre capable de produire de la verdure et des fleurs, de la fraîcheur et de l'ombrage.

Paula était accourue tête nue, drapée seulement dans une écharpe légère. Toute frémissante sous le brouillard, elle examina soigneusement l'arbuste, puis elle fit signe au jardinier d'achever sa besogne.

Simon était intimidé par l'air de solennité de Paula, et il gardait le silence. Il prit le jeune tilleul, le plaça par le pied dans la fosse, et se mit à jeter la terre dans le trou pour couvrir les racines.

Paula, debout à côté de lui, soutenait l'arbuste. Le vent chaud jouait avec son écharpe aux couleurs voyantes, et agitait les boucles de ses cheveux, noirs comme l'aile d'un corbeau. Pendant que le jardinier travaillait, elle prononçait des paroles bizarres, dans une langue inconnue ; c'était une espèce de chant d'un caractère sauvage, les mêmes sons revenaient fréquemment comme un refrain. Simon la regarda plusieurs fois, surpris qu'elle fût capable de chanter en pareille circonstance, mais sans soupçonner la vérité. La voix s'élevait de plus en plus ; une vive animation se reflétait sur le visage de Paula, dont les yeux brillaient d'un éclat inaccoutumé. Comme le jardinier continuait de jeter des pelletées de terre dans la fosse, un événement inattendu vint le frapper de stupeur.

Au moment où les racines de l'arbuste allaient entièrement disparaître sous une couche d'humus, un éclair éblouissant partit d'une grosse nuée qui passait au zénith, et un violent coup de tonnerre retentit dans la campagne.

Cet éclat de foudre subit, et qui ne fut suivi d'aucun autre pendant le reste de la journée, avait en effet un caractère presque surnaturel. Simon, ébloui, terrifié, laissa tomber sa pelle, et, quoiqu'il fût réputé un esprit fort dans le pays, il fit rapidement un signe de croix. Paula elle-même interrompit son incantation; sans retirer sa main, qui soutenait l'arbuste encore chancelant, elle leva les yeux vers le ciel, dont les échos répétaient les roulemens du tonnerre.

— Mon Dieu! — murmura-t-elle, — est-ce un signe de colère ou de miséricorde que tu nous envoies?

Un calme majestueux se rétablit dans la nature, et l'on n'entendit bientôt plus que les sifflemens lointains du vent orageux. Après une courte pause, Paula reprit son chant d'une voix plus basse et plus timide. Néanmoins, Simon ne put se contenir.

— Morbleu! mademoiselle, — dit-il avec humeur, — voulez-vous donc faire venir le diable ou faire tomber le tonnerre sur nous, avec votre grimoire et vos chansons magiques. — Paula fronça le sourcil d'une manière si terrible que le jardinier se remit à l'œuvre sans broncher. Quand la fosse fut comblée et quand on eut répandu au pied de l'arbuste, selon l'usage, un arrosoir d'eau, la jeune bohémienne s'enveloppa dans son écharpe et retourna lentement à la maison. Le jardinier était resté pensif à la même place. — Du tonnerre à la fin de décembre, — dit-il en branlant la tête, — et un seul coup, juste au moment où mademoiselle Paula chantait sa musique infernale, c'est bien drôle tout cela....! Ma foi! si j'ai prêté la main à des sortilèges, c'est fort innocemment, et la chose ne peut retomber sur moi. Cependant il sera prudent peut-être de ne pas trop causer de cette affaire... Mademoiselle Paula ne plaisante pas. — Il prit sa bêche et son arrosoir; mais, avant de s'éloigner, il ajouta: — On aurait pu trouver une meilleure place pour planter un arbre qui doit devenir grand. La bonne terre n'a pas plus de deux pieds d'épaisseur en cet endroit, et puis c'est le tuf... Mais, baste! cela suffira pour un méchant tilleul, un arbre qui ne produit rien; il vaut mieux réserver mes terres profondes pour mes poiriers.

Et maître Simon se hâta de regagner sa loge, afin d'échapper à une pluie abondante qui commençait à tomber.

Paul trouva Savinien et le docteur dans une grande anxiété; la malade s'affaiblissait de minute en minute, et l'orage qui éclatait en ce moment semblait encore exercer une action funeste sur son organisation nerveuse. Paula s'approcha du lit de Salomée, et, se penchant vers sa sœur, elle lui dit en lui donnant un baiser :

— Ton désir est satisfait, chère Salomée; l'arbre a été planté avec toutes les cérémonies ordonnées par Pétrus le hezenmeister.

Un imperceptible signe de tête remercia Paula de cette nouvelle.

Une heure après, madame Savinien avait cessé de vivre.

III

L'AUBERGE.

Nous laisserons passer un intervalle de dix-huit ans environ entre les événements que nous venons de raconter et ceux qui vont suivre.

Au commencement de l'automne de 1838, il y avait, à deux lieues environ de Clairefont, à l'endroit où la route royale se bifurquait, une auberge d'assez bonne apparence qu'on appelait *le Tourne-Bride*. La situation de cette auberge, à égale distance de plusieurs grands centres de population, faisait qu'elle était fréquentée par toutes sortes de voyageurs, et les voitures de poste, aussi bien que les chariots de rouliers, s'y arrêtaient souvent. Aussi, par une belle et chaude journée de septembre, un cavalier de tournure distinguée, qui montait une bête de prix, mit-il pied à terre devant cette maison. Il appela deux ou trois fois d'une voix impatiente; mais sans doute les valets d'écurie étaient occupés ailleurs, car plusieurs minutes se passèrent avant qu'on répondît à son appel.

Ce cavalier était un jeune homme de vingt-six ou vingt-sept ans, robuste et bien fait. Des favoris bruns, soigneusement entretenus, encadraient son visage, aux traits nobles et beaux bien qu'ils eussent une certaine expression de ruse et de dédain.

A son costume, élégant quoique sévère, on jugeait ou qu'il ne venait pas de loin, ou que la gravité des circonstances l'avait obligé à partir sans avoir pris aucune des précautions ordinaires. Il n'avait ni manteau ni valise, et ses bottes fines, son chapeau rond, sa petite redingote noire, ne semblaient pas être un équipement très convenable pour courir les grands chemins. Le cheval lui-même, pur sang anglais, aux formes sveltes, aux pieds de gazelle, était plutôt une bête de luxe, bonne à parader sur les promenades d'une grande ville, qu'une monture de voyage propre à supporter de longues fatigues. Aussi, quoique plein d'ardeur encore, le noble animal, qui venait de franchir plusieurs lieues tout d'une haleine, témoignait-il par la sueur dont il était baigné, par l'écume blanche qu'il secouait de sa bouche, combien cette longue course était contraire à ses goûts et à ses habitudes.

Le cavalier fronçait le sourcil et frappait du pied avec colère. Il était particulièrement irrité de voir au fond d'une cour intérieure plusieurs domestiques, dont deux en grande livrée, qui tournaient autour d'une chaise de poste armoriée, sans tenir compte de ses cris. Il allait tout à fait perdre patience, quand un gros homme rouge, en bonnet de coton, accourut enfin : c'était l'hôte lui-même.

L'aubergiste avait un air rogue et semblait disposé à rembarrer vertement le voyageur qui s'annonçait d'une manière si bruyante; mais à peine l'eut-il envisagé que sa figure se dérida. Il ôta son bonnet et salua jusqu'à terre.

— Ah! monsieur Vernon, est-ce vous?... — dit-il d'un ton où la surprise s'unissait au respect. — Voilà longtemps que vous n'aviez honoré ma pauvre maison de votre présence, et vraiment on croirait que vous avez oublié le chemin de Clairefont, que vous preniez si souvent autrefois.

— Par ma foi! Granget, — répliqua le jeune voyageur sèchement, — j'aurais bien fait d'oublier aussi le chemin de votre maison, pour l'accueil empressé que j'y reçois... J'appelle depuis un quart d'heure, et pas un de ces fainéans que j'aperçois là-bas n'a jugé à propos de bouger.

— Faut pas nous en vouloir, monsieur Vernon, — dit l'aubergiste à demi-voix, — la maison est sens dessus dessous à cause de l'arrivée d'un grand personnage qui a bien voulu s'arrêter chez moi avec sa voiture, ses chevaux, ses domestiques et tout son train. Les uns disent que c'est un milord anglais, les autres un prince russe, les autres....

— Un marchand d'orviétan peut-être! — riposta Vernon en haussant les épaules. — Eh bien! père Granget, malgré mon désir d'arriver au plus vite chez monsieur Savinien, je me vois dans l'obligation de faire aussi chez vous une petite halte. Je n'ai pas suffisamment ménagé le pauvre *Swift*, mon cheval, si bien que le voilà surmené..... Vous savez ce qu'il lui faut? une mesure d'avoine et un bon coup d'éponge; mais que tout soit fini dans dix minutes, je ne saurais attendre davantage.

— Je vais m'en charger moi-même, monsieur Georges Vernon, — répliqua l'aubergiste en prenant le cheval par la bride. — *Suif*, comme vous l'appelez, ne manquera de rien. Quant à vous, entrez dans la salle basse, où ma fille est en train de tenir compagnie au milord.

— Eh! eh! le milord doit trouver la compagnie fort agréable, père Granget, car votre Joséphine est charmante. Il faut pourtant que je m'expose à déranger le tête-à-tête. Mais un moment, — ajouta-t-il en voyant Granget qui s'éloignait déjà, — vous n'allez pas, j'espère, mettre mon cheval dans l'écurie où vous placez toutes les rosses de passage? *Swift* est une bête délicate, et il ne mangera que dans une auge d'une propreté scrupuleuse, je vous en avertis.

— Ne vous inquiétez pas; je vais le mettre avec les chevaux du milord, un attelage superbe qui vaut au moins mille écus.

— Mettez-le seul et à l'écart, — interrompit Georges avec autorité; — mon cheval est comme moi, il n'aime pas toutes les compagnies.

Il se dirigea vers le bâtiment d'habitation, et entra dans une salle du rez-de-chaussée où se tenaient habituellement les voyageurs. Cette salle était assez propre, et, outre une grande table qui s'élevait au centre, plusieurs guéridons de marbre étaient disposés à l'entour. Il y régnait beaucoup de fraîcheur, grâce à d'épais rideaux tirés devant les fenêtres, et dans cette demi-obscurité on entendait bourdonner joyeusement quelques moucherons.

Le personnage aristocratique dont la présence rendait l'aubergiste si fier, et que le nouveau venu soupçonnait d'être un marchand d'orviétan, était assis dans un coin. Il buvait à petits coups de l'eau de seltz mélangée de sucre et de citron, et il fumait un délicieux panatellas qui embaumait la pièce. En face de lui se tenait une jolie fille en petit bonnet et en tablier blanc, avec laquelle il causait; mais, en dépit des suppositions peu charitables de Vernon, Joséphine était debout, à trois pas de l'étranger, l'air humble et les yeux baissés.

Cependant l'inconnu était jeune, blond, mince, élancé et son visage régulier avait une expression de franchise et de bonne humeur. Sa mise était simple, quoique d'excellent goût, et, malgré sa jeunesse, un ruban d'ordre étranger décorait sa boutonnière. Mais en dehors de ce signe matériel de distinction, il était impossible de ne pas reconnaître en lui, à la première vue, un personnage d'un rang élevé.

En entrant dans la salle, qui, nous l'avons dit déjà, était assez obscure, Georges ne remarqua pas d'abord ces détails. Après avoir salué légèrement d'une inclinaison de tête, il demeura debout près de la porte, examinant avec un peu de mépris la compagnie dans laquelle il se trouvait jeté. Comme il demeurait immobile, le chapeau sur la tête, l'inconnu, qui l'avait envisagé à son tour, se leva en souriant et s'avança vers lui.

— Voilà, — dit-il avec politesse, — un heureux hasard auquel j'étais loin de m'attendre; monsieur Vernon, conseiller de préfecture à X***, je crois?

Georges Vernon, un moment stupéfait, retira vivement son chapeau.

— Son Altesse le comte Max de Lichtenwald, — s'écria-t-il, — le fils de l'héritier du prince régnant Léopold de Lichtenwald!

— Ce sont bien là, en effet, avec une douzaine d'autres noms de baptême, — dit le voyageur, — mes nom, prénoms et qualités. Je suis ravi de voir que monsieur Vernon n'a pas oublié une connaissance ébauchée dans les salons de la préfecture de X***, connaissance que, pour ma part, j'eusse désirée plus longue et plus étroite.

Il tendit sa main gantée à Georges Vernon, qui la serra respectueusement.

— Sur ma foi! monsieur le comte, — dit-il avec un peu de confusion, — mon abord n'a pas été tel que Votre Altesse était en droit de l'attendre; mais j'étais si loin de penser que je rencontrerais dans cette misérable auberge...

— Chut! — dit le comte Max en posant un doigt sur sa bouche d'un air moitié sérieux, moitié railleur; — laissons *Mon Altesse* reposer pour le moment, monsieur Vernon. Nous voyageons incognito... par économie; car le budget de notre principauté, vous le savez, ne ressemble en rien au budget de la France.

Tout en parlant, il avait offert un siège à Georges Vernon, et il avait fait signe à Joséphine, qui s'était empressée d'aller chercher de nouveaux rafraîchissemens. Bientôt les deux jeunes gens se trouvèrent assis en face l'un de l'autre, causant avec cordialité et fumant les excellens cigares de monsieur Lichtenwald. Pendant ce moment de repos, nous allons donner au lecteur quelques détails sur les deux personnages qui venaient de se rencontrer inopinément au *Tourne-Bride* de Clairefont.

A tout seigneur tout honneur. Le comte Max était en effet le fils unique du prince souverain de Lichtenwald, petit État situé non loin de la frontière française et dont l'étendue n'atteignait pas celle de la moitié d'un de nos départemens. Cette souveraineté lilliputienne produisait annuellement cent mille florins environ de revenu, dont la majeure partie était absorbée par l'entretien d'une armée de trente hommes qu'il fallait payer à la Prusse. Malgré la modicité de sa fortune, la famille de Lichtenwald passait pour être l'une des plus anciennes et des plus illustres de l'Allemagne; elle était alliée à plusieurs maisons régnantes des grands États de l'Europe, et son arbre généalogique prenait racine dans les temps fabuleux de l'histoire. Toutefois les princes de Lichtenwald ne s'en montraient pas plus fiers. On a constaté déjà la bonhomie de la plupart de ces petits souverains allemands, qui sont aussi facilement abordables que les plus simples bourgeois, et qui exercent leur royauté à la manière du célèbre roi d'Yvetot. Le prince actuel de Lichtenwald appartenait à cette catégorie de patriarches aristocratiques, et il était plus connu par les tableaux et les statues dont il avait formé un joli musée à sa *résidence*, que par ses exploits guerriers ou par son habileté dans l'art de gouverner les peuples.

Max avait la bonhomie traditionnelle de sa famille sans en avoir la pesanteur germanique; c'était un caractère ouvert, généreux, vif à tour gai et mélancolique. Du reste, le comte avait été élevé par un précepteur français, et, son éducation terminée, il avait passé deux années à Paris. Là sans doute il n'avait pas oublié son illustre origine, mais il avait fini d'apprendre ce qu'elle valait exactement. Max avait mené à Paris la vie joyeuse et facile des jeunes gens riches bien posés dans le monde, sans que les bruyants plaisirs de la grande ville eussent ni blasé ni énervé son âme. Seulement, quand le comte, après avoir séjourné en France et visité les principales villes de l'Europe, était retourné dans sa principauté, il s'était senti peut-être moins disposé qu'autrefois à apprécier le calme profond, le bonheur monotone qu'on y goûtait.

Auprès de ce jeune et brillant rejeton d'une souche princière, Georges Vernon n'était qu'un bien petit personnage. Georges avait pour père un ancien notaire de campagne qui, au commencement de l'empire, rédigeait obscurément des actes dans une bourgade du département. Par bonheur, le notaire Vernon s'était trouvé sur la route de Savinien, le génie incarné de la spéculation heureuse. Le notaire avait commencé par prêter des fonds à l'entrepreneur; celui-ci, par reconnaissance, lui avait donné une part dans plusieurs affaires avantageuses. Pendant quelques années ils s'étaient trouvés comme associés. Aussi, le jour où Savinien avait fait l'immense fortune dont nous parlerons bientôt, Vernon, de son côté, était devenu un des plus riches notaires du canton. Alors son ambition s'était éveillée; il avait vendu son étude, brigué les honneurs, et, à l'époque où nous sommes, il figurait parmi les notabilités départementales.

Son fils Georges avait reçu une excellente éducation, et, soit tendance naturelle, soit qu'il eût un motif secret pour désirer de franchir encore quelques degrés de l'échelle sociale, il avait montré de bonne heure une ambition au moins égale à celle de l'ancien notaire. Après avoir obtenu le grade de docteur en droit à la faculté de Paris, étudié soigneusement la pratique et la théorie administratives, il avait publié des travaux économiques, des brochures et des articles de journaux qui l'avaient mis en relief. Sa tenue irréprochable, sa richesse, ses avantages extérieurs avaient contribué autant que son mérite au succès de ses prétentions, si bien que, malgré sa jeunesse, il était déjà un éminent fonctionnaire de l'administration locale, et la plus brillante carrière semblait s'ouvrir devant lui.

Georges Vernon, comme nous l'avons dit, avait connu dans les salons de la préfecture de X*** le comte de Lichtenwald, qui, peu de temps auparavant, était venu par désœuvrement faire une courte excursion dans la province française la plus rapprochée de la principauté. Les manières sympathiques de Max avaient séduit le jeune conseiller. D'ailleurs, en dépit de toutes les déclamations contre les préjugés de la naissance, certains parvenus de notre époque se montrent toujours flattés de se rapprocher de l'aristocratie nobiliaire, et Georges, qui aspirait aux plus hautes distinctions, partageait cette petite faiblesse. Une liaison éphémère s'était donc établie entre lui et l'héritier présomptif du Lichtenwald pendant le séjour de Max à la ville; mais bientôt le comte avait dû retourner auprès de son père, et les jeunes gens ne s'étaient pas revus.

Quand ils eurent amicalement renoué connaissance, Vernon dit au comte avec enjouement :

— Sur ma foi ! monsieur... Max, puisque c'est ainsi que vous voulez être appelé, votre présence dans cette méchante auberge pique vivement ma curiosité. Est-ce que vous allez à X*** ?

— Non, pas cette fois, — répondit le comte; — mais que votre patriotisme de fonctionnaire public ne s'alarme pas, monsieur; mon incognito n'annonce pas une rupture prochaine entre la France et le Lichtenwald; je ne viens pas tenter un coup de main sur vos places fortes. Si j'ai franchi la frontière, je suis muni d'un passe-port en règle, comme pourront s'en assurer les agents de l'autorité s'ils en ont la fantaisie... La vérité est, mon cher Vernon, — ajouta-t-il avec emphase, — que je viens en France chargé par mon père et son conseil d'une mission diplomatique.

— Alors, vous allez à Paris ?

— Hélas ! non, — répliqua Max qui ne put s'empêcher de soupirer au souvenir de cette ville de délices; — mais, tenez, je ne vous laisserai pas languir plus longtemps, et je vous apprendrai que mon voyage touche à son terme, puisque je me rends au prieuré de Clairefont, chez le grand capitaliste Savinien.

— Savinien ! Clairefont ! — s'écria Georges Vernon; — que peut-il y avoir de commun entre le prince de Lichtenwald et...?

— Halte-là ! monsieur le conseiller, — riposta le comte avec une gravité feinte; — espérez-vous me prendre en défaut? me croyez-vous assez neuf en diplomatie pour laisser ainsi surprendre le secret de ma mission? Libre à vous de faire des suppositions, mais vous ne saurez rien de moi. Imaginez que je vais trouver ce haut et puissant financier pour traiter avec lui d'une fourniture importante, ou bien de la reconstruction de nos édifices publics qui ne sont pas dans le meilleur état: le champ est ouvert. Vous pouvez même penser, si bon vous semble, que je vais, en bon chevalier errant, tenter la délivrance d'une invisible et mystérieuse jeune fille que ce monsieur Savinien tient cachée dans son manoir, et qui est, dit-on, un prodige de grâce et de beauté : je ne m'y oppose pas; mais ma bouche ne fera aucun aveu.

— Je croirai ce que vous voudrez, monsieur le comte, et je ne supposerai rien, — répliqua Georges en riant, quoique sa curiosité ne fût pas diminuée; — mais cela se trouve à merveille, je me rends moi-même au Prieuré, chez monsieur Savinien, à qui j'apporte une nouvelle du plus grand intérêt pour lui.

— Ah! ah! vous avez donc aussi des affaires de ce côté? — demanda Max en lui jetant un regard à la fois malin et inquisiteur; — en effet, j'ai entendu dire que vous étiez en relations suivies avec cette famille... Mais il ne m'appartient pas de questionner quand je me montre moi-même si rebelle aux questions. Eh bien! Vernon, — ajouta-t-il avec bienveillance, — puisque nous devons suivre la même route, je vous offre une place dans ma voiture. Vous aurez moins à redouter qu'à cheval de la poussière et le soleil. Qu'en dites-vous?

La vanité du conseiller était doucement chatouillée par cette proposition; néanmoins, il cacha son désir d'accepter sous des objections polies :

— Mille grâces, monsieur le comte, — répliqua-t-il. — A la vérité, mon cheval, qui est venu de la ville toujours au galop, paraît à moitié fourbu, et il serait prudent de le laisser au moins jusqu'à demain sur la litière; mais je craindrais de vous gêner.

— Au contraire, Vernon ; vos campagnes sont d'une monotonie désespérante, et on les prend mieux en patience à deux. Venez, nous voyagerons gaiement. Depuis l'invention des chemins de fer, les postes sont partout démontées sur les grandes routes; il m'a donc fallu voyager avec mes propres chevaux; or, mes robustes mecklembourgeois ne s'apercevront même pas qu'il y aura une personne de plus dans la voiture. Quant à votre monture, vous pouvez la laisser dans cette auberge; le maître, qui a l'air d'un brave homme, en prendra soin, et l'on vous la ramènera demain matin au Prieuré. Vous passerez sans doute un jour ou deux chez monsieur Savinien ?

— Je... je l'ignore, — répliqua Georges Vernon avec un peu d'embarras ; — et vous, monsieur le comte ?

— J'y passerai vingt-quatre heures au moins ; la durée de mon séjour dépendra d'une conversation que je compte avoir avec ce prince des écus, ce roi de la finance, ce gardeur de trésors cachés. Allons, est-ce entendu ?

— Je crains d'être indiscret ; mais vous insistez avec tant d'obligeance...

— Disposons-nous donc à partir.

Le cocher de monsieur de Lichtenwald et l'aubergiste Granget furent appelés. Tandis que le comte ordonnait d'atteler sur-le-champ, Vernon recommandait longuement à l'aubergiste son cheval favori. Granget promit de suivre à la lettre ces instructions, et il ajouta plus bas, avec un mélange de malice et de naïveté :

— Ainsi, monsieur Vernon, vous partez avec le milord? Ce n'est donc pas un marchand d'orviétan?

Georges rougit et lui tourna le dos.

Quelques instans après, la voiture était attelée dans la cour, et les deux jeunes gens franchissaient le marchepied qu'un valet poudré, le chapeau à la main, venait de déployer. Tout le personnel de l'auberge se tenait sur le seuil de la porte pour leur faire honneur; l'hôte agitait son bonnet de coton, sa fille souriait, et les garçons d'écurie, qui avaient reçu un généreux pourboire, multipliaient les salutations. Le comte Max, se penchant à la portière, leur adressa un salut des plus gracieux, mais Georges se contenta d'un petit mouvement de tête assez distrait.

Au même instant, le fouet du cocher retentit, les chevaux partirent, et la voiture se lança sur la route poudreuse.

Alors Granget dit à son monde, en remettant son bonnet sur sa tête :

— On sait ce que c'est que monsieur Georges Vernon, et vous avez vu que la civilité ne l'étouffe pas... Quant à l'autre voyageur, il est si poli que ce doit être un grand personnage, ou bien un aventurier.

— Oh! père, — s'écria la gentille Joséphine en rougissant, — je suis sûre, moi, que c'est un grand personnage.

IV

L'ARRIVÉE.

Le temps était magnifique, la route excellente, et les voyageurs comptaient faire en moins d'une heure les huit ou dix kilomètres qui séparaient l'auberge du Prieuré. La campagne plate et unie ne méritait aucune attention, et nous savons que le paysage, pour l'un du moins des deux jeunes gens, n'avait plus depuis longtemps l'attrait de la nouveauté. Ils restaient donc adossés languissamment aux parois bien rembourrés de la voiture, et causaient de choses indifférentes, en donnant un regard distrait aux sites devant lesquels ils passaient.

Malgré cette apparente tranquillité d'esprit, chacun d'eux grillait de pénétrer le secret de l'autre; mais le comte était trop fier et Georges trop prudent pour laisser voir leur curiosité. Enfin pourtant Max reprit, en affectant la plus complète indifférence :

— Vous ne m'avez pas dit, Vernon, si vous étiez attendu là-bas... où nous allons?

— Je ne suis nullement attendu, cher comte, car ce matin encore j'ignorais moi-même que je dusse aujourd'hui me mettre en voyage.

— Vraiment? Eh bien ! l'on m'attend, moi ; et si l'on m'a préparé une réception amicale, vous en prendrez naturellement votre part... Mais, — ajouta-t-il aussitôt, — vous n'avez besoin, je le sais, de vous présenter sous les auspices de personne, et d'ailleurs la nouvelle que vous apportez, et qui, si j'en juge par votre précipitation, est d'un haut intérêt, ne peut manquer de vous procurer un bon accueil.

La question, quoique indirecte, était assez pressante; Vernon se départit de sa réserve, et voulut donner l'exemple de la confiance.

— Vous n'ignorez pas, — reprit-il en souriant, — que mon père et monsieur Savinien ont été autrefois en communauté d'intérêts ; moi-même, avant que mes études et mes fonctions administratives me retinssent hors du pays, j'étais reçu au château sur le pied de l'intimité. Quant à la nouvelle dont je suis porteur, je ne prétends pas en faire un mystère, car elle sera connue demain de tout le département. On parle depuis longtemps de créer dans cette partie de la province une nouvelle route, dont le tracé a été approuvé par le gouvernement, route qui devait traverser le parc et une partie des jardins du prieuré de Clairefont, et qui eût donné une grande valeur à la propriété de monsieur Savinien. Mais monsieur Savinien, quoique fort bon calculateur, a demandé avec instance que le plan fût changé et que la route fût reportée à une demi-lieue de là. Sa réclamation venait bien tard : la loi avait passé, le projet allait être mis immédiatement en exécution. Monsieur Savinien offrit deux cent mille francs à l'administration pour que le tracé proposé par lui fût préféré à l'ancien, et il voulut bien me charger de présenter sa demande. Le succès était douteux; comment revenir sur une décision qui avait reçu la sanction gouvernementale? Cependant je ne me suis pas découragé. A force de soins, de démarches, de sollicitations, je suis parvenu à faire modifier la loi dans le sens demandé; une dépêche arrivée ce matin à la préfecture m'en donne l'assurance formelle. Persuadé que cette nouvelle causerait beaucoup de joie à monsieur Savinien, je n'ai pas voulu tarder une minute à la lui apporter ; je suis monté à cheval, sans même prendre le temps de changer de costume, et...

— Mais pourquoi vous-même, mon cher Vernon, — demanda Max ; — un billet de votre main et un domestique à cheval n'auraient ils pu instruire de même monsieur Savinien? Votre zèle excessif donnerait à penser qu'une autre cause encore vous amène au Prieuré.

Le conseiller de préfecture ne put cacher tout à fait un certain embarras.

— En raison des relations d'amitié qui existent entre nous et cette famille, — répliqua-t-il, — je ne laisse passer aucune occasion de lui prouver une vive affection, un dévouement empressé.

— Soit. Eh bien ! puisque vous avez des rapports si étroits avec le grand financier lorrain, je vous demanderai à son sujet certains renseignemens qui m'intéressent fort.

— Quoi ! ne connaissez-vous pas la personne dont vous allez recevoir l'hospitalité?

— Pas le moins du monde ; la négociation que j'espère terminer en personne s'est traitée jusqu'à ce jour par correspondance... Mais, pour commencer, monsieur Savinien est-il réellement aussi riche qu'on le dit?

— Sa fortune est immense, et égale celle d'un prince.

— Hum ! je crois même qu'elle surpasse de beaucoup celle de certains princes de ma connaissance... On a parlé de vingt... de vingt-cinq millions, que sais-je?

— Ce chiffre, à ma connaissance, est encore au-dessous de la vérité. Les propriétés seules de monsieur Savinien, en les estimant au plus bas, valent bien davantage, et nul ne sait quelles valeurs considérables contient son portefeuille.

— Et sans doute, Vernon, cette richesse a été acquise par des moyens honorables?

— Par le travail, l'économie et l'intelligence, monsieur Max, je puis l'affirmer. Monsieur Savinien est un spéculateur habile, heureux, et il est venu dans le bon temps, mais il n'a jamais recherché le succès par des voies déloyales; on pourrait même citer dans sa vie des traits qui dénotent un véritable désintéressement. Il n'est pas prodigue, il fuit le gaspillage, cependant il fait un digne usage de son opulence.

— Oui, en donnant, par exemple, deux cent mille francs pour détourner une route dont la direction lui déplaît?

— Il peut se passer de pareilles fantaisies, car il ne dépense pas annuellement le centième de son revenu. Il est sobre dans ses goûts. Un caprice seul peut lui fournir l'occasion de répandre l'or qui encombre sa caisse. Sa fille et sa belle-sœur ont les mêmes habitudes simples, et vraiment on croirait que la fortune s'était trompée en comblant ses dons dans une famille qui a si peu de besoins.

— Bah ! un gendre bon vivant se chargera sans doute de rétablir l'équilibre... Mais, mon cher Vernon, vous ne me parlez pas de mademoiselle Odilia Savinien?

— Odilia ! — répéta Georges en tressaillant ; — vous avez donc déjà entendu prononcer son nom?

— Quoi d'étonnant ! On ne s'entretient pas d'autre chose à plus de vingt lieues à la ronde, quoique personne n'ose se vanter de l'avoir vue. Sans doute, Vernon, vous avez été plus heureux : vous pouvez me dire si cette jeune fille, que son père, d'après la rumeur publique, cache à tous les yeux, et sur le compte de laquelle on répand les bruits les plus étranges, est jolie, bonne, spirituelle, en un mot, digne de tendresse?

— Elle est tout cela, monsieur. Quant à la ridicule accusation qu'on adresse à son père de vouloir la séquestrer, en voici sans doute l'origine : Odilia est d'un tempérament faible et délicat, qui exige des ménagemens extrêmes, et on ne la présente pas à tous les rares visiteurs qui viennent au Prieuré. D'ailleurs elle est d'une humeur timide, amie du calme et du silence. Tels sont les uniques motifs de la retraite profonde où vit cette naïve enfant, qui ignore le monde, qui n'a aucune idée de la position sociale où elle se trouve placée, qui s'ignore elle-même... Quant aux autres bruits qui courent à son sujet, — ajouta Georges avec un sourire méprisant, — ils ne valent pas la peine d'être relevés.

— On parle de certaines circonstances mystérieuses qui se rattacheraient à la naissance de mademoiselle Odilia ; cette jeune fille serait une péri, une fée, un farfadet, que sais-je! et il y aurait bien là de quoi monter une de nos folles têtes allemandes... Enfin je compte bientôt voir cette merveille; sur mon âme! elle commence à piquer vivement ma curiosité... Eh bien! Vernon, puisque vous êtes train, achevez de me faire connaître toute la maison de notre hôte futur, je vous en prie.

Le conseiller de préfecture éprouvait une certaine répugnance à répondre à ces questions; un instinct secret l'avertissait que ses indiscrétions pourraient un jour tourner contre lui. Toutefois, Max, malgré son air indifférent, avait dans la voix quelque chose de hautain et d'impérieux qui violentait la complaisance, et Georges Vernon ne savait pas se soustraire à cet ascendant aristocratique. Il répondit avec un peu d'impatience :

— Après monsieur Savinien et sa fille, il n'y a plus au Prieuré que la tante Paula, une bonne femme raide, taciturne, attachée au pas d'Odilia comme son ombre, et exerçant une grande influence sur l'esprit de sa nièce.

— Ah! ah! et qu'est-ce que la tante Paula?

— Une ancienne bohémienne, comme Savinien lui-même est un ancien maçon... Vous ne vous attendiez pas sans doute, monsieur le comte, à trouver dans cette famille des noms historiques et de nombreux quartiers de noblesse, comme dans vos grandes familles d'outre-Rhin? Si Vernon, en rappelant brutalement l'origine des habitans du Prieuré, avait l'intention secrète de se venger du comte, il put s'applaudir du succès de sa boutade. Max fit une grimace involontaire, qui ne tarda pas néanmoins à se transformer en sourire narquois.

— Qu'importe ce qu'ils ont été! — reprit-il; — pour eux comme pour tant d'autres, le présent ne ressemble pas au passé... Mais, si j'en juge par le ton dont vous parlez d'elle, mon cher Vernon, cette tante Paula n'est pas de vos amies?

— Elle n'est ni mon amie ni mon ennemie; mademoiselle Paula se distingue par un caractère bizarre, peu liant et peu communicatif. Elle n'aime que sa nièce, ne voit que sa nièce; le reste du monde pourrait périr sans qu'elle y prît garde... Maintenant, êtes-vous satisfait, monsieur Max?

— Pas encore... vous ne m'avez rien dit d'une dame Surville, qui, paraît-il, aurait acquis une certaine importance dans la maison.

— Décidément, monsieur le comte, vous en savez plus que vous ne voulez en convenir sur vos hôtes futurs; aussi ne pouvez-vous ignorer que madame Surville a été l'institutrice d'Odilia; mais elle n'a conservé aucune autorité sur son élève, et la tante Paula sait la tenir à distance. Du reste, madame Surville est adroite, coquette, encore jolie; elle a peut-être des projets sur le maître de la maison; mais, ou je me trompe fort, ou son habile manège ne réussira pas... A présent, — poursuivit Georges Vernon avec un peu d'ironie, — si vous voulez encore des détails sur monsieur Blanchard, le secrétaire de monsieur Savinien; sur Marion, la femme de charge; sur le vieux jardinier Simon, ne vous gênez pas.

L'aigreur de ces dernières paroles appela un pli de colère sur le beau front de Max; mais, toujours maître de lui, Lichtenwald réprima ce mouvement d'humeur.

— Pardonnez-moi, Vernon, — dit-il avec noblesse. — Peut-être, en effet, ai-je un peu abusé de votre bonne volonté; vous saurez plus tard quel intérêt pressant m'y obligeait. Permettez-moi pourtant encore une question, la dernière, mais la plus sérieuse: N'auriez-vous pas des vues sur mademoiselle Odilia, et n'auriez-vous pas conçu certains projets...?

Georges essaya de tourner la chose en plaisanterie.

— Partout où est connu le nom de Savinien, — dit-il d'un ton léger, — il n'est fils de bonne mère, noble ou vilain, bourgeois ou campagnard, riche ou pauvre, qui n'aspire plus ou moins ouvertement à la main d'Odilia et aux millions qui contient cette petite main; pourquoi ne serais-je pas du nombre?

— Encore une fois, parlons sérieusement: vos qualités personnelles, votre fortune, vos relations d'amitié avec monsieur Savinien, vous placent bien au-dessus de la foule des soupirans, et rendraient de votre part certaines prétentions fort naturelles. Allons, convenez franchement que vous avez pensé à les faire valoir.

Mais Georges Vernon ne voyait pas assez clairement le but de ces questions pour se départir de sa réserve.

— Croyez-vous donc, — dit-il avec une gaieté forcée, — que vous autres diplomates ayez seuls le droit de garder vos secrets? Vous avez eu déjà l'art de me faire avouer l'objet de mon voyage, la nature de mes rapports avec la famille Savinien, et cela sans me laisser soupçonner quoi que ce soit de votre mission à vous; c'est assez, monsieur l'ambassadeur; je ne vous dirai rien de ce qui me concerne, je vous en avertis.

— Comme il vous plaira, — répliqua Max.

Et il se mit à causer de choses indifférentes. Il parlait avec tant d'aisance, de tranquillité, que Vernon, qui craignait de l'avoir blessé, ne tarda pas à se rassurer, et une entente parfaite en apparence se rétablit entre eux.

Cependant les chevaux continuaient d'emporter la voiture avec rapidité; on approchait du terme du voyage, et bientôt on entra dans la longue et sonore avenue de platanes qui précédait l'habitation. Cette avenue, entretenue avec grand soin, ne paraissait pas très fréquentée; sauf une double ornière et un petit sentier qui la sillonnaient parallèlement, elle était couverte de gazon. Des barrières se trouvaient à chaque extrémité, mais ces barrières étaient ouvertes, sans doute pour laisser passer un hôte qui devait venir.

Comme la voiture s'engageait sous l'épaisse voûte de feuillage, un petit garçon, qui semblait avoir été placé en vedette, se mit à courir de toutes ses forces vers le Prieuré. On ne pouvait entendre ses cris, mais on le voyait agiter les bras comme s'il eût donné un signal aux personnes de la maison. Aussitôt deux domestiques, revêtus d'une livrée grise à boutons d'argent, ouvrirent une belle grille de fer à lances dorées, qui avait remplacé l'ancienne clôture de bois; la voiture pénétra librement dans la cour, et vint s'arrêter devant un perron de pierre que surmontait une élégante marquise.

Georges Vernon avait remarqué toutes ces circonstances, prouvant que non-seulement le comte de Lichtenwald était attendu, mais encore que le maître du logis, assez peu raffiné d'habitude en matière de cérémonial, désirait rendre au voyageur des honneurs extraordinaires. Cependant il ne dit rien, et, voyant Max se pencher à la portière pour examiner l'habitation de l'opulent capitaliste, il l'imita distraitement.

L'ancien couvent n'avait plus son aspect sombre et délabré d'autrefois. Savinien, retiré des affaires et établi d'une manière durable à Clairefont, avait employé ses loisirs et son expérience spéciale à bouleverser le Prieuré. Tout était rajeuni, blanchi, distribué selon les exigences du goût nouveau. Sur l'emplacement de l'église, qui avait été détruite pendant la révolution, s'élevait un corps de logis qui contenait les écuries, les remises et les logemens des gens de service. Les brèches des murs avaient été réparées depuis longtemps; des persiennes avaient été ajoutées aux vieilles et larges fenêtres du temps passé; la toiture d'ardoises était surmontée de girouettes dorées. Enfin l'habitation du millionnaire ressemblait maintenant, sauf son irrégularité, à tous les châteaux modernes de France, et nul n'eût pu reconnaître dans cet amas de constructions, neuves en apparence, un couvent déguisé.

— Monsieur de Lichtenwald, — dit Vernon en souriant, — doit trouver que tout cela sent furieusement le parvenu. La maison paraît dater d'hier, comme la fortune de son maître.

Mais le comte ne semblait pas approuver les idées de dénigrement dont son compagnon faisait parade depuis quelques instans à l'encontre de Savinien.

— Cela sent le comfort et le bien-être, — répliqua-t-il avec rondeur; — ne me parlez pas de ces vieux édifices historiques auxquels on ne touche jamais... et pour cause ! Mon père possède au fin fond des montagnes un château gothique tombant en ruines, et il me faut, bon gré mal gré, aller passer chaque année deux mois dans cette masure. On y gèle en été comme en hiver, et l'on n'y voit clair en aucune saison; elle n'est habitable que pour les rats, les hiboux, les chauves-souris et les revenans... C'est à y mourir d'ennui. Moi, je suis du goût de monsieur Savinien; il aime ses aises, à ce que je vois.

La voiture s'était arrêtée devant le perron, et les domestiques en livrée grise accouraient pour ouvrir la portière. Comme le marchepied se développait avec un bruit sourd, un gros homme de cinquante-cinq ans environ, rouge, bouffi, mais robuste encore malgré son crâne chauve, apparut tout essoufflé dans le vestibule. Prévenu sans doute à l'improviste, il accourait en achevant de passer une redingote bleue qui le gênait dans les entournures.

— Est-ce là l'intendant? — demanda Max à voix basse.

Vernon fut violemment tenté de laisser le comte faire une sottise; de minute en minute les manières de Lichtenwald lui causaient plus d'inquiétude; cependant un sentiment de prudence l'empêcha d'écouter son inspiration malveillante :

— C'est monsieur Savinien lui-même, — murmura-t-il.

Et, pendant que le comte s'empressa de descendre, Vernon s'oublia dans la voiture pour observer comment on allait recevoir son compagnon de route.

L'accueil fut encore plus empressé et plus cordial qu'il n'aurait pu l'imaginer, connaissant la froideur et la sécheresse habituelles du maître du logis. Savinien, bousculant les domestiques, atteignit le bas du perron au moment où Max venait de mettre pied à terre.

— Monsieur de Lichtenwald, je pense, — demanda-t-il.
— Max s'inclina. — Alors touchez là, — reprit Savinien avec un gros rire et en lui tendant la main; — vous êtes en retard, et j'ai commençais à craindre... Un gentil garçon, ma foi ! — ajouta-t-il en examinant le jeune voyageur avec admiration; — on ne m'a pas trompé, et nous serons bientôt bons amis, je le gage. — Au grand étonnement de Georges Vernon, le fils du prince souverain de Lichtenwald, le descendant de tant d'illustres personnages, ne s'offensa nullement de cette familiarité. Loin de là, il laissa tomber sa main blanche et délicate dans la main encore calleuse de l'ancien maçon, et il s'excusa poliment de son retard, sans que ses traits exprimassent aucune ironie, aucun malaise. Savinien l'interrompit bientôt avec sa bonhomie accoutumée : — Allons ! nous causerons de cela plus tard, — reprit-il; — vous voilà et c'est le principal. Mais entrez donc ; vous goûterez de mon vin. Place donc, fainéans ! — ajouta-t-il en s'adressant aux domestiques qui s'agitaient autour d'eux. Il glissa son bras sous celui de Max, mais il sentit que le comte résistait légèrement; il se retourna et aperçut Georges Vernon qui descendait de voiture à son tour. — Qui avons-nous là ? Quoi ! c'est vous, Georges ? — s'écria-t-il avec plus d'étonnement que de plaisir en reconnaissant le conseiller de préfecture; — qui diable se serait attendu...!

— Je crois, monsieur Savinien, — répliqua Vernon d'un ton un peu piqué, — que les nouveaux amis font un peu oublier les anciens, et dans les circonstances actuelles c'est presque de l'ingratitude.

— Que dit-il ? Je ne vous avais pas vu, mon garçon; mais je ne puis comprendre... — Max s'empressa de raconter comment il avait rencontré au Tourne-Bride Georges Vernon, qui venait apporter à monsieur Savinien une nouvelle importante, et comment il lui avait offert une place dans sa voiture. — Une nouvelle importante ? — répéta Savinien tout surpris; mais j'y songe... s'agirait-il par hasard de cette route qui traverser ma propriété et dont je voulais faire changer le tracé moyennant un sacrifice de deux cent mille francs?

— Précisément, monsieur Savinien, — répliqua Vernon triomphant, — et je viens vous annoncer que votre proposition est acceptée.

— Comment ! c'est pour cela? Il ne fallait pas pour si peu vous déranger, mon garçon ; je n'ai pas douté un seul instant que l'administration ne finît par agréer mes offres.

— Cependant j'ai rencontré bien des difficultés, et, si je n'avais pas pris cette affaire tant à cœur...

— Bah ! j'aurais offert quatre cent mille francs, six cent mille, s'il eût fallu, — répliqua le capitaliste en ricanant, — et l'administration n'aurait pas résisté; au temps où nous vivons, on peut tout avec de l'argent comptant; je n'avais aucune inquiétude à ce sujet, je vous assure. — Puis, voyant l'air consterné du conseiller de préfecture, il ajouta d'un ton plus amical : — Je ne vous en remercie pas moins, Georges, et Odilia voudra vous remercier aussi... Allons, puisque vous voilà, vous passerez quelques jours avec nous. Aussi bien nous aurons à distraire monsieur de Lichtenwald, et je ne compte guère sur moi pour cette besogne. Des jeunes gens s'entendront mieux ensemble ; vous chasserez, vous jouerez au billard, vous irez vous promener à cheval dans la forêt... Oui, toute réflexion faite, c'est un bon vent qui vous amène à notre secours.

Georges souhaitait ardemment cette invitation, mais il se sentait humilié de la devoir uniquement au désir qu'avait Savinien d'amuser monsieur de Lichtenwald. Il balbutia donc quelques excuses sur la gravité de ses occupations, sur la nécessité où il se trouvait de retourner promptement à la ville. — Entrez toujours, — dit Savinien avec impatience; — que diable ! vous ne partirez pas du moins sans avoir bu un coup. Le fils de votre père ne quittera pas ainsi ma maison, surtout quand il vient pour me rendre service... Entrez, et nous traiterons cette question au salon.

Il entraîna Max sous le vestibule, et Georges les suivit d'un air irrésolu, tandis que les valets déchargeaient la voiture.

Tout en causant, on pénétra dans un splendide salon aux meubles dorés, aux bronzes dorés, au plafond doré ; l'or brillait partout avec une profusion qui fatiguait le regard. En revanche, d'ignobles peintures, de grossières lithographies s'étalaient sur les murs dans des cadres magnifiques. Savinien, comme ses pareils, aimait l'éclat, mais il ne comprenait pas l'art. Il y avait pour cinquante mille francs de meubles et de choses précieuses dans la pièce; mais les tableaux sans leur bordure ne valaient pas dix francs. Si l'on veut par l'inspection d'un appartement apprécier le caractère et les habitudes du propriétaire, ce ne sont pas surtout les meubles qu'il faut regarder, ce sont les murs.

Au milieu de ce somptueux salon se tenait debout une femme jeune encore et assez belle. Elle était mise avec prétention, et une plume altière surmontait son chapeau de satin rose. Cette dame multipliait les révérences et les sourires pour attirer l'attention des deux jeunes gens.

— Mademoiselle Paula, sans doute ? — dit Max en s'inclinant.

— Non, non, — répliqua Savinien; — c'est seulement madame Surville, l'institutrice d'Odilia... On vient de me prévenir, — poursuivit-il avec une peu de confusion, — que Paula et ma fille, malgré mon invitation expresse, étaient allées à la promenade. Je n'ose gronder, car le docteur a prescrit à cette chère enfant de faire chaque jour une longue course à pied dans la campagne; du reste, elles ne sauraient tarder à rentrer.

— En attendant, — ajouta madame Surville, — ces messieurs me permettront de suppléer, autant qu'il sera en mon pouvoir, les dames du logis.

En même temps elle adressa la parole à Vernon, qu'elle connaissait de longue date, et se mit à faire les honneurs des rafraîchissemens qu'un domestique venait d'apporter sur un plateau de vermeil.

Quelques instans plus tard, Georges Vernon se promenait avec agitation dans la chambre où il avait été conduit pour prendre un peu de repos jusqu'à l'heure de dîner.

— Non, — disait-il, — je ne croirai jamais que le comte de Lichtenwald puisse songer à épouser Odilia ; et cependant ce voyage, qui semble avoir été concerté entre les deux familles, cette absence de préjugés de caste, cette affectation de bonhomie... Oh ! il y a autre chose là-dessous qu'une affaire de finance, j'en suis sûr !... Eh bien ! je n'abandonnerai pas ainsi la partie ; je veux savoir comment tout cela tournera ; ce sera curieux, j'imagine ! Qu'ils osent seulement lui présenter Odilia... je les en défie !

V

LA PRÉSENTATION.

Georges Vernon s'empressa d'écrire à la ville pour se faire envoyer les effets dont il aurait besoin pendant son séjour au Prieuré, car nous savons qu'il s'était mis en route sans aucune espèce de bagage ; puis, après avoir réparé de son mieux le désordre de ses vêtemens un peu froissés par la route, il descendit dans le jardin, où il comptait trouver quelques personnes de la maison.

En effet, Max de Lichtenwald et madame Surville se promenaient dans le parterre de la terrasse et causaient d'un air d'intérêt.

Max avait déjà changé ses habits de voyage, et la parfaite élégance de son nouveau costume faisait encore ressortir la distinction naturelle de sa personne. Quant à l'institutrice, elle était toujours parée comme une châsse, et la plume de son chapeau atteignait les branches basses des arbres disséminés dans le jardin. Flattée des hommages que le comte paraissait lui témoigner, elle l'en récompensait en babillant plus que ne l'eussent permis ses prétentions au savoir-vivre.

La présence de Vernon ne déconcerta nullement les causeurs. Le comte lui adressa un signe amical, et madame Surville une jolie révérence.

— Pardon, — dit Georges avec un sourire un peu narquois, — je comptais rencontrer ici monsieur Savinien, et je dois craindre de me mettre en tiers dans une conversation qui paraît confidentielle.

— Pas le moins du monde, monsieur Georges, — répliqua l'institutrice avec aisance ; — nous parlions de mademoiselle Odilia, ma chère élève. Monsieur Savinien est allé du côté de la forêt, afin de presser le retour de ces dames, dont la promenade s'est prolongée plus que d'habitude, et, en attendant, il m'a chargée de tenir compagnie à ses hôtes.

— Et vous vous acquittez de ce soin, madame, avec autant de grâce que d'obligeance, — dit le comte galamment ; — mais comment, vous qui montrez tant de dévouement pour votre élève, lui permettez-vous ces longues excursions qui peuvent présenter bien des inconvéniens fâcheux ?

— Cela n'est pas de mon ressort, — répliqua madame Surville en prenant un petit air discret. — Mademoiselle Paula, la tante Paula, comme on l'appelle, dirige seule toutes les actions de sa nièce. Elle lui sert de gouvernante, elle couche dans sa chambre, elle la veille nuit et jour, et je n'ai rien à voir dans tout ceci. Je ne dis pas que les choses en aillent mieux, — ajouta-t-elle en minaudant, — la tante Paula est une excellente personne, dévouée, pleine d'affection pour sa nièce, mais l'éducation... Enfin, il faut souffrir ce qu'on ne peut changer. D'ailleurs, mademoiselle Odilia a fait de si grands progrès dans toutes les branches d'enseignement, que mes leçons ne lui sont plus nécessaires ; aussi me néglige-t-on un peu depuis quelque temps. En revanche, monsieur Savinien me témoigne tant d'estime, tant d'affection même...

— Ainsi donc, — interrompit Max, — mademoiselle Odilia est, par exemple, excellente musicienne.

— Monsieur Vernon l'a entendue plusieurs fois ; il peut vous dire ce qu'il pense d'elle.

— En effet, — répliqua Georges, — elle possède surtout un merveilleux talent pour improviser sur le piano.

Madame Surville reprit :

— Elle peut à peine s'astreindre à suivre les notes tracées sur son cahier de musique ; habituellement elle brode sur le thème du compositeur des ornemens de son invention, qui donnent à la musique la plus médiocre un caractère à la fois élevé et bizarre. Dernièrement, elle jouait un morceau d'un grand maître allemand, et elle l'exécutait à ravir ; tout à coup, elle fut prise d'un caprice, et se mit à créer sur le même motif une mélodie admirable, mais tellement étrange et d'un effet si puissant que j'en étais hors de moi. Je lui dis plusieurs fois : « Finissez, mademoiselle ; finissez, je vous en prie ; » elle ne m'écoutait pas. Enfin elle s'arrêta tout à coup ; elle venait de s'évanouir, et le piano avait plusieurs cordes brisées. J'étais moi-même si bouleversée que je ne pus aider sa tante à la transporter sur son lit.

Georges Vernon observait Max du coin de l'œil pour juger de l'impression que produirait sur lui cette anecdote. Le comte ne laissa voir qu'un vif enthousiasme.

— Mais c'est là une organisation éminemment artistique, — s'écria-t-il, — et j'ai hâte d'entendre mademoiselle Odilia... pourvu toutefois que sa complaisance n'ait pas de suites aussi funestes pour elle. Et réussit-elle de même dans les autres arts ? le dessin, par exemple.

— Elle a seulement du goût pour le paysage, et son album contient des études qui feraient honneur à nos meilleurs paysagistes. Elle aime à reproduire le feuillage des fleurs, les arbres surtout... Vous savez, — ajouta l'institutrice avec un certain embarras, — qu'elle manifeste pour les arbres un respect superstitieux ?

— Il ne faut pourtant pas trop compter sur cette préférence, — répliqua Georges d'un ton léger, — et si monsieur de Lichtenwald désire plaire à mademoiselle de Savinien, je lui conseille de ne pas tenter une expérience qui ne m'a guère réussi. J'avais remarqué, comme madame de Surville, le goût prononcé d'Odilia pour les arbres, et un jour je m'amusai à dessiner sur son album une petite scène qui me semblait avoir toutes les chances de lui agréer. J'avais vu à Paris l'admirable tableau de Decamps, inspiré par cet autre chef-d'œuvre de Lafontaine, le *Chêne et le Roseau*. Vous savez que, dans le tableau du grand maître, le chêne est renversé au bord du marais par l'effort du vent, les racines en l'air, tandis que l'orage fuyant au loin laisse apercevoir un coin de ciel. Cette scène fort simple prend un caractère navrant et terrible dans l'œuvre magistrale de Decamps ; j'en avais été tellement frappé, que je la reproduisis, je crois avec exactitude. Je m'attendais donc à de grands éloges, à de vifs remerciemens de la part d'Odilia ; aussi quel fut mon étonnement quand, après avoir jeté un regard sur mon travail, elle poussa un cri aigu, lança l'album à l'autre extrémité du salon, et s'enfuit tout en larmes dans sa chambre ? Je ne la revis plus ce jour-là, et pendant plusieurs mois elle me garda rancune, sans que je pusse deviner le motif de son mécontentement.

Max n'en était plus à s'apercevoir que Vernon, d'abord enthousiaste de la famille Savinien, prenait maintenant à tâche de la dénigrer, et il devinait sans peine le motif de ce revirement. Cependant il se contenta de répondre avec tranquillité :

— Ces bizarreries témoignent d'une excessive délicatesse d'impressions, et elles ajoutent encore à mon ardent désir de connaître cette charmante personne, si différente du commun des femmes.

Pendant cette conversation, on avait continué à se promener. La terrasse était partagée en bandes fleuries, autour desquelles circulaient des allées soigneusement sablées. Quand on atteignit le centre du parterre, un objet nouveau attira l'attention du comte de Lichtenwald.

C'était un jeune tilleul, que les bâtimens du Prieuré abritaient contre les vents du nord et de l'ouest ; de tous les autres côtés, aucun arbre n'était assez rapproché et assez haut pour lui dérober sa part d'air et de soleil, ou plutôt, il n'y avait que des arbustes qu'il dominait comme le roi du jardin. A ses pieds la terre était fine, meuble, comme si elle eût été grattée fréquemment et fréquemment arrosée. Pas un lichen, pas une mousse parasite ne déshonorait son tronc ; aucun insecte rongeur ne sillonnait son écorce ; aucun rejeton gourmand ne détournait la séve de son cours naturel. Il était taillé avec une élégante symétrie ; mais on s'était étudié à respecter les branches dont l'ablation eût pu diminuer sa force et sa vitalité. Malgré tant de soins, l'arbre ne paraissait pas jouir d'une grande vigueur ; on eût dit qu'une cause cachée, un ver invisible, une circonstance climatérique, nuisait au libre développement de ce précieux végétal. Bien qu'on fût seulement au commencement de l'automne, ses branches étaient déjà en partie dépouillées ; c'était à peine si leurs extrémités portaient encore quelques feuilles flétries. Il était frêle, maladif, comme une plante de serre chaude exposée imprudemment à la bise âpre d'une nuit septentrionale.

— Voici l'arbre de mademoiselle, — dit l'institutrice ; — il a été planté le jour même où elle est née. Quoi qu'on fasse, il est toujours faible et souffrant comme elle.

Madame Surville voulait poursuivre son chemin ; mais Lichtenwald se mit à l'examiner le tilleul avec intérêt.

— C'est donc là, — dit-il, — l'arbre qui a donné lieu à tant de rumeurs contradictoires ?

— Ah çà ! mon cher comte, — demanda Vernon, — vous avez donc aussi connaissance de ces rumeurs dont vous parlez toujours ? On est, ma foi ! bien informé au Lichtenwald.

Le comte avait sans doute ses raisons pour supporter avec patience l'ironie et la malveillance de Georges ; il répondit froidement :

— Je sais que l'on suppose un rapport intime entre l'existence de ce tilleul et celle de mademoiselle Odilia, qu'elle-même croit à la réalité de ce rapport, et que, suivant son opinion, elle ne saurait survivre à son arbre comme son arbre ne saurait lui survivre. Ne trouvez-vous pas, Vernon, une idée poétique et gracieuse dans une pareille croyance ?

— Certainement, certainement, monsieur Max. — Et Georges ajouta en lui-même : — Allons, il est décidé à trouver tout admirable chez Savinien !

On se remit en marche, et Lichtenwald profita de l'occasion pour questionner l'institutrice au sujet de l'arbre d'Odilia. Mais madame Surville, si prolixe sur certaines matières, montra tout à coup une réserve extrême ; « Elle ne savait rien ; elle n'avait jamais osé interroger mademoiselle ou la tante Paula ; on contait des absurdités qu'il ne fallait pas relever. » Et bientôt, changeant de conversation, elle se mit à causer de choses futiles, qui semblaient être beaucoup plus dans ses goûts et ses habitudes.

Max ne l'écoutait pas et demeurait pensif ; Vernon ne paraissait pas moins préoccupé ; la belle institutrice en était donc réduite à parler seule, ce qui du reste ne paraissait pas beaucoup l'embarrasser, quand on entendit se refermer une petite porte qui donnait dans le parc. Au bruit, madame Surville et les jeunes gens se retournèrent ; ils virent Savinien, accompagné de deux dames, se diriger de leur côté.

— Ah ! ce sont elles enfin, — dit l'institutrice, qui perdit tout à coup son air assuré ; — c'est mademoiselle Odilia.

— Odilia ! — répliqua Max en tressaillant.

Et il darda un regard avide sur le petit groupe qui en ce moment traversait le jardin.

— Nous y voici, — murmura Vernon.

Mademoiselle Odilia Savinien, bien qu'elle atteignît alors sa dix-huitième année, avait plutôt l'apparence d'une enfant que d'une jeune fille. Elle conservait les formes un peu grêles de l'enfance, et sa taille était d'une finesse alarmante. Ses proportions mignonnes présentaient le type de la beauté immatérielle. Son visage, aux lignes pures et correctes, avait la délicatesse de la fleur la plus satinée : il était blanc, pâle, et rarement une nuance rosée se montrait sous son épiderme diaphane. Ses yeux, grands et noirs comme ceux de sa mère et de sa tante, avaient pourtant un éclat extraordinaire lorsqu'elle s'animait ; ils dénotaient alors dans ce corps débile une âme vive et passionnée. Mais habituellement Odilia était pensive, languissante, mélancolique, et il fallait un choc pour dégager cette étincelle qui jaillissait aussitôt comme d'un diamant exposé subitement à la lumière.

L'excentricité du costume de mademoiselle Savinien ajoutait encore au charme de toute sa personne. Elle avait une robe de soie vert pâle, à grands plis, qui laissait entrevoir deux pieds microscopiques chaussés de bottines vertes. Son col et ses manchettes en broderie affectaient dans leurs festons la forme de feuilles d'arbre, et se détachaient avec harmonie sur le fond de la robe. Ses cheveux noirs, légèrement ondés, qu'elle portait un peu courts, formaient autour de son front de jolies boucles. Son grand chapeau de paille de riz avait pour unique ornement une petite couronne en feuilles de lierre, si habilement imitées qu'on eût dit de feuilles naturelles. Une écharpe de gaze verte, dont les longs plis flottaient autour d'elle dans la rapidité de sa marche, complétait cette mise, qui était originale sans s'écarter beaucoup des modes du jour. Du reste, mademoiselle Savinien dessinait elle-même tous ses costumes, et elle s'inspirait ordinairement des charmans dessins de Grandville, les *Fleurs animées*, alors dans tout leur succès.

La tante Paula, qui marchait à côté d'elle, n'était pas cette charmante bohémienne que le lecteur connaît déjà. On sait comment la beauté est éphémère chez les femmes de sa race ; or, Paula avait alors quarante-deux ans, et l'on ne reconnaissait plus sur son visage flétri les traces de son ancienne fraîcheur. C'était maintenant une grande femme maigre, sèche, noire, toujours vêtue de couleurs sombres, et dont les allures avaient quelque chose de masculin. Coiffée, été comme hiver, d'une capote de soie brune, enveloppée d'un grand cachemire de l'Inde qui dessinait ses formes anguleuses, elle suivait partout sa nièce, et ne ressemblait pas mal à un soldat déguisé chargé de veiller sur cette frêle et blanche créature. Ce pendant elle ne la contrarierait jamais ; elle ne résistait jamais à un de ses caprices, sauf dans le cas où ce caprice ne dût compromettre sa santé ; dans ce cas seulement, Paula montrait une volonté ferme à laquelle Odilia était forcée de se soumettre. De même elle ne souffrait qu'aucune personne de la maison contredît une volonté de sa nièce ; quiconque eût osé le tenter aurait déchaîné sur soi une tempête. Savinien lui-même n'avait guère plus d'autorité que les autres en cette matière. Il avait plus d'une fois cherché à combattre l'influence de Paula ; mais on ne l'écoutait guère, et il eût fallu, pour modifier son influence, engager une lutte finale, et courir des risques devant lesquels il avait toujours reculé jusque-là.

Ainsi en ce moment il reprochait à sa belle-sœur, tout en marchant, d'avoir conduit Odilia à la promenade quand on attendait des hôtes au château. Paula répondait avec impatience :

— *Elle* voulait sortir ; pourquoi me serais-je opposée à son désir, puisque la promenade lui fait du bien ? Elle aura bien le temps de voir votre compagnie. Vous savez qu'elle déteste le monde.

Savinien paraissait fort mécontent, et il allait répondre quand Odilia, levant les yeux par hasard, aperçut Georges Vernon et les autres personnes qui venaient au-devant d'elle. Aussitôt une fugitive impression de joie apparut sur son visage pâle, et elle se mit à courir, légère comme un oiseau.

— C'est Georges ! c'est Georges ! — s'écria-t-elle.

Et, sans écouter Paula qui la rappelait, elle poursuivit sa course ; mais quand elle fut près de Vernon, elle s'arrêta brusquement, le bras tendu, la bouche béante. Elle venait de voir la figure inconnue du comte Max, et elle n'osait plus ni avancer ni parler.

Mais Georges Vernon était trop flatté du mouvement chaleureux d'Odilia pour ne pas s'en prévaloir, surtout en présence de monsieur de Lichtenwald ; aussi s'approcha-t-il avec empressement de mademoiselle Savinien, et lui adressa-t-il son compliment avec une sorte de familiarité respectueuse. La jeune fille ne lui répondait pas et baissait les yeux, tandis que le comte, frappé de surprise et d'admiration, saluait gauchement.

Ils furent bientôt rejoints par Savinien et Paula, qui paraissaient encore se quereller tout bas.

— Morbleu ! Vernon, — dit Savinien, — si je vous ai remercié un peu froidement du service que vous nous avez rendu, vous ne vous plaindrez pas d'Odilia. Depuis qu'elle sait le succès de vos négociations au sujet de la route qui devait traverser ce jardin et renverser son arbre natal, elle ne peut plus se contenir ; avec quel élan de reconnaissance elle est accourue vers vous !

— Oui, oui, — balbutia la jeune fille d'une voix douce, — la route... mon arbre... merci, monsieur Georges !

— Quoi ! — s'écria Vernon, — cette route devait-elle donc renverser le précieux tilleul ? Ah ! monsieur Savinien, je m'explique maintenant pourquoi vous avez offert deux cent mille francs pour obtenir que la route projetée prît une autre direction.

— Et je serais allé jusqu'à un million, s'il l'eût fallu.

Paula, qui jusqu'alors était demeurée froide et comme indifférente, s'approcha brusquement à son tour :

— Vous avez fait cela, monsieur Vernon ? — dit-elle d'une voix dure ; — eh bien ! vous méritez toute notre reconnaissance... vous êtes un brave garçon !

Le conseiller de préfecture ne pouvait cacher son ravissement. En s'occupant de l'affaire de Savinien, il avait songé seulement à montrer du zèle, et voilà que, d'après certaines circonstances particulières connues de lui, il avait rendu un véritable service à la famille. Aussi la vive gratitude d'Odilia, les remercîments laconiques mais francs de la tante Paula, qui n'en était pas prodigue, réveillèrent-ils dans son cœur des espérances que la présence de Lichtenwald avait un moment comprimées.

Il ne s'alarma donc pas en voyant Savinien présenter le comte à sa fille et à sa sœur dans les termes les plus flatteurs pour monsieur de Lichtenwald. Odilia se contenta d'adresser à Max une timide révérence ; mais la tante Paula, en entendant le nom du jeune étranger, fronça le sourcil.

— Lichtenwald ! — répéta-t-elle de sa voix dure. — Que vous était, monsieur, le prince Sigismond III, qui gouvernait la principauté en 1798 ?

— Pourquoi cette question, ma chère ? — demanda Savinien avec humeur.

Paula demeura impassible.

— Le prince Sigismond III était mon grand-père, — répondit le comte avec étonnement.

— Eh bien ! voulez-vous savoir, monsieur, comment votre grand-père traitait les femmes de la caste persécutée dont cette enfant et moi nous sommes sorties ?

— Paula ! — interrompit encore Savinien en frappant du pied avec colère.

Mais la bohémienne poursuivit avec raideur :

— Beau-frère Savinien, vous êtes devenu riche, et vous oubliez votre origine ; moi, je ne renierai jamais la mienne. Laissez-moi parler à ce jeune homme, afin qu'un jour il n'imite pas la conduite impitoyable de son grand-père... Le prince Sigismond III, — continua-t-elle en se tournant vers Max, — avait défendu aux bohémiens de séjourner dans la principauté sous aucun prétexte. Cependant, l'année dont je vous parle, une jeune femme des tribus, chassée de son pays par la guerre et ignorant cette défense, entra dans le Lichtenwald pour y exercer sa modeste industrie de colporteuse. Le prince en fut instruit, et, sans vouloir entendre la pauvre créature, il la fit saisir par les valets de ville et fouetter impitoyablement. Puis il ordonna qu'on la conduisît hors de son territoire, avec menace, si elle y rentrait jamais, de la jeter dans une prison pour le reste de ses jours. Cette malheureuse femme, pour qui votre aïeul se montra si cruel, appartenait pourtant à la race de Magnus Herman, une race de prince bohémiens plus ancienne que la vôtre... c'était ma mère, à moi, monsieur de Lichtenwald, c'était la grand'mère de cette enfant.

Pendant ce récit, Savinien se mordait les lèvres et serrait les poings. Le comte Max lui-même ne savait quelle contenance garder, et son parfait usage du monde ne lui fournissait aucune réponse convenable dans des circonstances si peu ordinaires. Cependant, voyant que Vernon l'observait avec une joie maligne, il finit par recouvrer sa présence d'esprit. Il répliqua doucement qu'il ne prétendait pas excuser tous les actes de son grand-père ou de ses ancêtres, mais que les temps étaient bien changés, que les bohémiens, comme les autres sujets de la principauté, avaient droit à la protection de la loi, et qu'au moment présent une femme telle qu'avait été la mère de mademoiselle Paula ne trouverait dans le Lichtenwald que protection et sympathie. »

— Fort bien, monsieur le comte, —répliqua Savinien; — toutefois, ma belle-sœur eût mieux fait de garder ses souvenirs pour une autre occasion... Paula, Paula, — ajouta-t-il d'une voix sombre, — vous abusez cruellement de ma patience, et vous pourriez vous en repentir.

Mais la farouche bohémienne n'était pas femme à se laisser intimider.

— M'en repentir ! — répéta-t-elle, — et que me feriez-vous, Savinien ? Vous ne me battriez pas, peut-être !... Et, quant à me séparer d'Odilia, mon enfant d'adoption, la fille de ma chère Salomée, vous ne le voudriez pas, vous ne l'oseriez pas.

— Et pourquoi ne l'oserais-je pas ? — répliqua Savinien, chez qui les instincts brutaux de sa jeunesse commençaient aussi à se réveiller.

Paula lui darda un regard de feu qui en disait plus qu'un long discours ; mais Odilia s'empressa d'intervenir avec vivacité.

— Eh bien ! père... eh bien ! tante Paula, qu'est-ce donc ? — reprit-elle d'un petit ton d'autorité ; — une querelle, et à cause de moi ? C'est parce que vous m'aimez bien tous les deux, je le sais ; mais votre affection à l'un et à l'autre ne m'est-elle pas également nécessaire ?... Tante Paula, vous ne me quitterez jamais, vous le savez bien ; non, jamais, jamais, jusqu'à ce que la mort nous sépare... Bon Dieu ! que deviendrais-je sans vous ? Je ne vivrais pas un jour, pas une heure... Et vous, cher père, oubliez-vous donc les dernières recommandations de ma mère que vous avez tant aimée ? Voudriez-vous causer du chagrin à votre petite Odilia ?... Père, donnez-moi votre main... votre main aussi, ma tante. — Elle prit leurs mains presque de force, et les plaça l'une dans l'autre. Savinien voulut parler. — Pas un mot, — dit la charmante enfant en lui fermant la bouche ; vous voilà redevenus amis, et, par pitié pour moi, ne renouvelez pas ces discussions qui me navrent. — Le beau-frère et la belle-sœur échangèrent un regard ému qui équivalait à une réconciliation. Alors Odilia se tourna vers Max de Lichtenwald, et lui dit avec un mélange de grâce et d'embarras : — Ne gardez pas rancune à tante Paula pour son ancienne histoire, monsieur de Lichtenwald ; vous paraissez bon, et vous serez le bienvenu ici en dépit de la cruauté du feu prince Sigismond. Vous êtes l'ami de mon père, vous serez le mien, voulez-vous ? Je sais l'allemand, nous causerons ensemble ; et puis vous devez connaître les vieilles légendes de votre pays ; vous me les raconterez, n'est-ce pas ? Vous pourrez peut-être me dire la légende de Crocus, qui épousa une dryade et qui fut le premier duc de Bohême ; aucun livre ne la donne d'une manière circonstanciée, et pourtant elle m'intéresse beaucoup, car, vous savez, je suis aussi une dryade (1).

Ces derniers mots étaient accompagnés d'un fin sourire qui faisait douter si elle plaisantait ou si elle parlait sérieusement.

Odilia n'avait aucune expérience du monde, mais elle puisait ses inspirations dans son âme candide et aimante; aussi excitait-elle toutes les sympathies, soumettait-elle toutes les volontés. Max éprouva cette douce influence.

— Je suis un peu brouillé, j'en conviens à ma honte, — dit-il en souriant, — avec les poétiques et fabuleuses traditions de mon pays natal ; mais pour obtenir le titre précieux que vous voulez bien me promettre, mademoiselle, je feuilletterais tous les in-folio poudreux de nos plus vastes bibliothèques.

Elle le remercia par un signe amical ; puis elle continua d'un ton de bonne humeur, en s'adressant à Savinien :

— Maintenant que nous sommes tous d'accord, je vais, mon père, vous expliquer pourquoi j'ai voulu aller aujourd'hui à la forêt, et pourquoi j'y ai entraîné ma bonne tante Paula, ce qui vous a si fort irrité contre elle ; ensuite, ces messieurs et vous, vous me pardonnerez mon escapade, je le gage : André, un pauvre enfant qui depuis peu habite le village avec sa mère, a établi dans la forêt une *tendue* aux rouges-gorges. L'endroit est bien choisi, et André prend beaucoup d'oisillons ; or, vous comprenez, cela me désole que l'on détruise ces jolies et innocentes bêtes !

— Eh bien ! — dit Savinien, — je donnerai ordre aux gardes de saccager la *tendue* de ce petit drôle, et on l'enverra chasser ailleurs.

— Y pensez-vous, mon père ? J'ai pris André sous ma protection ; il est mon ami. C'est que vous ne le connaissez pas ! Il est si franc, si loyal, si dévoué pour sa mère aveugle ! D'ailleurs, j'ai fait un marché avec lui. Dès qu'un pauvre oiseau a été pris dans un de ses piéges, André accourt bien vite pour le dégager, et l'enferme dans une cage. Alors j'arrive, moi ; je remets de l'argent à l'oiseleur, tant par chaque oiseau vivant qu'il me présente, puis j'ouvre la cage et je rends la liberté à tous ces petits prisonniers, qui ne se font pas tirer l'oreille pour s'envoler au plus profond des bois, et qui, j'imagine, deviennent assez sages pour ne plus se laisser prendre. Mais quand je reste au château, ils sont dans la gêne et dans le deuil ; ils ne mangent pas, ils ne chantent pas ; ils se blessent parfois contre les barreaux des cages. Aussi vais-je chaque jour à la tendue, et aujourd'hui surtout je n'aurais eu garde d'y manquer. C'est le moment d'un passage d'oisillons, ce qu'André, dans son langage d'oiseleur, nomme la *foule*, et ce passage se compose de charmants oiseaux couleur d'azur appelés gorges-bleues. Rien de gracieux comme ces gorges-bleues, qui ont le plus éclatant plumage, et avec cela un gazouillement d'une douceur infinie. Or, savez-vous, mon père, combien j'ai délivré aujourd'hui de ces jolis voyageurs ? Dix-huit ! oui, dix-huit, tout autant, qui chantent sans doute maintenant leurs louanges dans les sureaux et les aubépines du voisinage !

Et la gentille enfant riait d'un rire qui avait lui-même la douceur du chant d'un rossignol.

— Odilia ne vous dit pas, mon frère, — ajouta Paula, — qu'elle ne s'est pas montrée charitable pour les petits oiseaux des bois seulement... Nous sommes aussi allées au village voir les enfans de Catherine Floquet, qui sont malades, et elle a vidé sa bourse dans les mains de Catherine.

(1) Il est sans doute inutile de rappeler que, dans la mythologie allemande comme dans la mythologie païenne, une *dryade* est une nymphe dont l'existence est attachée à celle d'un arbre.

— Je la reconnais bien là ! — dit Savinien ; — elle donne toujours, comme si l'argent n'avait rien coûté à gagner... Eh bien ! on enverra encore quelques louis à Catherine, et si Odilia a besoin de remonter ses finances, qu'elle s'adresse à Blanchard. Je lui ouvre un crédit illimité, pourvu qu'elle soit désormais bonne fille, et qu'elle ne fasse plus d'impolitesse à nos hôtes.

— Ah ! père, — dit Odilia d'un ton de reproche, — je suis sûre que ces messieurs sont plus indulgens que vous !

— C'est bon, c'est bon, — répliqua Savinien, — malgré tout cela, je prendrai des mesures pour que pareille chose n'arrive plus... Mais, en vérité, — ajouta-t-il d'un ton différent, — nous causons là de bagatelles, comme si elles pouvaient fort intéresser nos amis. Pardonnez-moi, monsieur le comte ; pardonnez-moi aussi, mon cher Georges ; Odilia est une enfant gâtée, et elle sait trop peut-être que nous nous plaisons à écouter son bavardage.

L'heure du dîner approchait, et les dames songèrent à regagner leur appartement pour changer de toilette. Comme l'on passait devant l'arbre natal, on entendit sortir de son maigre feuillage le chant joyeux et varié d'un petit oiseau. Odilia s'arrêta tout à coup :

— C'est un gorge-bleue ! — s'écria-t-elle en battant des mains, — sans doute un de mes prisonniers. Voyez, voyez, c'est bien un gorge-bleue ! — Et elle désignait le petit oiseau, qui chantait toujours en sautillant, sans paraître alarmé de la présence de tant de monde ; il avait à peu près la taille du rouge-gorge, mais le plastron jaune qui orne la poitrine de celui-ci était remplacé par une magnifique tache bleue. — Tante Paula, — demanda la jeune fille, — n'est-ce pas un signe favorable que cette innocente bête, qui peut-être me doit la vie, soit ainsi venue se poser et chanter dans mon tilleul ?

— Dieu le veuille ! chère enfant, — répondit Paula avec un soupir, — car les signes funestes nous poursuivent depuis bien longtemps !

Et l'on passa, tandis que le gorge-bleue continuait son délicieux ramage.

Le reste de la journée s'écoula sans incident remarquable. Le soir, au salon, on chanta, on dessina, on fit de la musique. Odilia se montra un peu réservée ; cependant elle donna les preuves d'une éducation parfaite ; et ses grâces, sa naïveté, son exquise délicatesse ravirent les deux jeunes gens. Malheureusement sa faible santé ne lui permettait pas les longues veilles, et elle dut se retirer de bonne heure avec la tante Paula. Max et Vernon, réduits à la compagnie de l'institutrice et de Savinien, ne tardèrent pas à manifester le désir de se retirer aussi, en prétextant la fatigue du voyage, et le maître du logis, qui avait déjà bâillé plusieurs fois, n'essaya pas de les retenir. Au moment de se séparer, Savinien dit à monsieur de Lichtenwald :

— Je n'ai pas voulu vous parler d'affaires le jour même de votre arrivée, monsieur le comte ; mais demain matin, si vous en avez le loisir, venez me trouver dans mon cabinet ; nous causerons.

Georges, qui avait entendu cette invitation, fronça le sourcil ; mais aucune autre parole plus significative ne fut échangée entre Max et son hôte, et les deux jeunes gens, après avoir pris congé, se retirèrent.

Comme ils devaient loger, l'un et l'autre, à l'extrémité du château, ils se mirent en marche, précédés par deux domestiques portant des flambeaux, à travers de vastes escaliers et de longues galeries. Lichtenwald était rêveur et gardait le silence. Vernon fredonnait distraitement un air qu'il avait entendu chanter à Odilia. Tout à coup il prit le bras de Max, et il lui dit à demi-voix :

— Eh bien ! cher comte, comment trouvez-vous, mademoiselle Savinien ?

— Ravissante ! divine ! enchanteresse ! — répliqua Lichtenwald, répondant plutôt à sa pensée qu'à la question de Georges.

— A la bonne heure ; ainsi vous n'avez remarqué dans

cette charmante enfant rien qui vous choque ou vous surprenne?

— Rien; et cependant elle diffère tant des autres femmes, que je me demande s'il n'y a pas en elle quelque chose d'une nature supérieure à l'espèce humaine.

— Elle vous a dit elle-même qu'elle était une dryade, — répliqua Vernon avec un léger accent de persiflage, — et les anciens ne regardaient-ils pas les dryades comme des divinités? Je ne veux pas troubler une admiration que je partage; toutefois, cher comte, ne vous enflammez pas trop; c'est un conseil d'ami que je vous donne.

— Que voulez-vous dire, monsieur Vernon? — répliqua Max en s'arrêtant tout à coup avec une impatience mal déguisée; — depuis notre arrivée ici, vous me parlez par énigmes, et je désire savoir...

— Bonsoir, monsieur de Lichtenwald, — répliqua Vernon en doublant le pas et en saluant avec ironie.

VI

LE REFUS.

Le lendemain matin, à une heure encore peu avancée, Savinien était à travailler dans son cabinet avec Blanchard, son secrétaire intime, quand un domestique vint lui demander un moment d'entretien de la part de Georges Vernon.

— Que diable me veut-il? — dit Savinien avec impatience en interrompant un travail commencé; — le savez-vous, Blanchard? — Le secrétaire, homme timide, qui avait vieilli dans la dépendance et la contrainte, fit un léger sourire de dénégation. — Ce n'est pas Georges que j'attendais ce matin, — poursuivit le capitaliste; — mais il n'importe, je ne peux refuser de le recevoir. Prévenez monsieur Vernon que je l'attends dans mon *grand cabinet*, — continua-t-il en s'adressant au domestique, — et, quand il sortira, vous irez prier monsieur le comte de Lichtenwald de passer chez moi.

La pièce où se tenait en ce moment le capitaliste, quoique noire, sombre et nue, était en réalité son cabinet. Là se trouvaient ses registres, ses papiers et sa caisse, grande armoire de fer qui avait un aspect monumental; c'était là que, malgré la simplicité de l'ameublement, le millionnaire se plaisait le mieux; c'était de là qu'il dirigeait presque seul l'administration de son immense fortune. Mais il avait un autre cabinet, pièce d'apparat, boisée en chêne, avec une bibliothèque vitrée et des bustes de grands hommes, où tout était propre, frotté, brillant. L'écritoire, façon de Boule, n'avait jamais contenu d'encre; les cartons, de maroquin doré, ne renfermaient que des paperasses insignifiantes; les livres aux luxueuses reliures n'avaient jamais été ouverts. Cette pièce était destinée à recevoir les gens d'importance, et c'est là que Vernon trouva Savinien drapé dans une robe de chambre de velours grenat, assis sur un ample fauteuil de cuir tout neuf, devant un bureau chef-d'œuvre de marqueterie.

Le jeune fonctionnaire, bien qu'il se laissât difficilement intimider, ne put se défendre d'un certain embarras en abordant le père d'Odilia; celui-ci, au contraire, l'accueillit avec une affabilité réelle ou affectée.

— Bonjour, Georges, — dit-il en lui tendant la main; — vous voilà de bien bonne heure sur pied, pour un élégant de la ville! J'aurais cru que cela convenait seulement à des travailleurs comme moi, et comme était le brave Vernon, votre père... Ah! mon garçon, que de fois avons-nous été surpris, lui et moi, par les lueurs du matin, après avoir passé la nuit au travail, et cela pour que nos enfants fussent un jour plus heureux que nous!

— Ces paroles affectueuses présentaient au conseiller une entrée en matière toute naturelle. Aussi, après avoir pris place devant Savinien, se mit-il à rappeler longuement les anciens et bons rapports de son père avec le capitaliste, l'intimité constante qui avait existé entre les deux familles, les services réciproques qu'elles s'étaient rendus. Savinien l'écoutait curieusement, ne sachant trop où il voulait en venir; comme Vernon hésitait dans son énumération, il dit d'un ton amical : — Et parmi ces services, mon garçon, il ne faut pas oublier celui que vous venez de me rendre, vous personnellement, au sujet de cette maudite route. Bien que j'aie paru peut-être un peu froid dans cette affaire, je n'en apprécie pas moins votre zèle et votre dévouement.

Georges recouvra toute son assurance.

— Ne me rendez pas trop fier, monsieur Savinien, — répliqua-t-il; — à la vérité, cette négociation présentait d'extrêmes difficultés; j'ai dû faire intervenir les préfets, les conseils généraux, les députés influents; j'ai moi-même eu recours au crédit de mes amis, de mes protecteurs. Mais, encore une fois, il ne m'appartient pas de me glorifier de mon succès, d'autant moins que j'en ai reçu ma récompense hier en voyant la joie et la reconnaissance de mademoiselle Odilia.

— Odilia! En effet la chère enfant tremblait pour son tilleul, comme si j'aurais jamais souffert... Vous l'avez trouvée plus gaie et mieux portante qu'autrefois, n'est-il pas vrai, Georges? — ajouta Savinien avec intérêt; — oui, il me semble qu'elle n'a jamais été aussi forte et aussi fraîche. Pauvre petite! sa santé nous donne souvent bien des inquiétudes!

— La jeunesse, l'exercice, les soins éclairés de sa famille achèveront de la guérir, j'en suis sûr... En attendant, c'est la plus belle, la plus gracieuse, la plus séduisante personne de la province; et monsieur de Lichtenwald qui la voyait, je crois, hier pour la première fois, pouvait à peine contenir son admiration dans de justes limites.

— Ah! ah! monsieur de Lichtenwald l'a donc trouvée jolie? — demanda le père évidemment flatté de ce renseignement; — son admiration est méritoire, car cette sotte Paula, avec ses balivernes d'un autre temps...

— Le comte Max paraît être au-dessus de semblables préjugés, et, ma foi! il ne tiendrait peut-être qu'à vous et à mademoiselle Odilia de voir un jour votre fille princesse souveraine du Lichtenwald.

Bien que Georges affectât le ton de la plaisanterie, Savinien tressaillit légèrement et fixa sur lui un regard perçant, comme pour pénétrer sa pensée.

— Vous êtes un étourdi, mon pauvre Georges, — répondit enfin le capitaliste en haussant les épaules; — mais est-ce donc pour me débiter de pareilles sottises que vous venez me trouver à cette heure matinale, quand je suis en affaires?

— Ainsi, monsieur Savinien, il n'est pas vrai que le comte Max aurait des projets...

— Quoi! — demanda le millionnaire en attachant encore sur Georges un regard scrutateur, — vous aurait-il dit quelque chose de ses projets?

— Non, je l'avoue; mais il m'a fait tant de questions singulières sur vous, sur votre famille...

— Encore une fois, vous rêvez, mon cher, — répliqua Savinien avec humeur; — et ce sont là des matières sur lesquelles vous devriez montrer plus de réserve.

— Mes craintes ne sont donc pas fondées? — s'écria Georges; — en ce cas, monsieur Savinien, vous me débarrasserez d'un grand poids et vous m'encouragerez à m'expliquer avec une entière franchise.

Malgré ce préambule, il s'arrêta, ne sachant trop comment aborder un sujet scabreux. De son côté, Savinien ne paraissait nullement disposé à l'aider; il avait pris un air grave, et s'était campé carrément dans son fauteuil. Enfin pourtant, impatienté du silence de son hôte, il reprit avec raideur :

— De quoi s'agit-il, monsieur Vernon?... Parlez.

Georges prit un grand parti.

— Monsieur Savinien, — dit-il avec ce courage fébrile

du joueur qui tente un coup décisif, — la prière que je vais vous adresser eût dû vous être présentée avec plus de solennité et dans d'autres circonstances ; mais je ne suis pas maître des événemens... un sentiment irrésistible, la violence de mon amour...

Il continua sur ce ton pendant quelques minutes, et finit par demander la main d'Odilia.

Savinien demeura impassible ; son visage rouge et sanguin ne trahit aucune impression. Il dit seulement :

— Je pense, monsieur Georges, que, avant d'en venir à une pareille ouverture avec moi, vous vous êtes assuré du consentement de votre père ?

— Sans aucun doute, et il approuve mes désirs depuis longtemps.

— Je connais Vernon, et je vous crois sans peine ; eh bien ! jeune homme, puisque vous allez ainsi droit au fait, causons sans détour de votre proposition, et ce ne sera pas ma faute s'il reste entre nous des malentendus. Georges, un peu inquiet de ce début, rapprocha son siége de celui du capitaliste. — Je pourrais vous dire, — reprit Savinien après une courte pause, — que l'extrême jeunesse de ma fille, la faiblesse de sa santé et certaines autres considérations que vous connaissez peut-être m'empêchent de marier Odilia de sitôt ; mais, avec le fils d'un vieil ami, un pareil langage manquerait de loyauté, car, en dépit de ces considérations, peut-être Odilia serait-elle mariée avant peu. Je suppose donc que vous soyez disposé à la prendre pour femme telle qu'elle est, et que vous ayez fait toutes vos réflexions à ce sujet. Votre caractère et votre position me sont connus : jeune, beau garçon, instruit, spirituel, vous avez un bel avenir devant vous. Vous êtes bien posé dans le monde, vous avez de hautes relations, vous deviendrez bientôt sous-préfet, préfet, que sais-je ? Je ne conteste la légitimité d'aucune de vos espérances. Toutefois il est un point sur lequel je suis moins éclairé : j'ignore le chiffre réel de votre fortune.

De la part de tout autre que Savinien, Georges eût été blessé de cette demande à brûle-pourpoint ; mais il s'y attendait, et répondit humblement :

— Cette fortune n'est rien comparée à la vôtre ; mon père possède environ quarante mille livres de rentes, et vous savez que je suis fils unique.

Savinien fit une petite grimace dédaigneuse.

— Quarante mille francs de rentes ! — répéta-t-il ; — ce pauvre Vernon, je le croyais plus *à son aise*. — Il ajouta presque aussitôt : — Moi, monsieur Georges, je donne à ma fille une dot de dix millions, autrement dit cinq cent mille francs de rentes, soit en propriété, soit en argent, et après moi elle aura le reste de ma fortune, qui est beaucoup plus considérable. Vous voyez, mon brave garçon, qu'il y a loin de vous à Odilia.

Georges Vernon craignait bien un refus, mais il ne croyait pas que ce refus serait si dur et basé sur de tels motifs.

— Monsieur Savinien, — dit-il avec émotion, — dans un mariage il faut tenir compte de certains avantages autres que la fortune ; il y a le talent, la probité, la considération publique...

— Bah ! une grande fortune, qui n'a pas été mal acquise, supplée à tout cela et donne tout cela. Tenez, établissons par *doit* et *avoir* le compte de vos espérances ; votre père possède, dites-vous, quarante mille livres de rentes, mais il n'est pas homme à se dépouiller de tout son bien pendant sa vie et à vous accorder annuellement plus d'une dizaine de mille francs sur son revenu. Quant au reste de sa fortune, il peut vous le faire attendre vingt ans, trente ans, car Vernon a bon pied, bon œil, des habitudes de sobriété, et il n'est pas comme moi menacé d'apoplexie... — Comme Georges faisait un geste de malaise en écoutant ces calculs, Savinien reprit avec impatience : — Que diable ! monsieur, il ne s'agit pas ici de sentiment ; nous causons raison, et il importe d'envisager la réalité sous toutes ses faces... Je vous disais donc que vous paraissiez destiné à végéter longtemps avec dix mille livres de rentes, et c'est presque la misère. Or, en vous supposant arrivé, malgré votre jeunesse, aux plus hautes fonctions administratives, en seriez-vous plus avancé ? D'abord une disgrâce, une commotion politique pourraient vous enlever d'un moment à l'autre votre poste, et vous redeviendriez pauvre diable comme auparavant. Bien plus, pendant que vous exerceriez une charge, vous seriez toujours un pauvre diable ; car, si élevées que soient les fonctions publiques, elles sont fort modestement rétribuées, et quand le fonctionnaire ne jouit pas d'une fortune personnelle, il rencontre toujours sur son chemin un boucher enrichi, un charlatan retiré des affaires, qui l'écrase de son luxe et de son opulence, qui lutte victorieusement d'influence avec lui, au grand détriment de l'autorité dont il est dépositaire. Voyez-moi-même où j'en suis ; et qu'est-ce que j'étais primitivement ? Je ne me soucie pas de crier la chose sur les toits, mais, vous le savez, vous... j'étais tout bonnement un maître maçon qui avait épousé une bohémienne, marchande de faïence, et aujourd'hui j'ai tout le pays à mes pieds ; je fais la pluie ou le beau temps dans les deux ou trois départemens voisins, et aucun fonctionnaire n'oserait résister à ma volonté.

Georges risqua un signe de doute.

— Je n'ignore pas l'influence que vous donne votre grande richesse, — répliqua-t-il, — mais il est dans les hauteurs sociales des personnages que cette influence ne saurait atteindre...

— En est-il beaucoup ? — interrompit Savinien en ricanant. — Croyez-vous à ces beaux désintéressemens, à ces probités austères dont on parle tant ? Je sais le secret de certaines morgues farouches, et si j'ouvrais les cartons de ma correspondance, vous apprendriez peut-être des choses fort singulières au sujet des Catons et des Cincinnatus de votre connaissance. Un ministre, qui appréciait bien son époque, a dit à une réunion d'industriels et de propriétaires : « Enrichissez-vous. » Il avait raison ; tout est là. Pour moi, je n'ai jamais formé un désir dans la limite du possible sans que ce désir n'ait été promptement réalisé, grâce au contenu de ma caisse. Tenez, mon garçon, vous êtes bien fier de la charge que vous occupez malgré votre jeunesse ; vous êtes bien fier de vos relations avec plusieurs personnages éminens, de ce crédit dont vous avez récemment fait usage en ma faveur ; mais pensez-vous que si je voulais ambitionner crédit, honneurs et dignités, je n'en obtiendrais pas aussi ma part ? Je n'aurais qu'à souhaiter, moi parti d'où vous savez, pour avoir bientôt ma poitrine chamarrée de rubans, et si j'y tenais beaucoup, tous les hauts fonctionnaires de cette province, la robe et l'épée, le frac brodé, et même la mitre, viendraient me saluer.

— Monsieur Savinien pourrait trouver quelques difficultés à réaliser de pareils souhaits.

— Vous croyez ? Morbleu ! vous me donneriez envie d'en essayer, rien que pour vous convaincre d'erreur.

— Et quel moyen emploieriez-vous ?... — demanda Georges avec une espèce d'ironie.

— Toujours le même... j'ouvrirais ma caisse.

— Et vous pensez qu'une corruption patente, brutale, aurait chance de succès ? Au premier mot de votre proposition, les hommes honorables dont il s'agit vous fermeraient la bouche, et peut-être...

— Ils m'intenteraient à grand bruit un procès pour tentative de corruption, — ajouta Savinien en riant ; — cela produirait un excellent effet dans les journaux et leur donnerait une réputation d'intégrité vraiment incontestable... Mais me croyez-vous assez niais, Georges Vernon, pour agir de cette manière ? Je ne refuse pas de croire au désintéressement, bien qu'il soit rare, et si j'étais assez maladroit pour faire à ces hauts fonctionnaires des propositions aussi crues, la plupart, sinon tous, me repousseraient avec indignation, j'en ai la certitude... Mais écoutez-moi, j'ai économisé l'année dernière huit cent mille francs sur mes revenus, et il me reste sur les revenus des années précédentes une somme de peu près égale; j'ai l'intention d'employer cet argent en bonnes œuvres. Mon Dieu ! je n'y mets pas d'hypocrisie, et je conviendrai franchement avec vous que mon mérite n'est pas grand, car je ne saurais comment employer ces fonds d'une autre manière; ma fortune depuis longtemps me paraît suffisante, et je serais presque honteux de l'augmenter encore... Eh bien ! supposez que je donne demain cinq cent mille francs pour fonder un nouvel hospice au chef-lieu du département, cent mille francs aux vieux soldats mutilés établis dans la province, cent mille francs aux couvents nécessiteux, aux petits séminaires du diocèse, et le reste à l'avenant, jusqu'à concurrence de la somme disponible; voyons, la main sur la conscience, croyez-vous que le préfet du département, le général de la division militaire, l'évêque du diocèse ne seraient pas dans la nécessité de me témoigner quelques égards personnels, surtout si mes bienfaits envers leurs administrés ne devaient pas se borner là ? De même le gouvernement regarderait-il beaucoup à un bout de ruban, en nœud ou en rosette, pour récompenser un simple particulier qui ferait à son pays de pareils présents et qui pourrait les renouveler chaque année ? — Georges Vernon dut reconnaître que ces suppositions ne lui semblaient pas dénuées de vraisemblance. — Vous le voyez donc bien, jeune homme, — conclut Savinien triomphant; — la richesse mène à tout, et c'est la première condition que doit exiger un père de famille quand il veut établir son enfant.

— Mais réfléchissez, monsieur Savinien ; est-il besoin que votre gendre futur possède une grande fortune, quand la vôtre est déjà si énorme ? Ne devrait-il pas suffire que l'heureux époux de mademoiselle Odilia apportât dans le ménage une haute position en expectative, de belles espérances d'avenir, et...

— Mais alors, — répliqua le capitaliste en souriant, — il est préférable encore qu'un gendre apporte une position toute faite, des espérances toutes réalisées, et peut-être ai-je déjà trouvé quelqu'un dans ces conditions-là... Enfin, n'en parlons plus, monsieur Georges, — ajouta-t-il d'un ton différent; — je regrette vivement de vous affliger, mais mon parti est pris, et si mes raisons pour ne pas accéder à votre désir vous semblent mal fondées, répétez-les à votre père, qui les comprendra, lui. En attendant, je vous serai obligé de ne plus revenir avec moi sur ce sujet.

Il s'était levé comme pour donner congé à son interlocuteur.

— Monsieur Savinien, — dit le pauvre Vernon atterré, — vous êtes bien cruel envers le fils de votre ancien associé; mais si mes souffrances ne vous touchent pas, peut-être votre fille elle-même m'accordera-t-elle quelques regrets.

Le capitaliste, jusqu'à ce moment, n'avait montré qu'une froide et railleuse indifférence; mais l'insinuation de Georges l'agita violemment.

— Que voulez-vous dire, monsieur ?... Est-ce que ma fille vous aurait donné à penser...

— Elle ne m'a rien donné à penser, monsieur Savinien, et, de mon côté, je n'ai jamais osé lui adresser de questions précises; mais je suis pour elle un ami d'enfance, et elle m'a toujours témoigné des égards, une affection qu'elle ne montrait à personne. Hier encore vous avez vu avec quel élan, quel enthousiasme elle me remerciait pour le service que j'avais eu le bonheur de vous rendre.

— N'est-ce que cela ? — dit Savinien en recouvrant sa tranquillité. — Odilia est d'ordinaire très vive dans ses manifestations, et vous concluez de cette action puérile que la chère enfant vous prendrait volontiers pour mari ?... Vous allez un peu vite en besogne, mon cher. D'ailleurs, vous n'ignorez pas que ma fille a l'esprit un peu faible, et qu'elle est complètement incapable de faire un choix elle-même. Aussi, croyez-moi, brisons là, et qu'il ne soit plus question de tout ceci.

Georges à son tour se leva.

— Allons ! — dit-il avec accablement, — je vois que j'essayerais vainement de lutter contre un parti pris. Sans doute, malgré votre discrétion sur ce point, monsieur de Lichtenwald a des chances d'être mieux accueilli.

— Ah ! morbleu ! quand cela serait ? — s'écria Savinien, qui commençait à perdre patience ; — je suis meilleur juge que personne peut-être de ce qui me convient et de ce qui convient à ma fille ! — Georges allait répondre, mais il se mordit les lèvres et baissa les yeux. Il y eut un moment de silence embarrassé. — Monsieur Vernon, — dit enfin le capitaliste, — j'espère qu'après cette pénible explication vous comprendrez combien votre présence ici aurait d'inconvéniens et pour vous et pour moi ; je vous conseille donc de quitter la maison le plus tôt possible.

— Quoi ! monsieur, vous me chassez ?...—s'écria Georges, rouge de honte et de colère.

— Vous chasser ! fi donc ! seulement, il est bon que vous retourniez à la ville jusqu'à ce que vous soyez devenu plus raisonnable. Vos occupations, votre noble et légitime désir de parvenir, ne tarderont pas à vous distraire, à vous calmer, et alors on sera heureux de vous recevoir ici comme autrefois.

Ces paroles étaient bienveillantes, mais elles ne laissaient aucun jour à l'espérance.

— Il suffit, monsieur, — dit Vernon en se préparant à sortir; — je quitterai le château ce matin. On doit m'amener ici mon cheval, qui est resté hier au *Tourne-Bride;* il ne saurait tarder maintenant.

— Ne vous pressez pas, mon garçon ; prenez votre temps, — répliqua Savinien; — malgré tout, nous demeurons bons amis, n'est-ce pas ?... Je vous verrai avant votre départ, pour vous serrer la main... Ah çà ! — poursuivit-il d'un ton plus ferme, —jusque-là pas un mot à Odilia ou à personne; vous m'entendez, Georges ? Pas d'imprudence, car nous nous brouillerions tout à fait, je vous en avertis.

Vernon salua précipitamment et sortit comme un fou.

Dans une pièce voisine, il rencontra madame Surville, l'institutrice, qui parut l'examiner avec beaucoup de curiosité; mais il ne lui parla pas, et il se hâta de regagner sa chambre, où il s'enferma.

VII

LE SECRET DE MAX.

Le comte de Lichtenwald, aussitôt qu'il avait été levé, était descendu dans le parterre, en habit du matin, pour respirer l'air pur et frais de la campagne. En ce moment, le vieux jardinier Simon était en train de donner des soins quotidiens au tilleul d'Odilia ; il bêchait la terre au pied de l'arbre, nettoyait avec une attention minutieuse le tronc et les arbres, arrosait le gazon et les fleurs qui croissaient à l'entour. Le zèle et l'ardeur qu'il mettait à cette besogne servirent de prétexte à Max pour interroger le vieillard au sujet de cet arbre mystérieux. Simon connaissait le haut rang du jeune étranger, et il avait pu déjà recueillir à l'office certains bruits qui commençaient à circuler parmi les domestiques; aussi se prêtait-il au désir du comte avec un empressement que favorisait du reste un goût naturel pour le bavardage.

— Il est vrai, monsieur, — disait-il en enlevant un imperceptible brin de mousse qui avait échappé à ses précédentes investigations, — c'est là un arbre précieux, et tout le monde ici n'a pas la liberté d'en approcher. La nuit, les clefs de cette terrasse sont remises à mademoiselle Paula, de peur que quelque malfaiteur ne tente de le dégrader. Si un de mes garçons osait toucher à ce tilleul hors de ma présence, il serait congédié sur-le-champ; mon fils lui-même craindrait d'y porter la main sans une permission expresse. Seul j'ai le droit de le tailler, de l'arroser, de le maintenir en bon état; et pour cela je reçois mille francs par année, en dehors de mes gages. Si l'arbre venait à périr, je perdrais ce revenant-bon; aussi n'épargné-je pas mes peines ! Par malheur, — ajouta-t-il en soupirant, — il n'est pas aussi sain et aussi bien portant que je le voudrais!

— En effet, — reprit le comte, — il semble languir; connaissez-vous la cause de ce dépérissement?

— Je la connais, monsieur, et le mal est sans remède, j'en ai peur. Ce sol manque de profondeur, les racines touchent le tuf, et, comme la séve est insuffisante, l'arbre souffre de plus en plus. Que voulez-vous? quand on l'a planté en cet endroit, on ne savait pas de quelle importance il était... Et pourtant, — ajouta le bonhomme en branlant la tête, — il se passa des choses alors qui auraient bien dû attirer l'attention sur lui !

— Il est vrai, mon ami. La plantation de cet arbre aurait été, dit-on, accompagnée de circonstances extraordinaires.

— Oui, oui, fort extraordinaires, monsieur; on peut vous conter cela, à vous; oui, il se passa des choses fort... drôles, quand ce tilleul fut planté à la place où vous le voyez, et je peux en parler, puisque c'est moi qui l'ai planté. Nous étions en hiver, à la fin de décembre, et il avait gelé très fort la journée précédente; cependant, lorsque je commençai à jeter de la terre sur les racines, le tonnerre gronda subitement, le ciel s'ouvrit, et je vis l'arbre tout en feu. On n'entendit qu'un coup, mais si violent que la terre trembla et que je faillis être renversé. J'avouerai qu'il se trouvait en ce moment à côté de moi quelqu'un qui chantait du grimoire... mais un honnête homme ne doit pas parler mal de ceux dont il mange le pain.

Max écoutait ces détails d'un air d'intérêt mêlé d'incrédulité.

— Ainsi donc, mon ami, — reprit-il avec un léger accent de moquerie, — vous pensez qu'il y avait de la magie dans cette affaire?

— Je ne pense rien, monsieur; à Dieu ne plaise que je pense quelque chose ! Si vous voulez avoir des explications, adressez-vous à ceux qui peuvent les donner : quant à moi, je dis seulement ce que j'ai vu, et encore ne le dis-je pas à tout le monde, comme vous pouvez le croire. Quant à la femme blanche qui se montre souvent la nuit sous le tilleul, au clair de la lune, il est bien vrai que je l'ai vue dans différentes circonstances.

— La femme blanche! — répéta Max du même ton; — mais quelle femme pourrait pénétrer la nuit dans ce jardin si bien clos et si bien gardé?

— Faut croire, monsieur, que celle-là ne s'inquiète pas des murs élevés ni des portes closes... Moquez-vous de moi si vous voulez, mais peut-être est-ce l'âme de feu madame, la mère de notre demoiselle; et véritablement, une fois que je regardais l'apparition par-dessus le mur du potager, il me sembla reconnaître la taille maigre, les traits pâles de la pauvre défunte. Je ne suis pas plus poltron qu'un autre, et j'aurais voulu m'assurer du fait; mais je craignais de troubler le sommeil de mademoiselle Odilia, dont vous voyez d'ici la chambre. — Et il désignait un appartement du rez-de-chaussée dont les fenêtres étaient garnies de solides persiennes. Un petit perron de pierre, dont chaque marche était ornée d'un vase de marbre rempli de fleurs, faisait communiquer cet appartement avec la terrasse. Comme Lichtenwald examinait avec intérêt cette portion du château, un domestique vint le prévenir que monsieur Savinien désirait lui parler. Le comte fit à Simon un petit signe amical, et accompagna le valet qui devait le conduire au cabinet de son maître. Le jardinier les suivit un moment des yeux en hochant la tête : — On a bien raison de dire, — murmura-t-il quand ils eurent disparu, — qu'il faut être toujours sur le qui-vive. Ce jeune grand seigneur aurait bien voulu me faire jaser, mais il n'est pas encore assez fin pour attraper un vieux renard tel que moi !

Et il se remit à l'ouvrage en se félicitant tout bas de sa discrétion.

Autant Savinien avait été froid et dédaigneux envers le conseiller de préfecture, autant il se montra empressé et cordial envers le comte de Lichtenwald. Après les complimens d'usage, il lui offrit le siège que Vernon venait de quitter, et lui dit :

— J'ai vu, monsieur le comte, par la lettre que vous m'avez remise hier de la part de Son Altesse, votre honoré père, que vous aviez plein pouvoir pour traiter avec moi certaines questions importantes. Ce sont là des matières bien délicates à discuter personnellement, et si je ne connaissais d'avance la haute raison, le tact parfait de monsieur Max de Lichtenwald...

— Eh ! eh! monsieur Savinien, — répliqua Max en souriant, — la confiance de mon père est bien un peu forcée. Je suis directement intéressé dans ces pourparlers, comme vous ne l'ignorez pas; et il est des points sur lesquels je ne saurais m'en rapporter absolument à mon père lui-même ni à monsieur le baron Schwartz, son secrétaire, son confident... son ministre, si vous voulez. Voilà pourquoi j'ai accepté avec tant d'empressement la gracieuse hospitalité que vous m'offriez.

— C'est un honneur dont je sens tout le prix.

— Eh bien ! donc, — poursuivit le comte avec aisance, — pour commencer par l'intérêt le moins grave à mes yeux, cet emprunt de trois millions affectés aux besoins de la principauté...

— Laissons cette bagatelle; j'accepte toutes les conditions qui m'ont été offertes par monsieur Schwartz au nom de Son Altesse. Les trois millions sont prêts, et Blanchard est en train de préparer les traites, qui vous seront remises aujourd'hui même.

— A merveille, — répliqua Max d'un ton gai; — comme cela nos monumens publics seront réparés, nos routes redeviendront praticables, et l'on habillera de neuf nos valets de ville, qui en ont grand besoin. Mais vous ne me dites pas, mon cher financier, quelles sûretés vous exigerez en nous prêtant une si grosse somme! Faudra-t-il vous engager le produit des douanes ou bien...

— Des sûretés, monsieur le comte? vous les croyez donc nécessaires?

— Eh bien ! non, — s'écria Max avec entraînement, — non, monsieur Savinien; vous en offrir serait une insulte de la part de celui qui aspire à devenir bientôt votre ami, votre... gendre.

Et il tendit chaleureusement la main au capitaliste. Un éclair de joie passa sur les traits de Savinien; toutefois il ne se hâta pas de prendre la main qu'on lui présentait.

— Un moment, monsieur le comte, — répliqua-t-il avec dignité; — pas de surprise entre nous. Vous êtes jeune et passionné; avez-vous bien réfléchi? Vous connaissez ma fille seulement depuis quelques heures.

— Et ces quelques heures ont suffi pour m'inspirer une affection qui ne cessera qu'avec moi! — s'écria Max. — Mademoiselle Odilia, du premier aspect est irrésistible... J'ai voulu venir ainsi seul au Prieuré, monsieur Savinien, afin de ne subir aucune influence étrangère, afin de n'écouter d'autre inspiration que celle de mon cœur. Si je ne m'étais senti une sympathie réelle pour mademoiselle Savinien, en dépit des avantages de l'union projetée j'aurais cherché un prétexte honorable pour retirer sans bruit la parole engagée. Mais jugez de ma joie, monsieur, quand je trouve dans la personne qui m'est destinée par les vœux des deux familles, un prodige de grâce, de beauté, de douceur !

L'admiration de Max était sincère, et Savinien en paraissait ravi; néanmoins le capitaliste crut devoir se montrer d'autant plus scrupuleux que le jeune homme se montrait plus enthousiaste.

— Il faut se défier d'une première impression, — reprit-il; — Odilia est un peu bizarre, malgré sa bonté angélique.

Elle a une humeur changeante comme le vent, et même, s'il faut l'avouer, car nous sommes dans un moment où l'on doit tout dire, elle est sujette à certains accès d'exaltation... à des espèces d'*absences*... qui donnent toujours à penser.

Max cherchait à entrevoir la vérité derrière les réticences de Savinien.

— En effet, — reprit-il, — mademoiselle Odilia paraît avoir des idées particulières sur différentes choses, et j'ai été frappé surtout de la bizarrerie de ses opinions relativement à l'arbre planté le jour de sa naissance.

— Oui, sa tante lui a fourré dans l'esprit je ne sais quelles superstitieuses croyances que je n'ose pas contrarier. Mais ce n'est pas seulement de cela qu'il s'agit. Je veux parler de certains momens où cette pauvre enfant se montre tout à fait différente d'elle-même... A la vérité, Z..., un des premiers médecins de Paris, que j'ai fait venir ici il y a quelques mois, a été d'accord avec Delmas, notre médecin ordinaire, pour reconnaître que l'état de ma fille ne présentait rien de sérieux, et que ces accidens ne pouvaient manquer de disparaître bientôt. Je me serais donc dispensé de vous en parler, si un scrupule exagéré peut-être...

— Je vous en remercie, monsieur Savinien, mais nous devons avoir confiance entière dans l'opinion des hommes de science. Sans doute, en effet, les accidens dont il s'agit tiennent à une grande irritabilité des nerfs, à une exquise délicatesse d'organes; à force de soins, de ménagemens, de tendresse, nous parviendrons à guérir cette charmante enfant, et sa faiblesse me la rendra plus chère encore.

On eût dit qu'après cette explication Savinien se sentait délivré d'un grand poids. Ses manières perdirent un reste de raideur qu'elles avaient conservée jusque-là, et il poursuivit d'un air plus ouvert :

— Il est encore un point, monsieur le comte, sur lequel je désire appeler votre attention. Vous appartenez à une des familles les plus anciennes et les plus nobles de l'Allemagne, à une famille exerçant depuis longtemps l'autorité souveraine, autorité que vous êtes vous-même destiné à exercer un jour; or, vous avez réfléchi à notre origine modeste; êtes-vous certain que vous ne regretterez jamais votre choix? Quant à moi, je n'ai pas cherché à vous tromper sur la condition obscure où je suis né, et Paula, hier encore, a pris soin de vous rappeler certains détails peu flatteurs pour la famille de feu ma femme; mais comment imposer silence à Paula lorsqu'elle veut parler?

— Elle se taira pourtant, — répliqua Max en souriant, — ne fût-ce que par intérêt pour sa nièce, qu'elle aime avec tant d'abnégation. Quant à moi, monsieur Savinien, j'ai passé plusieurs années en France, et j'ai appris à surmonter certains préjugés étroits de mon pays. Mon père ne se montre pas moins philosophe, et Schwartz, que vous avez vu, est, malgré son titre de baron et ses formes cérémonieuses, un libre penseur de premier ordre. D'ailleurs, si vous y consentez, nous trouverons moyen de fermer la bouche aux plus intraitables et aux plus encroûtés patriciens de mon pays.

— Comment cela, monsieur Max?

— Notre famille possède quelque part un vieux donjon en ruines qui donne à son propriétaire le titre de noble, et mon père obtiendra de l'empereur d'Autriche qu'en recevant l'investiture de ce domaine vous soyez nommé comte de l'empire. Oh! ne remerciez pas; le manoir ne vaut certainement pas les frais que vous ferez pour en déloger les corbeaux et les chouettes; et le titre de comte sera suffisamment payé par les énormes frais de chancellerie que le fisc autrichien réclamera de vous, sans aucun doute. Du reste, le nom de votre fief ne sera pas trop bourré de *w* et de *sch*, ce qui le rendrait difficile à prononcer pour les bouches françaises et pour la vôtre en particulier; vous vous appellerez comte d'Orembourg... Et aux yeux de tous nos bons Allemands, j'épouserai la fille du comte Savinien d'Orembourg... Que dites-vous de cet arrangement?

En dépit de lui-même, Savinien devint rouge de plaisir et d'orgueil. Son indifférence pour les honneurs était plus apparente que réelle, et, s'il ne les avait jamais sollicités, c'était moins par mépris que par crainte de ne pas les obtenir. Il répondit d'une voix émue :

— Vous me comblez, monsieur Max; je suis un homme simple et tout uni... Si pourtant l'on tenait à cette condition, il me faudrait bien l'accepter.

Max, à son tour, feignit de prendre pour réelle la résignation du capitaliste.

— C'est le monde qui l'exige, — répliqua-t-il; — puisque nous entrons dans votre famille, il faut bien que vous entriez dans la nôtre, et, si vous apportez la richesse, il est juste que nous vous apportions autre chose... Pour ce qui regarde mademoiselle Paula, — ajouta-t-il avec gaieté, — j'espère que, malgré ses allures indépendantes, elle se résignera de même à quelques sacrifices. On la fera nommer chanoinesse dans un certain chapitre où nous avons du crédit, et où l'on fermera volontiers les yeux sur certaines irrégularités. Mon père compte charger de cette négociation son secrétaire, le baron Schwartz, qui a imaginé ce plan et qui s'entend merveilleusement à mener ces sortes d'affaires.

Savinien, qui avait été forcé de se contenir quand il s'agissait de sa propre élévation, profita de l'occasion pour partir d'un éclat de rire saccadé, nerveux, irrésistible.

— Paula chanoinesse! — disait-il; — je la verrai avec une croix d'or sur son épaule pointue!... En vérité, je ne peux m'empêcher de rire en songeant à la contenance qu'elle aurait dans une assemblée de gens de qualité; elle si raide, si farouche!... Pardon, cher comte, mais cette idée me semble si plaisante... Et il riait toujours.

Max qui, malgré son amour très réel pour Odilia, avait bien un petit grain de scepticisme et de malice, finit par l'imiter. Savinien, toutefois, ne tarda pas à dominer cette gaieté fiévreuse. — Encore une fois, pardon, — reprit-il; — je suis honteux de m'être ainsi oublié; mais vous avez une manière si amusante de présenter les choses! et puis cette image de Paula métamorphosée en chanoinesse... enfin, n'en parlons plus, et l'on fera, s'il est possible, selon vos désirs.

— Merci, mon ami... mon père, — reprit Max avec satisfaction. — Ainsi nous nous entendons, et je peux écrire aujourd'hui même au Lichtenwald pour annoncer l'heureux résultat de cet entretien?

— Pourquoi non, mon cher Max? En attendant, afin d'éviter toute erreur, vous pourrez rappeler au prince les conditions du contrat qui ont été déjà débattues avec monsieur Schwartz. Ma fille aura dix millions de dot, et après moi tout le reste de ma fortune, sauf cent cinquante mille livres de rente dont je me réserve de disposer selon mon gré... Vous m'avez bien compris, n'est-ce pas?

— Oui, oui; mais, de grâce, épargnez-moi ces détails, et laissez-moi plutôt m'acquitter d'une commission que j'allais oublier.

Max tira de sa poche un petit écrin qu'il remit au capitaliste.

— Qu'est ceci? — demanda Savinien en retournant la boîte avec curiosité.

— Un objet que mon père m'avait chargé de vous remettre comme gage de sa reconnaissance pour le service éminent que vous avez rendu à la principauté. Cet ornement fera bien sur un habit noir, et il vous deviendra indispensable quand vous serez comte d'Orembourg. Mais, en temps et lieu, nous trouverons encore aussi bien et peut-être mieux.

Savinien ouvrit la boîte d'une main tremblante; elle contenait une plaque en diamans et un brevet qui lui conférait le titre de commandeur de l'ordre de Saint-Charles, dont le prince de Lichtenwald était le grand maître.

Pour le coup, les larmes lui vinrent aux yeux.

— Merci, monsieur le comte,—dit-il en serrant la main de Max ; — encore une fois, je suis un homme tout uni et je ne mérite pas de tels honneurs... Je suis confus, pénétré...

— Bah ! il n'y a pas de quoi, — interrompit le comte.

— Mais, monsieur Savinien, — ajouta-t-il d'un ton plus sérieux, — nous formons là de beaux projets, et nous ne savons pas encore si celle qu'ils intéressent le plus voudra bien les ratifier... Pensez-vous que mademoiselle Odilia puisse m'aimer un peu, quand elle me connaîtra mieux ?

— Je suis sûr... c'est-à-dire, j'espère... Comment n'aimerait-elle pas un beau et bon jeune homme pour lequel son père éprouve tant d'estime et tant d'affection ?

— En pareil cas, les pères et les jeunes filles ne voient pas toujours du même œil. Je tremble que mademoiselle Savinien ne conçoive contre moi de fâcheux préjugés. La tante Paula ne paraît pas disposée en ma faveur, à cause de cette malencontreuse sévérité de feu mon aïeul le prince Sigismond.... Aussi, pourquoi diable ! — ajouta-t-il avec un dépit comique, — le vénérable Sigismond n'avait-il pas prévu le progrès des lumières et les exigences des temps actuels ?

Peut-être dans ces paroles, prononcées d'un ton de plaisanterie, y avait-il un fond d'amertume et de protestation aristocratique, à l'insu même de celui qui parlait. Mais Savinien ne s'en aperçut pas.

— Ne craignez rien de Paula, — répliqua-t-il ; — je saurai bien la mater quand il en sera besoin ; et d'ailleurs sa croix de chanoinesse effacera sans doute les méfaits du défunt prince Sigismond... L'important pour ma fille, ayant toujours vécu dans une retraite absolue, n'a encore aucun amour dans le cœur, j'en suis certain. La faiblesse de sa santé, son caractère un peu sauvage, n'ont pas permis jusqu'ici de la présenter au petit nombre de personnes qui viennent parfois au château ; et c'est à cause de cela que l'on parle de moi dans le pays comme d'un père ridicule et jaloux, tenant sa fille sous clefs. Vous avez pu voir déjà ce qu'il en est.

— Etes-vous bien sûr, en effet, que mademoiselle Odilia..... Vous avez dû pourtant remarquer l'accueil bienveillant et empressé qu'elle fit hier à monsieur Georges Vernon ? Le conseiller de préfecture est pour elle un compagnon d'enfance ; il a de l'esprit, d'excellentes manières...

— Mais pas tant, pas tant, — répliqua Savinien avec humeur ;— c'est un petit ambitieux, et Odilia l'a toujours regardé comme sans importance. Il fait sonner bien haut le léger servico qu'il nous rend ; mais j'aurais obtenu sans lui le même résultat... Du reste, — ajouta Savinien d'un ton sec, — ce beau muguet-là ne nous gênera plus : je viens de lui donner son sac, et, ce matin sans doute, il nous débarrassera de sa présence. — Max de Lichtenwald était trop généreux pour souhaiter l'humiliation même d'un rival... Aussi exprima-t-il avec une certaine chaleur le désir de n'être pour rien dans la disgrâce de Georges. — Ayez l'esprit en repos à cet égard, — dit le millionnaire ; il ne peut y avoir une brouille sérieuse entre moi et les Vernon. Nous redeviendrons bientôt les meilleurs amis du monde ; il n'est pas mal de tenir ce présomptueux un peu à distance. D'ailleurs, vous êtes étranger à tout ceci, et nos démêlés passagers ne doivent pas vous occuper.

Rassuré sur ce point, Max, après de nouvelles protestations de reconnaissance, prit affectueusement congé de son futur beau-père, et il regagna sa chambre pour vaquer aux soins de sa toilette en attendant l'heure du déjeuner.

A peine était-il sorti qu'une porte cachée dans un panneau de la boiserie tourna sur ses gonds et donna passage à madame Surville. La porte se referma sans bruit, et l'institutrice, glissant sur l'épais tapis qui couvrait le plancher, put arriver jusqu'à Savinien sans avoir été entendue. Savinien était en train d'examiner avec une complaisance puérile l'effet de sa plaque de diamans sur sa robe de chambre de velours, et il tressaillit en se voyant surpris. Toutefois, en reconnaissant madame Surville, il continua de se livrer à sa naïve occupation.

— Ah ! c'est vous, ma chère, — lui dit-il d'un ton distrait ; — voyez donc, que pensez-vous de ce joujou-là ?... Il est à moi, bien à moi, et j'ai le droit de le porter. Je suis commandeur de l'ordre de saint... je ne sais plus de quel saint, mais n'importe ! Me voilà dans les honneurs : sans compter que je vais être comte de l'empire, comte de *Blandebourre*, d'*Orebourre*... je ne me souviens plus. Mais je serai comte, je serai commandeur, entendez-vous ?

— Alors tout est convenu avec monsieur de Lichtenwald ? — demanda madame Surville.

— Tout, ma chère, et le mariage aura lieu maintenant quand nous voudrons. J'étais inquiet, car bien des petits détails auraient pu offusquer notre jeune gentilhomme ; mais il aime déjà Odilia, et rien ne saurait plus lui déplaire. On parle de la morgue de ces princes allemands ; ma foi ! certains parvenus se croiraient obligés d'épiloguer plus scrupuleusement les paroles et les choses.

— Mademoiselle Savinien a des avantages qui doivent rendre les épouseurs indulgens pour ses défauts, si elle en a, — répliqua l'institutrice avec quelque malice ; cependant vous avez tout dit, je pense ?

— Tout, absolument tout, ma chère ; le comte ne pourra se plaindre plus tard de n'avoir pas été averti. Comme ça, ma fille sera princesse souveraine, moi je serai comte de l'empire et commandeur de saint... de quel saint a-t-il parlé ?... Mais que je suis étourdi ! je vais voir le brevet.

Il s'empressa de déployer le parchemin. Par malheur le texte était écrit en allemand, et Savinien ne put pas en déchiffrer un mot. Madame Surville, qui savait l'allemand, ne songea pas à lui venir en aide.

— Mais vous êtes bien sûr, — demanda-t-elle, — que la tante Paula, dont vous connaissez le caractère, ne désapprouvera pas ces arrangements ?

— Bah ! je suis maître de ma fille, peut-être... Quant à Paula, nous la ferons chanoinesse, c'est entendu.

— Prenez garde, monsieur, de rencontrer des obstacles auxquels vous ne vous attendez pas. Quand vous serez en présence de Paula, vous n'aurez plus la même assurance, sans compter que mademoiselle Odilia elle-même ne manque pas de décision.

— Encore une fois, ma chère, je suis maître chez moi, — répliqua Savinien avec impatience ; je parlerai à ma sœur, je parlerai à ma fille, et nous verrons bien qui osera me résister... Mais vous ne perdez aucune occasion, de m'animer contre elles, Louise, surtout contre Paula et cela n'est pas bien.

L'institutrice garda le silence, tandis que Savinien s'efforçait toujours de déchiffrer les caractères tudesques du parchemin.

De son côté, madame Surville cherchait dans son esprit de quelle manière elle devait aborder une question qui l'intéressait au plus haut point.

— Ainsi donc, monsieur Savinien, vous allez établir votre fille, qui habitera sans doute la principauté avec son inséparable tante, et vous allez demeurer seul, libre d'écouter les sentimens de votre cœur. Le moment alors ne sera-t-il pas venu de vous choisir une compagne, et...

Savinien se redressa d'un air irrité.

— Louise, — dit-il en frappant du pied, — je vous avais défendu... Maintenant plus que jamais de pareils projets sont inexécutables, et je vous prie de ne m'en plus parler.

Des larmes brillèrent dans les yeux de madame Surville et coulèrent sur ses joues rondes et fraîches, mais elle se tut. Cette douleur muette impressionna Savinien plus que d'éloquens reproches.

— Allons ! consolez-vous, ma chère, — dit-il distraitement en lui prenant la main ; — j'ai des torts, je les réparerai. Ma fille mariée et Paula partie avec elle, vous aurez la surintendance de la maison ; vous serez reine et maîtresse ici, comme je vous l'ai promis. Aidez-moi donc à conclure ce mariage et tout ira bien. Seulement, je suis obligé à une réserve excessive, et ma nouvelle dignité m'impose de grands ménagements. Nous verrons à nous arranger pour sauvegarder les intérêts. Je vous ai fait déjà d'assez beaux présens, je pense, et si le séjour de cette maison vous déplaît, vous pourrez vivre partout dans une sorte d'opulence. Mais je ne m'arrêterai pas là : malgré mes sacrifices pour l'établissement de ma fille, je me réserve une fortune suffisante pour récompenser ceux que j'aime, et je n'y manquerai pas, je vous le garantis.

Malgré ces promesses, l'institutrice continuait de pleurer, et allait peut-être formuler ses plaintes d'une manière plus précise, quand un tumulte, bientôt suivi de cris déchirans, s'éleva dans la cour. Savinien s'empressa de courir à la fenêtre, qui donnait précisément sur cette cour, et madame Surville l'imita ; la curiosité l'emportait, et d'ailleurs l'artificieuse créature comptait bien revenir à la charge dans un moment plus opportun.

Du premier coup d'œil on reconnut qu'un malheur venait d'arriver. Georges Vernon gisait au milieu de la cour, renversé par son cheval, qui s'enfuyait dans l'avenue les étriers lui battant le ventre. Mais, en franchissant la grille, l'animal fougueux avait fait une nouvelle victime, et foulé aux pieds un jeune homme, vêtu modestement, qui allait entrer au Prieuré. Le malheureux, étendu sans mouvement, ne donnait plus signe de vie. Les domestiques de la maison, et Lichtenwald lui-même, accouraient pour relever les blessés.

Voici quelle avait été la cause de ce triste événement. Le comte, en quittant Savinien, avait dû traverser la cour pour regagner sa chambre, et il avait été surpris de rencontrer à l'entrée du vestibule Georges Vernon qui allait monter à cheval. Bien qu'il sût le conseiller de préfecture mal disposé pour lui, Max crut convenable de lui adresser un mot de politesse.

— Comment, mon cher Vernon, — lui dit-il d'un ton amical, — nous quittez-vous sitôt, ou bien s'agit-il seulement d'une promenade dans les environs ?

— Ce sera grâce à vous, monsieur, une promenade qui pourra être longue, — répliqua Georges se contenant à peine. Je pars... vous devez être content.

Max, en dépit de sa longanimité, fronça le sourcil.

— Monsieur, — dit-il brusquement, — je suis las de vos insinuations malveillantes, et je désire savoir à la fin...

— Eh ! monsieur, les faits parlent d'eux-mêmes. Hier encore j'étais traité ici comme un enfant de la maison ; aujourd'hui je reçois mon congé... A qui faut-il attribuer ce revirement, sinon à quelque personne dont ma présence dérange sans doute les vues ?

Ce reproche était injuste, car Max avait été le premier à lui offrir une place dans sa voiture pour venir au Prieuré ; et l'on sait que peu d'instans auparavant il avait intercédé auprès de Savinien pour Vernon évincé. Aussi l'iniquité de ces accusations mit-elle le comte hors de lui.

— Personne ne dérange mes vues, — reprit-il d'une voix que l'émotion rendait tremblante, — si cela était, je saurais bien écarter les obstacles sans aucun secours étranger.

— En effet, monsieur le comte de Lichtenwald se croit en droit de commander partout où il se trouve ; cela tient sans doute à ses habitudes. Mais ici, en France, dans la maison de l'ancien entrepreneur de maçonnerie Savinien, chez les filles de cette bohémienne que fit fustiger son aïeul, il est un peu déchu de son orgueil aristocratique, et il devrait se montrer plus modeste.

— Assez, monsieur, — interrompit Max avec violence ; — si je ne respectais pas plus que vous ne le respectez la maison où nous sommes... Mais cette conversation ne peut continuer ici ; nous la reprendrons ailleurs, si vous le voulez bien.

— A votre aise ; je m'arrêterai jusqu'à demain matin au Tourne-Bride de Clairefont, et vous m'y trouverez.

— Vous recevrez bientôt de mes nouvelles, monsieur Georges Vernon, vous pouvez y compter.

Pendant cette conversation, Georges s'était approché de *Swift*, son beau cheval anglais, qu'un valet d'écurie venait de lui amener. *Swift*, on s'en souvient sans doute, était une bête pleine de feu, et le repos qu'elle avait pris depuis la veille augmentait encore sa vivacité ordinaire. A peine Georges l'eut-il enfourché, que l'animal, impatient de mouvement, tourna sur lui-même pour partir. Georges n'avait pas eu le temps de chausser le second étrier et de saisir la bride ; au lieu d'opérer ces mouvemens avec le sang-froid nécessaire en pareille circonstance, il s'irrita contre sa monture et la châtia imprudemment de l'éperon. Le cheval se dressa sur ses pieds de derrière, et comme son maître ne s'attendait pas à ce mouvement impétueux, il le désarçonna, le lança rudement sur le pavé ; puis, bondissant vers la grille, il s'enfuit dans la campagne.

Par malheur, comme nous l'avons dit, un jeune garçon qui entrait au château en ce moment s'était trouvé devant lui ; *Swift* l'avait renversé, et le pauvre enfant demeurait sans connaissance sur la place.

Ce jeune homme était André, l'oiseleur à qui Odilia et sa tante rendaient si souvent visite dans le bois.

VIII

LA TENDUE AUX ROUGES-GORGES.

Nous devons expliquer ici comment mademoiselle Savinien avait connu André l'oiseleur.

On se souvient que, par ordre exprès du médecin, Odilia devait faire chaque jour une promenade à pied dans les environs du Prieuré. Cette promenade avait lieu le matin ou le soir, suivant la température et suivant les convenances de la jeune fille, sous la surveillance de la tante Paula. Les dames avaient voulu dans le principe être suivies à distance par un domestique chargé de les protéger ; mais bientôt elles s'étaient enhardies : la présence d'un laquais les importunant, elles avaient pris l'habitude de sortir seules. Elles connaissaient parfaitement le pays, où elles étaient adorées et où elles ne répandaient que des bienfaits ; aucun danger ne paraissait donc à craindre, et les deux promeneuses poussaient parfois leurs excursions loin du château.

Or, quinze jours environ avant l'époque où nous sommes arrivés, par une jolie matinée d'automne, Odilia et sa tante s'étaient enfoncées dans la forêt de haute futaie qui attenait au parc. Le soleil venait à peine de se lever, et ses rayons obliques ne pénétraient pas encore le feuillage. Les allées herbeuses étaient humides de rosée. La fraîcheur délicieuse du matin, l'air vital et parfumé des bois excitaient la vivacité de la marche ; et Odilia, son chapeau à la main, ses brodequins couverts de pétales de fleurs, trottinait gaiement dans les sentiers, butinant au passage les scabieuses bleues et les verges d'or, écoutant les chants des oiseaux dans les buissons ou lançant elle-même par intervalle une gamme folle aux échos sonores de la forêt. Paula pouvait à peine la suivre ; mais elle ne songeait pas à se plaindre. Elle voyait les couleurs de la santé apparaître sur les joues de sa nièce, elle voyait Odilia, joyeuse et bondissant comme une jeune biche, s'abandonner aux douces impressions du moment ; Odilia chantait, Odilia riait, était heureuse ; à ce prix la bonne tante, si rude pour le reste du monde et pour elle-même, se fût mise en nage et eût marché jusqu'au soir.

Tout en allant ainsi, à peu près au hasard et selon les inspirations de son caprice, mademoiselle Savinien avait conduit la promenade dans la direction de la rivière. Les dames traversaient un taillis peu élevé, mais bien vert et feuillu, où de petits sentiers tournans, à peine tracés dans le gazon, remplaçaient les larges allées des autres parties du bois. Odilia ne s'inquiétait pas des branches basses qui lui mouillaient le visage et dérangeaient ses cheveux, quand tout à coup elle s'arrêta net et poussa un petit cri de douleur. Paula crut qu'elle s'était blessée; elle la rejoignit en deux enjambées.

— Qu'y a-t-il donc, mon enfant? — demanda-t-elle haletante. Pour toute réponse, Odilia lui montra du bout de son doigt blanc et effilé un pauvre petit oiseau qui se débattait en poussant de faibles plaintes. Bien qu'on fût à deux pas de lui, il ne s'éloignait pas, et continuait d'agiter ses ailes d'un air de souffrance. Paula, plus expérimentée, reconnut aussitôt de quoi il s'agissait. — Allons, petite, — dit-elle froidement, — est-ce cela qui t'effraye? Cet oisillon est pris au piège.

En effet, un lacet suspendu à une baguette pliante avait saisi l'oiseau par le cou et menaçait de l'étrangler.

— O mon Dieu! mais il souffre! il va mourir! — dit Odilia en joignant les mains.

— Il est facile de le délivrer.

Paula prit l'oiseau dans ses grosses mains sans le blesser, le dégagea du lacet fatal, puis lui rendit la liberté, dont il profita pour aller se poser en voletant sur un arbre voisin; là il tira quelques sons harmonieux de son gosier, soit pour remercier ses bienfaitrices, soit pour s'assurer que le gosier lui-même était intact.

— Merci, tante Paula, — répliqua la jeune fille. — Voyez! il vit, il chante, il est heureux!

On continua d'avancer. Le sentier maintenant était propre, uni, débarrassé des hautes herbes et des branches parasites qui pouvaient gêner le passage. En revanche, à droite et à gauche, on apercevait un grand nombre de pièges semblables à celui dont on venait de voir le fatal effet; c'étaient des raquettes ou *régibauds*, si employés autrefois en Lorraine pour la chasse au menu gibier.

— Eh! nous sommes tombées au milieu d'une *tendue aux rouges-gorges*, — dit Paula.

— Qu'est-ce donc qu'une *tendue*, ma tante? — Paula expliqua rapidement comment on installait les pièges, au nombre souvent de plusieurs milliers, dans les portions de bois fréquentées par les petits oiseaux, surtout par les rouges-gorges; comment l'oiseleur faisait plusieurs fois par jour sa tournée pour s'emparer des prisonniers, qu'il vendait ensuite au marché, et qui formaient un manger délicieux. — Peut-on traiter ainsi ces charmans oiseaux si doux, si familiers, et qui chantent si bien? — dit Odilia avec douleur; — les hommes qui exercent ce métier doivent être bien méchans!

— Ils sont surtout bien pauvres, mon enfant, car le métier n'est guère lucratif.

Odilia voulait répondre, mais en ce moment elle aperçut un autre oiseau qui se débattait non loin d'elle. Prompte comme l'éclair, elle courut à son secours; mais cette fois la pauvre pendu, débarrassé du terrible cordon, ne s'envola pas; on venait trop tard, et il ne tarda pas à expirer dans la main de la jeune fille éperdue.

— Mais c'est infâme, cela! — s'écria-t-elle. — Va-t-on faire périr toutes ces innocentes créatures? Je ne le souffrirai pas... Venez, tante Paula; nous allons y mettre ordre... venez.

— Un moment, ma chère; songe donc que nous n'avons pas le droit...

Odilia ne l'écoutait pas; elle partit en courant, et bientôt Paula vit sa robe blanche disparaître au détour du sentier.

A mesure qu'elle avançait, Odilia s'animait davantage dans son projet. Toutes les avenues, toutes les laies étaient bordées de ces maudits régibauds, dressés comme autant de potences à l'intention des oisillons de la forêt. Bon nombre de ces pauvres imprudens s'étaient laissé prendre aux engins scélérats; et ce n'étaient pas seulement des rouges-gorges familiers, mais aussi de ces beaux merles noirs, si vifs et si rusés, des grives farouches, dont un premier déjeuner dans les vignes avait peut-être affaibli la finesse ordinaire, des pinsons turbulens, et jusqu'à des rossignols, qui, dans cette saison de l'année, engraissent, prennent du ventre et ne savent plus chanter. Quelques oiseaux encore vivans cherchaient à se dégager du redoutable nœud; mais ils n'eussent pu y parvenir sans l'aide d'Odilia, qui, tremblante de joie, après avoir lissé leur plumage soyeux et déposé un baiser sur leur tête, les laissait retourner à leurs habitudes vagabondes.

D'autres oiseaux, déjà raides et froids, pendaient ébouriffés et humides au perfide gibet, et tous les efforts pour les ranimer demeuraient vains. Alors la jeune fille voulait du moins les venger : elle les rejetait au loin dans les massifs du taillis, afin que l'oiseleur ne pût tirer profit de leurs corps; elle brisait les lacets, arrachait les régibauds; puis elle continuait sa course en versant des larmes, que la délivrance d'une victime encore vivante venait bientôt sécher.

Or, ce jour-là particulièrement, la chasse avait été productive, et Odilia avait pu dépendre ainsi plusieurs douzaines d'oiseaux vivans ou morts; de plus, les pièges qu'elle avait arrachés ou brisés constituaient pour le maître de la tendue une perte considérable, et de longs travaux devenaient nécessaires afin de réparer le dégât. Mais mademoiselle Savinien ne s'en inquiétait pas : elle continuait de parcourir les sentiers, renversant et saccageant tout sur son passage.

Elle ne paraissait pas disposée à s'arrêter de sitôt, quand des cris partirent derrière elle, et l'oiseleur, sortant d'un fourré, accourut vers Odilia d'un air furieux. Il brandissait d'une main une espèce de grand coutelas en usage parmi les *tendeurs* pour nettoyer les sentiers et couper les branches parasites, ce qu'ils appellent *débamber*, et cette arme qui brillait au soleil avait un aspect terrifiant.

Toutefois, l'oiseleur lui-même, malgré ses cris et sa course forcenée, ne paraissait pas bien cruel. C'était un beau garçon de seize ans, aux proportions sveltes quoique robustes; sa figure un peu hâlée, mais d'une régularité parfaite, avait une expression de franchise et d'intelligence naïve. Ses grands yeux bleus, ses dents blanches, ses longs cheveux blonds, naturellement bouclés, formaient l'ensemble le plus gracieux. Son costume, fort simple, consistait en un large chapeau de paille, en une blouse grise et un pantalon de toile, tout cela d'une propreté, d'une fraîcheur telles, que l'on doutait si ce costume était celui d'un riche citadin en négligé de campagne, ou celui d'un jeune paysan coquet et soigneux de sa personne.

Aussi Odilia, dès qu'elle eut jeté un regard sur l'oiseleur, ne montra-t-elle pas beaucoup d'effroi. Elle procédait en ce moment à la délivrance d'un prisonnier, et cette opération exigeait un soin particulier. Le patient, en effet, n'était plus un merle vigoureux, une grive ventrue; c'était un de ces mignons roitelets qui, la queue redressée, la huppe relevée, l'œil effronté, se posent insolemment au bord du chemin sur le bout d'une branche morte, et chantent aux passans leur petite chanson comme pour les narguer. Celui-ci, en raison de l'exiguïté de sa taille, s'était pris, non par le cou comme les autres, mais par le milieu du corps, et, sauf l'impuissance où il était de mouvoir ses ailes, il n'avait pas grand mal. Aussi l'ingrat se débattait-il contre sa libératrice, et attaquait-il avec toute la vigueur de son bec microscopique les jolis doigts qui travaillaient pour son salut.

Odilia n'en continuait pas moins impassiblement sa besogne, quand le jeune oiseleur se trouva près d'elle. Aussitôt qu'il put l'envisager, il s'arrêta, cessa ses cris, et, s'appuyant sur cette arme qu'il brandissait si résolument tout à l'heure, il se mit à contempler mademoiselle Savinien avec un mélange d'étonnement et d'admiration. Il semblait tout bouleversé de trouver une créature si élégante, si pure et si belle, dans cette profonde solitude des bois; peut-être croyait-il qu'une brillante fée venait d'apparaître à ses yeux éblouis.

Cependant Odilia était enfin parvenue à dégager le roitelet, qui, libre déjà, lui donna un charmant coup de bec en signe d'adieu, et alla se poster dans un prunellier voisin. Alors elle se tourna vers l'oiseleur et lui dit :

— C'est donc vous qui traitez ainsi ces malheureux oiseaux?

Mais elle n'ajouta rien, baissa les yeux et rougit.

Il y eut un moment de silence embarrassé. André balbutia d'un ton de plainte plutôt que de reproche:

— Pourquoi venez-vous saccager ma tendue, briser mes régibauds et me prendre mon gibier?

— Parce que cela me plaît.

André releva la tête, et une lueur brilla dans son œil comme si cette fière réponse eût ranimé sa colère; mais à peine eut-il regardé de nouveau sa belle ennemie que son visage s'adoucit, et il répliqua presque avec timidité :

— Il me faudra beaucoup de temps pour remettre tout en ordre, et puis voilà ma journée perdue.

La tante Paula se montra en ce moment au détour du chemin. Elle avait entendu les cris d'André, la voix de sa nièce, elle avait doublé le pas. En apercevant cet inconnu qui semblait brandir un sabre formidable, elle s'élança de toute sa vitesse et se jeta entre l'oiseleur et Odilia.

— Misérable drôle !— dit-elle avec énergie en lui adressant un geste menaçant, — veux-tu donc nous assassiner?

Mais André ne témoigna pas à la tante la mansuétude qu'il avait témoignée à la nièce ; il répliqua sans bouger:

— Je n'assassine personne ; mais pourquoi vient-on détruire ma tendue et me dérober mes oiseaux?

— Et qui t'a permis à toi-même, — repartit Paula, — d'établir une tendue dans les bois de monsieur Savinien? De quel droit te trouves-tu ici?

— J'ai la permission de monsieur Breton, le garde, — répliqua fièrement André.

— Breton n'est qu'un domestique, et moi je te défends, je te défends, entends-tu? de placer des piéges dans cette forêt.

— Ouais ! et qui donc êtes-vous?

— Je suis la belle-sœur, et voici la fille de monsieur Savinien... Tu connais monsieur Savinien, peut-être?

— Pas du tout.

— Comment? et tu es sur ses terres ! Mais c'est le plus riche propriétaire du pays, et l'on parle assez de lui dans le voisinage.

— Je ne suis pas du pays... D'ailleurs j'ai donné de l'argent à monsieur Breton pour qu'il me permît de tendre dans ce bois, et je n'enlèverai pas mes piéges avant la fin de la saison.

— C'est ce que nous verrons, — répliqua la tante Paula.

Cependant Odilia avait écouté avec calme cette conversation. La hardiesse du jeune homme l'étonnait, mais ne lui déplaisait pas.

— Pourquoi donc, — demanda-t-elle à son tour, — tenez-vous tant à détruire de pauvres oiseaux.

— C'est mon état, mademoiselle, — répondit André avec douceur.

— Ne sauriez-vous prendre un état moins cruel?

— Si j'avais l'âge et si je pouvais me séparer de ma mère, dont je suis le seul appui, je me serais déjà fait soldat comme était mon père ; mais cela m'est interdit.

— Votre mère est-elle donc si vieille qu'elle ne puisse se suffire à elle-même?

— Ce n'est pas cela, mademoiselle, mais elle est aveugle et ne gagne pas grand'chose à filer du matin au soir... Où en serions-nous si je ne gagnais rien de mon côté?.. Nous sommes venus nous établir dans ce pays parce que la vie n'y est pas chère, et je ne refuse aucun travail afin de procurer un peu de bien-être à la pauvre femme.

— Où demeure-t-elle, votre mère? — demanda la jeune fille visiblement émue, — et comment se nomme-t-elle?

— Elle demeure là-bas au village, dans une maison de monsieur Breton; on l'appelle madame Gambier.

— Eh bien ! je la verrai, et si tout ce que vous dites est vrai, je lui donnerai des secours.

— Des secours ! — répéta André ; — croyez-vous donc avoir affaire à une mendiante?

Odilia rougit encore ; cependant elle reprit avec assurance :

— Vous, du moins, monsieur, vous ne refuserez pas un dédommagement pour le tort réel que je vous ai causé. J'ai arraché vos piéges, je vous ai privé de votre gibier, vous ne devez pas souffrir de mes caprices.

Et elle tendait à l'oiseleur une brillante pièce d'or ; mais André, profondément humilié, détourna la tête.

— Mon père et ma mère, — dit-il, — m'ont appris à ne recevoir d'autre argent que celui que j'ai gagné... Je réparerai le dégât de ma tendue ; quant au tort que vous m'avez causé, je vous le pardonne.

Alors seulement les deux dames remarquèrent qu'André Gambier n'avait ni les sentiments ni l'extérieur d'un paysan ; il ne parlait pas le patois lorrain et s'exprimait purement en français; son costume simple était d'une extrême propreté, ses manières ne trahissaient pas la rusticité ordinaire des campagnards. Odilia glissa quelques mots à l'oreille de sa tante.

— Comme tu voudras, ma petite, — répondit Paula avec son inépuisable complaisance ; — si ce jeune garçon t'intéresse, il ne sera pas tourmenté. Mais alors il faut te résigner à l'extermination de ces oiseaux qui t'inspirent tant de pitié.

Mademoiselle Savinien était dans une grande anxiété. Elle ne voulait pas convenir que ses opinions avaient changé singulièrement depuis cinq minutes, et que le chasseur excitait maintenant sa sympathie autant que le gibier. Elle dit enfin d'un petit ton protecteur :

— Nous examinerons cela, jeune homme ; nous reviendrons ici demain, après avoir pris des informations. Jusque-là ne pourriez-vous interrompre cette chasse destructive? Vous êtes trop cruel envers ces malheureux oisillons. L'épervier et le milan leur font du moins une guerre franche et ouverte ; vous, au contraire, vous leur tendez des piéges perfides dont ils ne peuvent se défier, et c'est joindre la déloyauté à la barbarie. N'avez-vous jamais pensé à cela?

André écoutait mademoiselle Savinien d'un air de stupéfaction ; de pareilles idées se présentaient en effet pour la première fois à son esprit : il avait jusqu'alors considéré la question au point de vue du bourreau et non à celui des victimes.

— Je ne dis pas le contraire, mademoiselle, — répondit-il avec effusion ; — mais je ne me croyais pas si méchant ; le pays est couvert de tendues en cette saison... Du reste, d'ici à demain je ne saurais prendre grand'-chose ; l'heure favorable est passée maintenant, et puis voilà toutes mes raquettes désarmées, arrachées, brisées... Tenez, mademoiselle, si je n'y étais forcé par la nécessité, je ne les réparerais pas ; non que je craigne personne, mais...

— Eh bien?

— Mais cela vous déplaît, — acheva-t-il en baissant les yeux.

— A demain donc, — dit Odilia. Et prenant sa tante par le bras, elle l'entraîna rapidement. Elles marchèrent d'abord en silence. Odilia paraissait rêveuse. Quand on eut atteint une des larges allées qui traversaient le bois, elle demanda tout à coup :— Ai-je eu raison, tante, de ne pas me montrer trop dure envers ce garçon, qui nourrit sa mère du produit de son travail?

— Certainement, chère enfant. D'abord, quand je l'ai vu

brandir son grand coutelas, j'étais fort inquiète et fort irritée, car je craignais qu'il ne te portât un mauvais coup ; mais ensuite il est devenu si maniable, malgré sa fierté... Oui, tu as eu raison : c'est un pauvre diable, après tout, et, si haut que nous soyons placées aujourd'hui, nous ne devons pas oublier que nous sommes parties d'aussi bas. Je t'ai conté bien souvent, ma chère, que Salomée et moi nous avions été colporteuses, tandis que Savinien...

— Oui, oui, je sais tout cela, — interrompit Odilia en faisant la moue, — et je n'ai garde de l'oublier. Seulement vous ne devriez pas, bonne tante, parler si souvent du passé devant mon père, car il m'a semblé...

— Ton père est un orgueilleux, et je prétends conserver avec lui mon franc parler ; n'aie pas d'inquiétudes à ce sujet... Mais où m'amènes-tu par là ? —demanda brusquement Paula en voyant sa nièce s'engager dans une allée qui conduisait hors du bois.

— Au village de Clairefont; je désire voir la mère de ce jeune homme et m'assurer s'il nous a dit vrai.

— Comment ! tu veux... Soit donc ! il vaut autant se promener de ce côté-là que d'un autre... Mais tu vas te fatiguer ?

Pour toute réponse, Odilia doubla le pas, et force fut à la tante de l'imiter.

DEUXIÈME PARTIE.

I

LA FAMILLE DU SERGENT.

A l'entrée du village, elles rencontrèrent une vieille femme à laquelle mademoiselle Savinien donnait fréquemment l'aumône. On ne pouvait mieux tomber, car cette femme, commère à la langue fourchue, était en état de fournir des renseignemens sur tous les habitans de Clairefont. Quand on lui eut demandé la demeure de madame Gambier, elle cligna des yeux.

— Ah ! vous voulez parler, — dit-elle en patois, — de cette aveugle qui s'est établie ici seulement depuis tantôt six mois ? Ce sont des gens fiers, qui ne fréquentent personne, et ils sont étrangers aux affaires du pays comme s'ils venaient seulement d'y arriver. Ils ont des rentes; aussi, ma bonne demoiselle, gardez-vous de lui faire la charité, quoiqu'elle soit aveugle... vous pourrez beaucoup mieux employer votre argent, car il ne manque pas ici de gens réellement malheureux.

— Des rentes ? — demanda Paula, — cette madame Gambier est donc dans l'aisance ?

— Il le faut bien, car on voit toujours la mère et le fils bien vêtus, et ça vous a des manières... Aussi, croyez-moi, mademoiselle, ne leur donnez rien... Est-ce qu'ils ont besoin qu'on leur donne ?

— Eh ! qui parle de donner ? — interrompit Odilia ; — je vous demande où ils demeurent.

— Vous allez donc chez l'aveugle ? Je voudrais bien savoir...

— Eh bien ! Mathurine, — interrompit Paula,—répondrez-vous à mademoiselle quand elle vous interroge ?

Paula exigeait une obéissance absolue de tous ceux qui approchaient Odilia. Mathurine devint tout à coup souple et doucereuse.

— Ne vous fâchez pas, ma bonne demoiselle, — répli-

qua-t-elle ; — ce que j'en disais, c'était... pour dire. Mais il n'est pas difficile de trouver la demeure de madame Gambier. Tenez, voyez-vous là-bas cette maison blanche toute seule au milieu des arbres ? c'est là... Mon Dieu ! je n'ai rien contre l'aveugle et contre son fils, moi, et si vous vous intéressez à eux... — Odilia ne lui laissa pas le temps d'achever, après avoir obtenu les renseignemens dont elle avait besoin, elle glissa une pièce blanche dans la main de Mathurine, et se dirigea rapidement avec sa tante vers l'habitation indiquée. Mathurine les regardait s'éloigner en branlant la tête. — Elles vont lui donner,—murmurait-elle ;—tout est maintenant pour les nouveaux-venus... Que le diable les confonde !

La maison où demeuraient André et sa mère était certainement la plus petite du village, comme elle en était la plus propre et la mieux tenue. Elle ne s'élevait pas au bord même du grand chemin, et l'on y arrivait par un étroit sentier d'une vingtaine de pas de longueur, tracé entre deux haies d'aubépine.

Elle était blanchie à la chaux, et une vigne encore munie de grappes vermeilles s'élevait en éventail sur la façade. La toiture, très basse, verdie par la mousse, était surmontée de touffes fleuries de joubarbe et d'orpin.

La porte, toute grande ouverte, laissait entrer le soleil et l'air vivifiant d'une belle matinée. Quelques poules effrontées caquetaient devant la maison, sous la conduite d'un coq majestueux, et profitaient de l'occasion pour s'aventurer quelquefois au delà du seuil.

L'intérieur de ce modeste logis présentait le même aspect de propreté et de simplicité que l'extérieur. Les murs étaient blancs, les carreaux de brique reluisaient comme s'ils eussent été frottés. Le mobilier, misérable, mais arrangé avec goût, consistait en un vieux lit de bois commun, une table, un vaisselier et quelques chaises de paille ; ce lit appartenait à la mère, le fils couchant dans une pièce intérieure beaucoup moins confortable.

Des filets, des cages dans lesquelles chantaient des linots et des chardonnerets, et des instrumens de pêche, comblaient les vides que laissaient entre eux les gros meubles.

Des ornemens particuliers attiraient l'attention du visiteur. C'était d'abord un petit trophée, composé d'un de ces fusils et d'un de ces sabres d'honneur que l'on donnait, vers la fin de la république, aux simples soldats, en récompense de leur bravoure.

Ces armes, d'une certaine richesse, étaient suspendues au manteau de la cheminée.

Puis, à l'endroit le plus apparent de la muraille, on avait attaché deux cadres de bois noir ; sous le verre de l'un se trouvait une croix de la Légion d'honneur, avec son ruban rouge flétri par un long usage ; l'autre contenait une espèce de pancarte sur laquelle étaient inscrits les états de service d'un vieux soldat. Ces divers objets étaient évidemment des saintes reliques pour les habitans de la maisonnette, et ils résumaient sans doute les joies d'un passé vivement regretté.

Au moment où la tante et la nièce franchirent le seuil de la chaumière, la maîtresse du logis, assise dans l'embrasure d'une fenêtre, filait de la laine avec activité. Madame Gambier, malgré son infirmité, ne paraissait pas très âgée ; elle avait tout au plus cinquante ans, et, sur son visage mélancolique, on pouvait encore reconnaître quelques traces de beauté. Ses yeux, comme il arrive dans certains cas de cécité, étaient clairs et sains en apparence ; leur fixité seule rappelait qu'ils ne percevaient plus la lumière.

Du reste, sa physionomie était grave et pleine de douceur. Son costume, bien modeste pourtant, annonçait une condition supérieure à celle d'une simple paysanne, et ses manières, comme son langage, ne démentaient pas cette supposition.

Au bruit que firent les deux dames en entrant, l'aveugle demanda sans se déranger :

— Est-ce toi, André ? Tu reviens plus tôt que de coutume, il me semble... Au moins la chasse a-t-elle été bonne, ce matin ? — Mais comme elle ne recevait pas de réponse, elle comprit son erreur, et reprit d'un ton différent : — Ce n'est pas André... Qui donc est là ?

Odilia répondit enfin :

— Nous sommes les dames du château, madame Gambier ; en faisant une tournée dans le village, nous avons pris la liberté d'entrer chez vous.

— Il y a donc un château non loin d'ici ? — demanda l'aveugle. — Mon Dieu ! nous ne savons rien du pays que nous habitons... Mais entrez, mesdames, et veuillez vous asseoir... vous êtes les bienvenues chez moi.

Elle s'était levée, et, malgré sa cécité, elle trouva facilement deux chaises de paille qu'elle offrit aux visiteuses avec politesse, puis elle reprit sa place et parut attendre qu'on lui apprît l'objet de cette visite. Odilia examinait curieusement tout ce qui se trouvait autour d'elle; ce fut donc Paula qui reprit avec sa brusquerie accoutumée :

— Vous ne nous connaissez pas, madame, et pourtant votre fils ne s'est pas gêné pour établir une tendue aux rouges-gorges dans nos bois sans notre permission.

— Comment ! ce monsieur Breton qui vend si cher à mon André le droit de poser des piéges là-bas, au bord de la rivière, n'est-il pas le propriétaire de la forêt ?

— C'est un des gardes de monsieur Savinien, mon beau-frère, un garde et rien de plus. Aussi tout à l'heure ma nièce, qui tient aux oiseaux de ses bois, a-t-elle été sur le point de donner des ordres pour faire expulser votre fils au plus vite, et pour lui intenter un procès en justice.

— L'expulser... ! lui intenter un procès ! — répéta l'aveugle avec épouvante en se tournant vers Odilia. — Oh ! mademoiselle, vous dont la voix est si douce et annonce tant de bonté, vous ne voudriez pas causer un tel chagrin à ce brave et honnête enfant ! S'il est en faute, pardonnez-lui, mademoiselle, pardonnez-lui ; c'est sa pauvre mère qui vous en prie.

Et elle joignait les mains. Odilia tourna la tête, comme si madame Gambier eût pu voir combien elle était émue.

— Vous paraissez bien l'aimer, madame, — dit-elle avec effort.

— Si je l'aime ! n'est-il pas mon bonheur et ma joie depuis que j'ai perdu son excellent père ? Que ferais-je sans lui dans ce monde ? Si je n'avais pas mon André pour m'aimer, me défendre, me consoler, je n'aurais plus le courage de vivre, et je prierais Dieu de me rappeler à lui au plus vite.

La conversation ainsi établie continua sur le ton de la confiance, et la veuve finit par conter aux visiteuses sa petite histoire. Cette histoire était simple et touchante. Le père d'André, comme on l'a deviné, avait été un brave soldat que le défaut d'éducation avait empêché de dépasser le grade de sergent. Après les désastres de 1814 et de 1815, Gambier fut chargé d'un emploi subalterne dans une des places fortes de la frontière, et pendant plusieurs années sa famille, composée de sa femme et de son fils, mena là une existence douce et tranquille. Pendant que le sergent vaquait aux devoirs peu compliqués de sa charge, madame Gambier, qui était habile couturière, réalisait de son côté de jolis profits, et l'aisance régnait dans le ménage.

André avait appris à lire et à écrire dans les écoles des régiments. Des officiers que l'on envoyait en garnison dans cette place éloignée lui avaient en outre donné quelques leçons d'un enseignement supérieur, et il se disposait à embrasser la carrière militaire avec plus de chances de succès que son père.

Des événements funestes renversèrent cette félicité et ces espérances. D'abord madame Gambier, dont la vue avait toujours été faible, devint un jour tout à fait aveugle, et il lui fallut renoncer à l'industrie lucrative qu'elle exerçait ; puis le sergent mourut des suites d'une ancienne blessure qui s'était rouverte ; sa veuve et son fils furent obligés de quitter le fort où ils avaient passé des jours si heureux. Ne sachant où aller s'établir, ils s'étaient décidés presque au hasard pour le village de Clairefont, où, comme nous l'avons vu après plusieurs mois de séjour, ils avaient encore si peu de connaissances et si peu d'amis.

Odilia écoutait attentivement ces détails, et elle ne se lassait pas de questionner l'aveugle, qui répondait avec une complaisance extrême.

— Vous avez pourtant une pension du gouvernement, ma bonne ? — demanda Paula toujours positive ; — on nous a dit que vous étiez rentière.

— Rentière, oui, madame, — répliqua l'aveugle, qui ne s'effrayait déjà plus de la voix un peu dure de la tante Paula ; — le ministre de la guerre me paye une pension de cent cinquante francs, et c'est un grand soulagement pour nous, car André, malgré le mal qu'il se donne, ne pourrait seul suffire à nos besoins ; et moi je ne gagne pas beaucoup avec mon rouet.

— Cent cinquante francs ! — répéta Odilia ; — pauvre femme ! vous devez passer de cruels momens.

— Nous ne nous sommes jamais plaints, et nous ne devons rien à personne.

— C'est que peut-être personne ne vous a voulu prêter, — dit la tante Paula en riant ; — mais voyons ! voulez-vous que nous vous prêtions, nous autres ? ma nièce est riche à millions, et vous rendrez à votre convenance.

— Je n'accepte et n'emprunte jamais, — répliqua la bonne femme froidement ; — je suis la veuve d'un soldat, et mon fils, pas plus que moi, ne consentirait jamais... Merci toutefois, mesdames, — ajouta-t-elle aussitôt d'un ton différent ; — je suis pénétrée de reconnaissance pour vos excellentes intentions ; mais, puisque vous daignez vous intéresser à nous, je vous prie de veiller à ce que mon André ne soit pas obligé d'enlever sa tendue avant la fin de la saison. Cette tendue est notre principale ressource, et nous avons donné une somme très forte pour nous à monsieur Breton, le garde. Si les bénéfices de la chasse venaient à nous manquer, nous serions bien embarrassés pour vivre pendant l'hiver qui s'approche.

Odilia prit la main de madame Gambier et la serra dans les siennes.

— Rassurez-vous, madame, — dit-elle en se levant ; — nous ne voudrions pas vous faire ce chagrin et cette injustice... Nous allons, tante Paula, il est temps de rentrer... Vous, madame, nous vous reverrons, je l'espère ; et, si vous ne voulez pas de nous comme protectrices, vous nous recevrez du moins comme amies.

L'aveugle la remercia de ces paroles affectueuses, avec autant de convenance que de cordialité, et l'on se sépara.

En retournant au Prieuré, Paula dit à sa nièce :

— Comme cela, petite, tu ne tiens plus à ce que l'on détruise la tendue d'André ?

— Périssent plutôt tous les oiseaux de la terre ! — s'écria Odilia ; — et pourtant, — ajouta-t-elle aussitôt, — ces innocentes petites bêtes... Mon Dieu ! quel parti prendre ?

Et elle fut pensive pendant le reste de la journée.

Le lendemain matin, dès l'aube du jour, mademoiselle Savinien et la complaisante Paula trottaient encore dans les longues avenues de la forêt, et elles atteignirent bientôt l'endroit où André avait établi ses piéges.

Le désastre de la veille était en partie réparé ; on avait remis en place la plupart des régibauds, mais ils n'étaient ni bandés ni amorcés, comme si le jeune oiseleur eût attendu une autorisation pour exercer de nouveau son industrie. Les dames le trouvèrent à l'entrée d'une cabane de branchages qu'il s'était construite pour se cacher pendant la pipée.

A demi couché sur le gazon, il était plongé dans une profonde rêverie, et ce ne fut seulement quand Odilia et sa tante s'arrêtèrent devant la hutte qu'il les aperçut ; il tressaillit et se leva d'un bond ; puis il demeura immobile, les yeux baissés.

Paula lui dit bonjour avec son sans-gêne ordinaire ; quant à Odilia, elle prit un ton de protection, peut-être afin de dissimuler une émotion profonde.

— Monsieur André, — dit-elle, — nous avons vu votre mère, et nous savons que vous êtes un brave garçon... aussi ne tiendra-t-il qu'à vous que nous demeurions amis. — Et elle s'assit sur un banc de gazon encore humide de rosée, malgré les observations de la tante Paula qui, ne pouvant rien obtenir d'elle, finit par l'imiter. — D'abord, — reprit Odilia, — Breton vous restituera l'argent que vous lui avez donné pour obtenir le droit d'établir ici une tendue. Je lui ai fait de vifs reproches, car il a outrepassé ses pouvoirs, et si mon père avait connaissance d'une pareille exaction, le garde serait certainement congédié ; cet argent vous sera rendu aujourd'hui même.

Cette nouvelle parut causer à André beaucoup de joie.

— Merci, mademoiselle, — s'écria-t-il avec chaleur.

— Comme vous aimez l'argent, jeune homme ! — dit Paula d'un air de reproche.

— Ce n'est pas cela, madame, — répondit André en rougissant ; — mais j'étais fort inquiet de savoir comment j'achèterais l'hiver prochain à ma pauvre mère des vêtemens plus chauds que ceux qu'elle porte... D'autre part, s'il faut absolument détruire ma tendue...

— Vous ne la détruirez pas, monsieur André, — poursuivit Odilia. — si vous voulez accepter mes conditions.

— Quelles sont-elles, je vous prie ?

— Écoutez-moi : vous continuerez vos chasses comme par le passé ; seulement vous vous efforcerez de prendre les oiseaux vivans et, pour cela, vous ferez plus souvent qu'autrefois vos tournées, vos *reverchées*, comme vous dites. Ces oiseaux seront placés dans une cage, et vous ne les vendrez qu'à moi, à moi seule, vous entendez ? Chaque jour je viendrai ici et je prendrai livraison des prisonniers, que je vous payerai à un prix raisonnable. Cela vous convient-il ?

— Je comprends, — dit André ; — mademoiselle a une volière qu'elle veut peupler avec le produit de mes chasses.

— Peut-être ai-je une volière, peut-être n'en ai-je pas ; ceci n'est pas votre affaire. J'achète vos oiseaux comme le premier venu pourrait les acheter. Seulement, je vous les achète vivans et j'en disposerai à ma fantaisie. Eh bien ! est-ce entendu ? il n'y a rien là, ce me semble, qui doive blesser votre fierté.

— Je n'y vois rien, en effet, mademoiselle ; il me sera facile d'employer, au lieu de ces régibauds qui prennent les oiseaux par le cou, d'autres pièges qui les prendront par les pattes. Je pourrai ainsi faire de nombreux prisonniers, et je promets de vous en remplir plusieurs grandes cages chaque jour pendant la saison des passages.

— A la bonne heure ! — s'écria mademoiselle Savinien en battant des mains avec une joie d'enfant ; — cela concilie tout. J'étais sûre que cette combinaison réussirait ! Savez-vous que j'ai passé une partie de la nuit à l'imaginer ? Oui, vraiment ; je n'en dormais pas ; tante Paula peut le dire.

— Et moi, mademoiselle, j'étais bien désolé aussi de votre chagrin, de votre colère contre moi... Jusqu'ici, je n'avais pas cru être si coupable.

Les difficultés étant ainsi levées, on stipula le prix de chaque espèce d'oiseau qu'André devait livrer vivant à mademoiselle Savinien.

Un léger débat surgit à ce sujet ; Odilia proposait un prix fort élevé ; mais l'oiseleur, dont la susceptibilité semblait éveillée, insistait pour qu'on abaissât le tarif. Enfin on tomba d'accord sur ce point important, et André se mit en devoir immédiatement d'installer la nouvelle tendue.

Aussi, dès le lendemain, le marché commença-t-il à recevoir son exécution. Odilia, toujours escortée de sa tante, vint à l'heure de la chasse, et acquit une bonne quantité d'oiseaux, rouges-gorges, fauvettes, rossignols, pinsons, qu'elle paya sur-le-champ d'après le tarif convenu. Puis elle ouvrit la porte de la cage, et prit un plaisir extrême à voir les prisonniers, se poussant et se culbutant, s'envoler à tire-d'ailes et disparaître derrière le feuillage. André demeurait stupéfait ; mais qu'avait-il à dire ? mademoiselle Savinien était dans son droit.

— Voilà ma volière à moi ! — s'écriait-elle toute joyeuse en montrant la campagne.

A partir de ce jour, cette scène se répéta chaque matin ou chaque soir. Odilia n'eût manqué pour rien au monde de se trouver dans la forêt aux heures de la pipée. Elle n'avait pas de plus grand plaisir que d'accompagner André quand il faisait la *reverchée*, et de dégager de ses propres mains les oiseaux captifs. Souvent même elle faisait la reverchée toute seule, quand l'oiseleur était absent ou quand la tante Paula le retenait à causer devant la cabane ; mais André n'était pas satisfait de cet arrangement, et il préférait accompagner la belle chasseresse. Il en donnait pour raison qu'on le *trichait*, c'est-à-dire qu'il lui payait des oiseaux qu'on n'avait pas pris ; aussi suivait-il Odilia des heures entières, et ils allaient innocemment côte à côte dans les allées fleuries et les carrefours herbeux de la forêt.

Bientôt une sorte d'intimité régna entre les deux jeunes gens. On n'observait pas toujours le silence de rigueur en parcourant la tendue ; Odilia ne se lassait pas d'interroger, ni André de répondre. Il s'agissait ordinairement, dans leurs entretiens, des mœurs des oiseaux, des fleurs sauvages et des beaux insectes que l'on trouvait dans le bois, des épisodes gais ou tragiques de la chasse.

Souvent aussi Odilia apportait un livre et André faisait la lecture à mi-voix devant la cabane de feuillage, en attendant que le gibier vînt se prendre. André n'avait plus ces manières un peu sauvages des premiers jours ; maintenant il se montrait franc, ouvert, parfois même disposé à l'enjouement, malgré les soucis de sa position précaire. Son caractère semblait joindre l'énergie du sergent défunt à la douceur affectueuse de sa mère aveugle. Son intelligence était vive, et il possédait plus de connaissances qu'on n'aurait pu se l'imaginer en songeant combien les moyens de s'instruire lui manquaient. Du reste, il s'abandonnait avec d'autant plus de franchise à ses impressions en présence d'Odilia, qu'il avait seulement une idée vague de la distance énorme qui existait entre eux.

Pendant ces longues heures passées côte à côte, André Gambier n'eut jamais occasion de remarquer cette bizarrerie de paroles et d'actions dont d'autres personnes avaient été frappées chez Odilia. Avec lui, la jeune fille était pleine de naturel, calme, naïve, quoique souvent un peu rêveuse ; une seule fois elle eut occasion de se montrer à lui, pendant quelques minutes seulement, sous ce jour nouveau.

L'oiseleur, en disposant le terrain pour agrandir sa tendue et en élaguant des branches parasites, avait coupé un tout jeune chêne encore adhérent par sa base au gland dont il était sorti. A la vue de l'arbuste mort et gisant sur la mousse, Odilia rougit de colère, puis fondit en larmes.

— Méchant ! méchant ! — disait-elle ; — que vous avait fait cette humble plante pour que vous la traitiez ainsi ?

— André tout surpris répondit que c'était un sauvageon inutile, et que, loin de le blâmer d'en avoir débarrassé le sol, on devait lui en savoir gré. Mais cette explication ne satisfit nullement mademoiselle Savinien. — Un sauvageon ! — répliqua-t-elle en sanglotant toujours ; — qu'importe ! ne fût-il pas devenu un arbre ?... Je suis un arbre aussi, moi ; et peut-être me traiterez-vous de même !

André la regardait, bouche béante, et il ne trouvait rien à dire. Au bout de quelques instans Odilia parut s'apaiser, mais elle demeura silencieuse et sombre pendant le reste de la journée. Toutefois, le lendemain, elle revint à la tendue avec sa gaieté ordinaire, et le jeune homme, ne pouvant s'expliquer la boutade de la veille, finit par n'y plus penser.

On se souvient qu'il n'avait jamais mis le pied au Prieuré, et que, ne fréquentant pas les habitans du voisinage, il n'avait pu recueillir aucune information bien précise sur les maîtres du château. Aussi, voyant mademoiselle Savinien près de lui, dans ce bois solitaire, rire, causer, partager ses occupations et ses plaisirs, s'habituait-il à la considérer comme une compagne, une amie, presque une sœur, et aucun sentiment de réserve ne venait refroidir les épanchemens de son âme.

Peut-être Paula aurait-elle dû s'inquiéter davantage de l'intimité naissante entre sa nièce et André Gambier; mais Paula, nature franche, inculte, et, comme on dit, tout d'une pièce, ne s'étonnait nullement que la riche héritière recherchât la compagnie du petit oiseleur puisqu'elle y trouvait plaisir.

Ses instincts égalitaires, continuellement froissés par les hautes visées de Savinien, lui faisaient voir sans peine la liaison de sa nièce avec un pauvre enfant réduit pour vivre à exercer une misérable industrie; elle s'imaginait préserver ainsi Odilia du sot orgueil des parvenus. D'ailleurs, depuis le commencement de ces visites journalières dans la forêt, il lui semblait qu'Odilia, dont la santé chancelante lui causait tant d'alarmes, n'avait jamais été aussi fraîche, aussi bien portante, aussi joyeuse; l'esprit de la jeune fille paraissait de même plus posé, son humeur plus égale qu'autrefois. De pareilles raisons étaient péremptoires aux yeux de la tante Paula, et elle n'eût voulu pour rien au monde priver cette créature chérie d'une distraction qui avait de si heureux résultats.

Quinze jours se passèrent donc ainsi, et nous avons vu avec quel empressement, au bout de ce temps, la tante et la nièce rendaient encore leur visite quotidienne à André; mais le matin même du jour où nous sommes parvenus, les choses avaient subitement changé de face.

Comme le jeune oiseleur arrivait dès l'aurore à la tendue, il avait été tout surpris d'y rencontrer, au lieu d'Odilia et de la bohémienne, deux gardes en livrée, le fusil sous le bras. Ces deux hommes, parmi lesquels se trouvait Breton, le garde-chef, avaient déjà bouleversé la cabane de feuillage et les bancs de gazon, arraché et brisé une partie des pièges, et ils se disposaient à saccager le reste.

A la vue de ce désastre qui le ruinait, André s'arrêta comme s'il n'eût pu d'abord croire ses yeux; mais bientôt il poussa un cri menaçant, et, laissant tomber les cages vides qu'il tenait à la main, il courut sur les dévastateurs avec impétuosité.

— Coquins! scélérats! — disait-il d'une voix que l'indignation rendait tremblante, — qui vous a permis?... C'est une action infâme, et si vous ne vous retirez à l'instant même...

— Doucement, mon petit, — répliqua Breton en ricanant, — ne vous emportez pas... Nous agissons par l'ordre exprès de monsieur Savinien, le maître de la forêt. Ainsi donc, tenez-vous tranquille et n'espérez pas nous faire peur; j'en ai bien vu d'autres, allez!

Breton était en effet un homme de taille colossale et dans la force de l'âge, qui s'était plus d'une fois mesuré contre les braconniers; mais André montra plus de surprise que de crainte.

— Vous avez reçu de monsieur Savinien un pareil ordre? — s'écria-t-il; — c'est impossible. On dit qu'il adore sa fille, et mademoiselle Odilia était encore ici hier avec sa tante. Ces dames s'intéressent beaucoup à ma tendue, car elle leur appartient autant qu'à moi-même, et elles seront fort irritées de votre brutalité, soyez-en sûr.

Breton conservait rancune à André pour les reproches que le jeune oiseleur lui avait attirés peu de jours auparavant de la part d'Odilia, et aussi pour la restitution d'argent qu'on lui avait imposée à son grand regret.

— Bon! — répliqua-t-il avec ironie, — croyez-vous qu'on me donnera le fouet? J'ai un ordre clair et précis du maître lui-même, cette fois. Ainsi donc, assez bavardé, et aidez-nous à enlever ces engins... ou ne nous aidez pas... Pierre et moi nous en viendrons bien à bout... Allons, Pierre, — ajouta-t-il en s'adressant à son compagnon, — finissons-en vite.

Ils recommencèrent à mettre les pièges hors de service. Cette dévastation navrait le pauvre André; cependant il répétait avec constance:

— Non, non, cela est impossible! Odilia m'a dit que son père était bon; il n'a pu vouloir nous priver, ma mère et moi, de notre unique ressource.

Le garde semblait jouir du désespoir du pauvre enfant, il reprit comme à regret:

— Ah! vous m'y faites penser... Notre maître est bon, comme vous dites; aussi, sachant que vous êtes malheureux, il vous envoie ceci en vous engageant à tendre vos régibauds ailleurs que dans ses bois.

Il tira de sa poche plusieurs pièces d'or et voulut les mettre dans la main d'André; mais André recula vivement.

— Odilia ne sait pas cela, — s'écria-t-il, — dites, Odilia le sait-elle?

— Mademoiselle Odilia n'était pas présente quand on m'a chargé de cette commission, mais qu'importe!... Allons! prenez... le maître veut que vous buviez à sa santé.

— Je ne bois jamais, — dit André avec colère.

— Vous n'en voulez pas?... Pierre, vous êtes témoin que je remets au jeune homme que je ne veut pas de l'argent dont monsieur m'a chargé pour lui... Je le rendrai donc à qui de droit.

Et les pièces retombèrent dans le gousset de l'honnête garde.

L'oiseleur paraissait en proie à de mortelles angoisses.

— Il faut que je sache, — balbutia-t-il enfin, — si Odilia connaît ces procédés violens et si elle les approuve... Je vais au château.

— Allez-y, — dit Breton insouciamment.

André faillit s'élancer sur lui pour essayer de l'étrangler, mais il se contint.

— Il faut que je sache la vérité, — répéta-t-il, — et je la saurai... dussé-je en mourir!

Et il se mit à courir dans la direction du Prieuré, poursuivi par les rires moqueurs des deux gardes.

C'était peu d'instans après, en arrivant à la grille du château, qu'André avait été renversé par le cheval de Georges Vernon.

II

LE SECRET DE LA FAMILLE SAVINIEN.

Le double accident qui venait d'arriver dans la cour du Prieuré avait mis toute la maison en rumeur. Les femmes criaient, les domestiques couraient pour porter secours. Mais ce fut vers Georges Vernon que l'on se précipita, et la plupart des assistans ne virent même pas le pauvre André qui gisait sans connaissance en dehors de la grille.

Georges, d'abord étourdi par la violence du choc, ne tarda pas à reprendre connaissance, et il essaya de se relever. Il ne put y parvenir; il éprouvait une affreuse douleur à l'épaule gauche, et le bras du même côté lui refusait tout service. Les assistans, parmi lesquels, comme nous l'avons dit, se trouvait le comte Max, le transportèrent avec précaution dans la maison.

Pendant le trajet, Vernon, qui reconnut son rival, lui dit avec un sourire ironique:

— Vous êtes un ennemi chevaleresque, monsieur le

comte... Mais consolez-vous ; je ne vous ferai pas attendre longtemps la partie projetée entre nous ; le bras n'est pas cassé, je le crois.

— Dieu le veuille, monsieur! — répliqua Max à demi-voix ; — nul plus que moi ne fait des vœux pour votre prompte guérison.

On porta le blessé dans le vestibule où se tenait habituellement la livrée, et on le déposa sur une des larges banquettes à dossier qui s'y trouvaient. Au même instant Savinien parut ; il n'avait pas pris le temps de quitter sa robe de chambre, et il tenait encore à la main le crachat de diamans que lui avait remis Lichtenwald ; mais, en s'apercevant de sa distraction, il s'empressa de cacher cet objet précieux.

— Voilà un fâcheux accident, mon cher Georges, — dit-il au blessé avec un accent de véritable intérêt, — et je suis désolé...

— Si je suis encore ici, ce n'est pas ma faute, monsieur Savinien, — répliqua Vernon d'un ton d'humilité ironique ; — j'obéissais à vos ordres, je partais quand ce maudit *Swift* m'a désarçonné. Mais demain, ce soir peut-être, je serai en état, je l'espère, de me rendre en voiture à la ville.

— Vous resterez chez moi tant que votre santé l'exigera, — répliqua Savinien. — Que dirait votre père si je vous renvoyais avant votre guérison complète?... Allons, — continua-t-il en s'adressant aux domestiques, — que l'un de vous monte à cheval et qu'il coure prévenir le docteur Delmas... En attendant, Paula pansera ce pauvre garçon ; elle est presque aussi habile qu'un chirurgien, et c'est le cas ou jamais de montrer son savoir-faire... Eh bien ! où est-elle donc ?

— Me voici, mon frère, — dit la bohémienne. Elle arrivait tout essoufflée, tenant à la main diverses fioles et des paquets de compresses. — Eh bien ! et l'autre... où est-il donc? — demanda-t-elle.

— De qui parlez-vous, Paula ?

— De l'autre blessé, de celui qui a été renversé devant la grille ; j'avais cru reconnaître...

— Un autre blessé !... Il y en a donc deux ? Mais qui peut être le second ? — En ce moment, on entendit des pas pesans sur le perron, comme ceux d'hommes qui porteraient un lourd fardeau. Deux domestiques parurent chargés du corps inanimé d'André, et vinrent le déposer sur une banquette à côté de Vernon. — Qui est ce pauvre petit diable ? — demanda Savinien ; — il paraît bien malade. — Le millionnaire n'avait jamais vu le jeune Gambier ; aucun domestique ne le connaissait non plus ; l'un d'eux put seulement expliquer comment le malheureux enfant, au moment où il entrait au château, avait été renversé par le cheval. — Ce sera quelqu'un de ces petits quémandeurs du village, — dit Savinien assez froidement ; —eh bien ! s'il arrive malheur à celui-ci, on prendra soin de sa famille. — Mais la tante Paula, qui déjà était en train de panser l'épaule blessée de Georges, laissa cette besogne à madame Surville et aux autres femmes de la maison. Elle s'approcha d'André et écarta les longs cheveux blonds qui cachaient son visage couvert de sang; alors seulement elle le reconnut. Elle ne prononça pas une parole, ne poussa pas un cri ; pas un muscle de sa figure maigre et basanée ne bougea ; mais elle se mit avec empressement à secourir le jeune oiseleur, et le léger tremblement de ses doigts trahissait une émotion profonde. — A quoi pensez-vous donc, Paula ? — demanda Savinien avec impatience ; — allez-vous quitter Georges pour ce petit paysan ?

— Monsieur Georges ne manque pas de soins, — répliqua Paula d'une voix sombre. — Ah ! Savinien , n'étiez-vous pas dans l'état où se trouve ce jeune garçon le jour où Salomée vous prit en pitié et vous sauva ? — Savinien baissa les yeux à ce souvenir. Paula poursuivit plus bas:

— Veillez, mon frère, à ce qu'Odilia ne puisse descendre ici ni apprendre ce qui s'y passe. Si elle venait à connaître la vérité, peut-être les malheurs de cette journée ne seraient-ils pas encore finis.

— Vous avez raison. Odilia est si délicate ! il y aurait de quoi déterminer une nouvelle crise. Eh bien ! je vais aller moi-même...

Un faible cri se fit entendre au haut du grand escalier de pierre qui dominait le vestibule ; Paula et Savinien, levant la tête, aperçurent Odilia qui descendait rapidement.

La jeune fille était encore en négligé du matin, enveloppée dans une robe de cachemire, à grands plis et à larges manches, qu'une cordelière mi-partie soie et argent serrait autour de sa taille. Elle avait la tête nue, et ses beaux cheveux noirs, mal contenus par un peigne d'écaille, flottaient en partie sur son cou. Evidemment la nouvelle du tragique événement l'avait surprise pendant qu'elle était à sa toilette, et elle accourait en toute hâte. Mais, au pied de l'escalier, son père et sa tante se mirent devant elle pour lui cacher le spectacle navrant qu'offrait alors le vestibule.

— Que viens-tu faire ici, petite ? — dit Paula d'un ton de sévérité qui dissimulait mal une mortelle inquiétude ; —tu ne peux nous être d'aucun secours ; rentre bien vite chez toi ; je t'y rejoindrai bientôt... Rentre, je le veux... Mon frère, ramenez-la dans sa chambre.

— Oui, oui, viens, ma mignonne, — ajouta Savinien en cherchant à l'entraîner. — Oserais-tu bien, — ajouta-t-il plus bas, — te montrer ainsi vêtue à tant de monde ? Que dirait monsieur de Lichtenwald ?

Mais Odilia n'écoutait pas, et en véritable enfant gâtée, elle résistait aux efforts de son père et de sa tante.

— Laissez-moi ; — disait-elle ; — il vient d'arriver un malheur, je le sais ; ne me sera-t-il donc pas permis de me rendre utile aussi ? — Savinien essayait toujours de l'entraîner hors du groupe qui entourait les blessés ; en désespoir de cause, il se disposait à l'enlever dans ses bras, quand elle dit : — Allons, je vais rentrer; mais du moins apprenez-moi ce qui s'est passé.

— Rien, ce n'est rien, mon enfant,—répondit Paula ;— un cheval fougueux s'est emporté et a renversé deux personnes.

— Qui sont-elles ?

— Monsieur Georges Vernon d'abord.

— Georges ! —répéta mademoiselle Savinien avec émotion, — Georges, qui a toujours été si bon, si complaisant pour moi ! — Elle tenta encore de forcer le passage, mais, ne pouvant y parvenir, elle éleva la voix et dit d'un ton ému : — Monsieur Georges, je voudrais aussi vous offrir mes consolations et mes services... on ne me le permet pas.

Vernon, entouré maintenant des femmes de la maison, qui couvraient de compresses le bras blessé, se souleva en dépit de ses souffrances.

— Merci, mademoiselle Odilia, — répliqua-t-il avec empressement ; — merci mille fois !... je n'ai pas grand mal, et d'ailleurs que ne souffrirait-on pas pour exciter le touchant intérêt que vous me témoignez ?—En même temps il se tournait vers Lichtenwald et semblait lui dire : — Vous voyez comme elle m'aime !

Le comte resta impassible ; il trouvait seulement dans les paroles de mademoiselle Savinien une bienveillance polie, fort naturelle en pareille circonstance.

Odilia, rassurée au sujet de Vernon, reprit plus froidement:

— Eh bien ! l'autre blessé ?

— Bah ! — répliqua Savinien, — c'est un jeune drôle inconnu de tout le monde... Il n'y a pas là de quoi mettre martel en tête.

— N'importe ! mon père, cet inconnu ne manquera de rien, n'est-ce pas ?... Vous le panserez, tante Paula, et vous le traiterez comme Georges lui-même.

— Oui, oui, je te le promets,—répliqua Paula qui pouvait à peine dissimuler ses angoisses ; — mais je ne lui donnerai aucun secours tant que tu seras ici, et pourtant j'imagine qu'il en a grand besoin.

Odilia consentit, quoique avec répugnance, à suivre son père ; déjà elle avait posé le pied sur la première marche de l'escalier, quand elle s'entendit appeler d'une voix mourante derrière un groupe d'assistans.

Elle tressaillit et se retourna vivement.

— Qui m'appelle ?

— Emmenez-la ! emmenez-la ! — dit la tante à Savinien qui ne soupçonnait pas la gravité de la circonstance.

Pendant qu'il hésitait, la même voix gémissante répéta :

— Odilia !... mademoiselle Odilia !

Cette fois, mademoiselle Savinien devint blanche comme un lis.

— Mais c'est André ! — s'écria-t-elle.

Aussitôt elle se glissa entre son père et sa tante, écarta les gens qui entouraient le blessé, et se mit à l'examiner avec une sorte de stupeur.

Elle eut peine d'abord à reconnaître, sous une couche de sang et de poussière, ce jeune visage qu'elle était habituée à voir si souriant et si frais ; puis, quand elle l'eut reconnu, elle demeura immobile, l'œil fixe, appuyée sur le bras de son père et de sa tante qui l'observaient avec anxiété.

André avait repris connaissance, et peut-être était-ce la voix d'Odilia qui l'avait tiré de son évanouissement. Quand la jeune fille s'approcha de lui, il essaya de lui sourire ; puis il balbutia d'une voix entrecoupée, comme si une pensée vivace eût dominé ses souffrances physiques et le trouble de son esprit :

— Ah ! mademoiselle, n'est-il pas vrai que vous désapprouvez la manière injuste et violente dont on m'a traité ?

— Que voulez-vous dire ? de quoi vous plaignez-vous, André ?

— Ce matin les gardes sont venus détruire ma tendue ; et, comme je m'y opposais, ils m'ont appris qu'ils obéissaient aux ordres exprès de votre père... Je tiens à savoir si vous-même...

— Mon père ! — dit Odilia frémissante en regardant Savinien, — c'est mon père qui est cause de ce malheur ?

Le capitaliste parut singulièrement embarrassé.

— Quoi donc ? est-ce là ton petit oiseleur ? — demanda-t-il. — Voyons, ne te fâche pas, ma petite fille ; on a dû déjà l'indemniser de ma part, et, si cela ne suffit pas, on le rendra riche... Écoute donc aussi, il fallait bien en finir avec une distraction qui absorbe tout ton temps et te fait négliger tes devoirs envers la société et envers moi !

— Oui, et vous avez trouvé pour cela un excellent moyen ! — dit sourdement la tante Paula ; — regardez votre fille.

Un vif incarnat couvrait maintenant les joues d'Odilia ; un tremblement convulsif secouait sa frêle organisation ; son front se crispait et sa poitrine était oppressée. Comme elle se taisait, André reprit avec effort.

— Oh ! mademoiselle, dites-moi donc que vous n'approuvez pas... J'étais sûr... O ma pauvre mère !

Un accès de toux l'interrompit, et des flots de sang vermeil s'échappèrent de sa bouche ; en même temps, il retomba en arrière et parut s'évanouir de nouveau.

Madame Surville, qui s'était rapprochée par curiosité, laissa imprudemment échapper un cri.

— Le pauvre enfant est bien malade, il vomit le sang.

La tante Paula enfonça ses ongles dans le bras de l'institutrice pour la remercier de cette observation ; puis elle se mit à éponger d'eau froide le visage du blessé. Heureusement Odilia ne semblait pas avoir entendu ni surtout avoir compris les paroles de madame Surville. Tout à coup ses traits s'étaient détendus, son regard s'était adouci, et un faible sourire, mais un sourire d'un caractère bizarre et navrant se jouait sur ses lèvres.

— Ne vous inquiétez pas, — dit-elle en étendant la main sur le jeune homme inanimé, — je le guérirai... Ne suis-je pas une dryade dont le pouvoir est supérieur à celui des mortels ? Quand j'entr'ouvre l'écorce de mon tilleul pour venir parmi les hommes, je marque toujours mon passage au milieu d'eux par des bienfaits ; je leur prédis l'avenir et je soulage leurs maux... Celui-ci, — ajouta-t-elle avec un accent de pitié en désignant André, — je le prends sous ma protection.

Un profond silence accueillit ce discours étrange. La plupart des assistans en paraissaient plus affligés qu'étonnés, et la consternation se peignait sur tous les visages.

— C'est un accès qui commence, — murmura la tante Paula avec accablement.

Quant à Savinien, il semblait seulement préoccupé de savoir si le comte de Lichtenwald avait entendu Odilia. Aucun doute ne lui était possible à cet égard ; Max témoignait par sa contenance qu'il entrevoyait enfin la terrible vérité.

— Ces violentes émotions, — reprit Savinien à voix haute et paraissant s'adresser à tous les assistans, — ont donné à ma fille un accès de fièvre et de délire. — Puis, se tournant vers Odilia : — Reviens à toi, mon enfant !... — lui dit-il bas ; — tu es mon enfant bien-aimée... Tu es ici chez toi, à côté de ton père, de ta bonne tante, de tes amis.

Paula le poussa du coude.

— Pour Dieu ! mon frère, — dit-elle de même, — ne ferez-vous et ne direz-vous que des sottises aujourd'hui ? La contrariété n'a d'autre résultat que d'exalter son imagination, de rendre la crise plus longue et plus dangereuse, vous ne le savez bien !

Odilia, en effet, avait redressé la tête, et ses narines roses se gonflaient d'indignation.

— Je n'ai pas de père, je n'ai pas de parens, — dit-elle avec fierté ; — je suis la dryade du tilleul. J'habite le tronc de mon arbre, et, quand j'en sors par hasard, j'emprunte la forme d'une jeune fille ; mais ce n'est qu'une vaine apparence, ce corps n'est pas réel. Je ne suis pas pétrie du même limon que le commun des mortels ; je suis sortie d'une race mystérieuse qui avait le don de prédire l'avenir ; le jour où mon arbre a été planté, on a vu des signes dans le ciel, et le tonnerre a grondé au milieu de l'hiver. Malheur aux imprudens qui osent braver mon pouvoir !

Il devenait évident pour tous que la raison d'Odilia était égarée. Cependant Savinien, espérant donner le change à Lichtenwald, voulait répliquer ; Paula l'en empêcha par un signe. Puis elle se tourna vers sa nièce et lui dit avec douceur :

— Pourquoi la dryade du tilleul se trouve-t-elle ici à pareille heure ? Il est grand jour, et ce n'est que la nuit, à la clarté de la lune, que ses compagnes se hasardent à entr'ouvrir l'écorce des arbres ; la dryade de Clairefont ne va-t-elle pas rentrer dans son tilleul, en attendant que la nuit arrive et que la lune se lève ?

— C'est vrai, — répondit Odilia subitement calmée, — il est grand jour, et, si un rayon de soleil tombait sur moi, il transpercerait mon corps de vapeur comme une flèche de feu... Mais pourquoi donc étais-je venue ici ?... Il me semblait... Je ne sais pas pourquoi je suis venue.

Elle regardait autour d'elle d'un air effaré. Sur un geste de Paula, Savinien et quelques autres personnes s'étaient placées devant les blessés.

Paula poursuivit après une courte pause :

— Ta tâche est finie ; il faut rentrer, car le soleil brûle, et tu serais bientôt desséchée comme la rose du matin.

— Vous avez raison. Maudit soleil !... Et pourtant il réjouit mon arbre et lui fait pousser des feuilles vertes ; j'aime à le sentir chaud et doux, quand il se glisse entre mes branches entrelacées.

Pendant qu'elle parlait, deux femmes de chambre avaient saisi ses mains et l'entraînaient vers l'escalier.

Paula et Savinien la suivirent; mais, comme ils commençaient à franchir les degrés, un domestique vint demander au maître de la maison ce qu'il fallait faire d'André.

— Ce que vous voudrez,—répondit Savinien durement ; — c'est ce misérable vagabond qui est cause de tout... Informez-vous de sa demeure et envoyez-le chez lui avec quelques louis... Que l'enfer le confonde !

— Ce jeune homme paraît bien mal pour être transporté.

— Que m'importe ?... Je voudrais que le diable...

— Paix! mon frère, — interrompit Paula d'un ton de reproche. — Que dirait votre fille, en revenant à elle, si elle apprenait que vous avez traité son protégé avec tant de barbarie ?... Et puis je l'aime, moi, ce pauvre garçon ; il est honnête, courageux, plein de cœur ; je ne veux pas qu'on le jette ainsi à la porte, brisé, presque mourant... Croyez-vous que notre chère Saloméel'eût souffert ? — Puis, se tournant vers le domestique : — On portera monsieur André Gambier dans la chambre bleue; — poursuivit-elle, — et l'on aura le plus grand soin de lui ; puis on ira prévenir sa mère, qui demeure au village de Clairefont. Vous conduirez le docteur Delmas, dès qu'il arrivera, auprès de monsieur Gambier. Quand ma nièce sera plus tranquille, j'irai moi-même m'assurer si mes ordres ont été exécutés, et, s'il y manque quelque chose, je m'en prendrai à vous.

Savinien semblait avoir quelques objections à élever contre cet arrangement ; mais sa belle-sœur venait d'invoquer des souvenirs sacrés pour lui. Aussi garda-t-il le silence et se hâta-t-il de suivre sa fille, que Paula avait rejointe déjà.

Les domestiques allèrent chercher des chaises longues afin d'opérer le transport des blessés avec le moins de secousses possibles. Pendant ce temps, les femmes de la maison entouraient André, dont l'état était particulièrement alarmant. Le comte Max se trouva donc seul auprès de Vernon, que son épaule démise n'empêchait pas d'observer avec attention ce qui se passait.

Max, pâle et immobile, paraissait atterré.

— Eh bien ! monsieur le comte, — dit Vernon avec une pitié affectée,—vous paraissez bouleversé, comme si vous ne vous étiez pas attendu à ce que vous venez de voir Savinien, le vieux renard, ne vous avait-il donc pas prévenu ?

— Prévenu de quoi ?... que voulez-vous dire ?

— Que la future princesse souveraine de Lichtenwald était... Mon Dieu ! personne ici depuis longtemps n'ignore ce malheur...

— Parlez, monsieur, expliquez-vous... Est-ce que vous prétendriez que cette charmante créature est...

— Elle est folle! monsieur, — répliqua Vernon d'une voix sourde ; — vous l'avez vue et entendue ; il n'y a pas moyen de s'en cacher maintenant.

Le comte poussa un léger cri de douleur, comme s'il n'eût pas compris la vérité jusqu'à ce moment, et tomba anéanti sur une banquette en se couvrant le visage.

III

EXPLICATIONS.

Trois jours s'écoulèrent sans amener aucun événement nouveau de quelque importance au Prieuré de Clairefont. Odilia avait interrompu ses promenades quotidiennes dans la campagne ; elle n'assistait pas aux repas de la famille, et elle ne descendait plus au salon le soir ; néanmoins plusieurs fois le comte l'avait vue de loin se promener sur la terrasse avec la tante Paula, et il avait entendu des chants et des sons de piano sortir de l'appartement de mademoiselle Savinien. L'indisposition de la jeune fille n'était donc pas bien grave ; mais tout le monde avait à l'égard de Lichtenwald un air de réserve et d'embarras qui l'empêchait de prendre des informations précises.

D'autre part, Georges et André n'avaient pas encore quitté la maison, et le docteur Delmas venait les visiter chaque jour.

Vernon allait de mieux en mieux ; mais, par malheur, il n'en était pas de même pour André.

La violence du choc avait brisé un vaisseau dans la poitrine du jeune oiseleur, et l'on pouvait craindre que, si même la guérison était possible, la convalescence ne fût très longue.

Madame Gambier était venue s'établir auprès de son fils pour le soigner, et, malgré son infirmité, elle s'acquittait de ses fonctions de garde-malade avec autant d'habileté que de tendresse. Du reste, on s'occupait peu de ces pauvres gens au château ; on les eût laissés dans un abandon à peu près absolu, si la tante Paula ne se fût assurée que rien ne leur manquait, et c'était à Paula seule que la mère et le fils devaient de n'être pas complétement oubliés dans cette immense maison.

Savinien s'était chargé du soin de faire au comte Max les honneurs du logis, et il ne négligeait rien pour fournir des distractions à son hôte. Quoique fort maladroit au billard, il le provoquait sans cesse Lichtenwald, qui le gagnait même en le ménageant. Il montait à cheval à peu près avec la grâce d'un toucheur de bœufs, et chaque jour il proposait au comte, cavalier accompli, de longues promenades dans les environs ; enfin, quoique sa conversation fût vulgaire et sans charmes, il croyait devoir se mettre en frais d'amabilité avec Max, qui accueillait ses grossières plaisanteries par un équivoque sourire de politesse. Du reste, pas un mot n'était échangé dans ces entretiens sur leurs projets antérieurs ; aucune allusion n'était faite au passé ou à l'avenir. Savinien parlait brièvement de l'état d'Odilia comme d'un malaise passager qui ne méritait aucune attention sérieuse. De son côté, Max n'osait le questionner sur ce point plus que ne l'exigeaient rigoureusement les convenances, et il en résultait une gêne mutuelle, sans doute aussi pénible pour l'un que pour l'autre.

Le quatrième jour, Savinien avait imaginé, pour divertir son hôte aristocratique, une chasse à tir dans la forêt. Dès le matin, les gardes et une légion de traqueurs étaient sur pied afin d'entourer des enceintes, et une douzaine de chiens bassets, réunis pour la circonstance, devaient composer la meute. Mais, au moment de partir, une affaire qui ne pouvait se remettre avait appelé Savinien dans son cabinet ; de son côté, Max avait profité de ce retard pour écrire à son père, et sans doute dans cette lettre il avait traité un sujet douloureux, car lorsqu'il l'eut achevée on eût pu voir sur ses joues des traces de larmes. Toutefois il ne s'empressa pas d'expédier sa lettre, et il la serra dans sa poche, comme s'il eût voulu, avant de l'envoyer à destination, attendre une circonstance inconnue dont peut-être il ne se rendait pas bien compte à lui-même.

Il était donc assez tard quand les deux chasseurs montèrent dans le char à bancs qui devait les conduire au lieu du tiré. Savinien portait un élégant costume de chasse en velours vert olive, garni de boutons d'argent et tout battant neuf, qui contrastait avec ses formes massives et sa tournure commune.

Quand, arrivé au lieu du rendez-vous, il reçut des mains d'un garde un magnifique fusil damasquiné en or et déjà chargé, il empoigna l'arme par l'extrémité supérieure, au risque de recevoir la charge en pleine poitrine, et, sur l'avertissement qui lui fut donné, il tourna le bout du canon vers les assistants avec précipitation, comme s'il eût voulu leur rendre les frayeurs qu'il avait pu éprouver pour lui-même. En effet, Savinien, quoiqu'il fût propriétaire d'une chasse magnifique, n'avait jamais touché un fusil, et il le prouva bien quand, un moment après, il ouvrit un feu roulant sur des troupeaux de gibier sans pouvoir atteindre une seule pièce.

En revanche, Max se servait de son arme avec autant d'aisance que d'adresse, et chacun de ses coups faisait une ou plusieurs victimes ; mais bientôt il se lassa de massacrer les pauvres lièvres, les innocens lapins, voire les timides chevreuils que les traqueurs et les gardes poussaient sans relâche devant lui ; cette chasse cuisinière le révoltait. Sous prétexte de rechercher des succès moins faciles, il s'éloigna insensiblement du poste où Savinien faisait un feu d'enfer, déchargent les fusils aussi vite que ses gens pouvaient les charger, et toujours sans succès. Lichtenwald était assourdi de ces détonations continuelles et des criailleries des chiens, peut-être aussi avait-il besoin d'un peu de solitude pour se livrer en liberté aux réflexions dont il était obsédé.

Dès qu'il fut hors de vue, il jeta son fusil sur son épaule et s'enfonça dans les fourrés où André Gambier avait autrefois établi sa tendue.

Bientôt les bruits de chasse s'affaiblirent dans l'éloignement. Alors il s'assit sur le gazon, au bord d'une route peu fréquentée qui conduisait du Prieuré à un village voisin, et, tirant de sa poche la lettre qu'il avait écrite le jour même, il se mit à la relire avec attention.

Longtemps il resta absorbé par cette lecture, et plus il réfléchissait, plus il semblait bouleversé. Afin de faire bien comprendre ses angoisses, nous devons expliquer nettement ici dans quelle situation il se trouvait.

On a sans doute été surpris que le comte Max et sa famille eussent pu sacrifier leur orgueil de race en recherchant l'alliance d'un ancien entrepreneur de maçonnerie.

Le père de Max, prince régnant du Lichtenwald, était, comme nous l'avons dit, un petit souverain simple, débonnaire et vivant presque bourgeoisement ; toutefois, jamais sa bonhomie et sa condescendance aux idées modernes ne fussent allées jusqu'à permettre à son fils unique de courtiser la fille d'un parvenu, s'il n'y eût été poussé par une sorte de nécessité, et s'il n'y eût été déterminé par une influence alors toute-puissante auprès de lui.

Depuis bien des années, le prince avait pour secrétaire, pour confident, pour ministre enfin, un homme d'un grand savoir et d'une haute probité, malgré l'extrême hardiesse de ses opinions. Le baron Schwartz, c'était le nom de ce secrétaire, avait étudié dans une de ces universités allemandes où les idées libérales ont tant de succès parmi la jeunesse savante. Mais personne n'ignore que ces étudians tapageurs et *maisons moussues* d'Iéna, d'Heidelberg et de Gœttingue, une fois leurs degrés pris, deviennent de graves docteurs, de pesans conseillers auliques, et oublient leurs idées libérales comme ils oublient leurs duels et leurs folles amours.

Or, le baron Schwartz, nourri de la lecture des philosophes les plus avancés de France et d'Allemagne, avait conservé exceptionnellement dans la pratique de la vie quelque chose des principes de sa première jeunesse ; et quand sa capacité, ses vastes connaissances, lui avaient mérité la confiance du prince de Lichtenwald, il était parvenu à faire partager dans une certaine mesure, au bon et simple représentant d'une ancienne race, des idées dont il ne soupçonnait certainement pas toute la portée (1).

(1) A l'appui de nos assertions, nous pouvons citer ici une anecdote que nous avons entendu raconter plusieurs fois à M. ***, un des hommes les plus honorables.

Peu de temps avant l'année 1848, M. *** voyageait en Allemagne avec des recommandations qui devaient, outre son mérite personnel, lui ouvrir les portes les plus aristocratiques. Il fut notamment accueilli d'une manière fort gracieuse par le duc souverain de ***, qui l'engagea pour le lendemain à une partie de chasse dans un de ses châteaux, situé à quelques lieues de la résidence. En effet, le lendemain matin, une voiture de cour venait prendre M. *** pour

C'était donc Schwartz qui avait conçu le premier la pensée d'une alliance entre le fils de son maître et l'héritière opulente de Clairefont.

Chargé des détails du gouvernement de la principauté, il savait mieux que personne combien le petit Etat se trouvait privé de ressources et d'élémens de prospérité. Les routes avaient besoin de réparations, les rivières s'ensablaient, les édifices publics et jusqu'aux châteaux du prince tombaient en ruine, et l'on n'avait aucun moyen de faire face à ces dépenses urgentes. Peut-être le mariage de Max avec quelque princesse du voisinage eût-il pu relever pour un temps les finances du Lichtenwald ; mais les dots en capitaux sont assez rares dans la confédération germanique, et les princesses y sont en général mieux pourvues de nobles aïeux que d'écus. Depuis qu'on a pris l'habitude d'aller chercher parmi ces princesses des reines ou des mères de roi, elles se montrent difficiles sur le chapitre des alliances. Aussi n'y avait-il pas d'espoir qu'aucune d'elles voulût épouser l'héritier d'une principauté si cruellement obérée, et quelques informations prises sous main par le remuant Schwartz ne lui avaient laissé aucun doute à cet égard.

Comme il était en quête d'un banquier capable de prêter à son gouvernement une somme de trois millions pour subvenir aux nécessités les plus pressantes, le baron avait été mis en rapport avec Savinien. Ne voulant pas compromettre le nom de son souverain dans une affaire qui pouvait ne pas réussir, il était venu incognito à Clairefont, s'était concerté avec le capitaliste, et l'avait à peu près déterminé à prêter les fonds demandés.

Mais, dans sa courte visite au Prieuré, le baron avait entrevu Odilia, qu'il avait trouvée charmante, il avait entendu parler de la fortune colossale du père, et, en revenant à Lichtenwald porter au prince la nouvelle du succès des négociations, il avait conçu un autre projet : c'était celui de marier Max à Odilia.

Au premier aspect, une pareille alliance avait dû paraître monstrueuse à un noble allemand, eût-il, comme Schwartz, les opinions les plus libérales ; mais cette idée, qu'il chassa d'abord, se présenta bientôt plus vive et plus tenace à son esprit ; à force d'y penser, il finit par se persuader que son plan était non-seulement réalisable, mais encore tout à l'avantage de ses patrons. Cependant il eut besoin de s'y prendre à plusieurs fois et d'employer bien des ménagemens afin de le faire agréer au vieux prince. D'abord il lui démontra la nécessité de chercher une femme pour le comte dans une opulente famille bourgeoise. Quand il l'eut bien convaincu de cette obligation, il lui parla de la beauté et des qualités d'Odilia ; il vanta la richesse quasi royale de Savinien ; il énuméra les grandes entreprises, les vastes travaux que l'on pourrait exécuter dans la principauté avec une partie des millions que la fille du capitaliste apporterait en dot à son mari ; bref, il plaida si bien sa cause que le prince finit par entrer complètement dans ses vues.

C'était beaucoup, mais ce n'était pas tout. Il fallait absolument, avant d'aller plus loin, obtenir l'assentiment

le conduire au rendez-vous, et dans cette voiture se trouvait le secrétaire intime du duc, diplomate allemand tout chamarré de décorations, qu'on avait chargé de faire au voyageur les honneurs du pays. M. *** partit avec l'ami du prince, et pendant le trajet on causa politique et philosophie. Le secrétaire intime était un homme de grand savoir et de haute probité ; mais, dans le cours de la discussion, il exposa des théories tellement avancées que son compagnon en fut comme épouvanté.

« Jugez de mon étonnement, » disait-il, « quand, dans cet Allemand nourri sur les marches d'un trône et dans l'étroite intimité d'un souverain allemand, je trouvai un radical des plus audacieux. »

Un fonctionnaire éminent de l'université, qui visitait l'Allemagne à peu près à la même époque, nous a cité plusieurs faits de même nature ; mais le précédent nous paraît suffisant pour justifier le personnage du baron Schwartz dans ce récit.

E. B.

de Max; on se mit donc en devoir de persuader le comte à son tour.

On lui représenta longuement combien les idées nouvelles apportaient de changemens à la constitution de la vieille société germanique, et combien il devenait chaque jour plus urgent de faire des concessions à l'esprit du siècle ; on lui cita l'exemple de forts grands personnages qui avaient dû consentir à de pénibles sacrifices dans l'intérêt de leur famille ou de leurs Etats ; enfin, on aborda franchement la question, et on lui demanda s'il ne consentirait pas à épouser la fille du riche bourgeois Savinien.

Tous ces détours étaient bien inutiles avec Max de Lichtenwald. Comme nous l'avons dit, il partageait trop lui-même les idées libérales de son époque pour élever contre ce projet des objections sérieuses. D'ailleurs il n'avait aucun amour dans le cœur; ses frivoles liaisons passées ne lui avaient laissé aucun souvenir profond. Il consentit donc à tout ce qu'on voulut ; seulement, obéissant à un caprice de sa nature enjouée, il trouva plaisant de faire croire qu'il sacrifiait ses préjugés héréditaires à la prospérité de l'Etat, et, en présence de son père, il se comparait à Curtius, à Léonidas, et à tous les grands hommes dévoués à leur patrie dont sa mémoire lui rappelait les noms.

Ce résultat obtenu, le baron Schwartz ne perdit pas de temps pour entamer les négociations.

Sous prétexte de terminer l'affaire de l'emprunt, il revint à Clairefont, toujours incognito, et il eut avec Savinien de longues conférences où l'on posa les bases d'un arrangement. De nombreuses missives échangées entre Lichtenwald et le Prieuré avaient fait le reste; de sorte que, bien avant le voyage de Max, les questions d'intérêt et de position avaient été complètement débattues entre les représentans des deux familles.

Les choses en étant à ce point, il semblait urgent que les deux futurs époux fussent enfin mis en présence l'un de l'autre. Savinien, quoique certain d'influer d'une manière décisive sur le choix de sa fille, avait fait quelques réserves à ce sujet, et le comte, de son côté, n'avait pas voulu prendre d'engagement définitif avant d'avoir vu la personne qu'on lui destinait. S'il faut le dire, certains bruits vagues relatifs à mademoiselle Savinien, à l'éloignement du monde où la tenait son père, étaient parvenus jusqu'à Lichtenvald, et on se souvient que Max avait laissé voir quelques soupçons à cet égard quand il avait questionné Vernon. Aussi tout avait-il été arrangé pour que le voyage du comte chez Savinien ne pût trahir les intentions des deux familles et engager immédiatement l'avenir. Max était censé venir uniquement pour terminer l'affaire de l'emprunt, et il lui seul désormais appartenait de donner suite ou non au projet de mariage. C'était même pour cela que, ni son père, ni le baron Schwartz n'avaient osé l'accompagner, car leur présence aurait pu divulguer la vérité.

On s'explique maintenant l'optimisme que Max avait montré chez Savinien en dépit des assertions jalouses de Vernon. Du reste, l'admiration qu'il avait manifestée tout d'abord pour Odilia était sincère ; il avait été véritablement ébloui de la beauté et des grâces presque idéales de mademoiselle Savinien. Cette jeune fille, si différente des autres femmes qu'il avait vues ou même imaginées, lui avait inspiré par la mystérieuse poésie dont elle était entourée, par l'étrangeté même de ses goûts, de ses habitudes, de son langage, un intérêt extraordinaire qui n'avait pas tardé à devenir de l'amour. Aussi le comte n'avait-il pas hésité, dès le lendemain de son arrivée, à s'expliquer avec Savinien ; et c'était à la suite de cet entretien, où Lichtenwald avait pris des engagemens formels, qu'avait eu lieu la scène douloureuse du vestibule.

Or, au moment où nous en sommes, les angoisses du pauvre Max étaient à leur comble, car son amour pour Odilia, comme il arrive d'ordinaire, s'accroissait en raison directe des obstacles qu'il rencontrait. Il n'avait plus de doute que l'esprit de cette charmante enfant ne fût dérangé d'une manière sérieuse, et cette funeste circonstance rendait impossible l'union projetée. Ni le prince de Lichtenwald, ni même Schwartz, ne lui permettraient maintenant d'épouser une insensée, qui transmettrait peut-être un jour à sa descendance sa funeste infirmité.

Dans tous les cas, il était nécessaire de leur apprendre cette cruelle découverte, et c'était ce qu'après de longues hésitations il s'était décidé à faire dans la lettre qu'il avait écrite le matin. Mais cette lettre, le courage lui manquait pour l'envoyer à destination, sûr qu'aussitôt qu'elle aurait été lue on lui expédierait un ordre de rappel, et la pensée de quitter le Prieuré, de ne plus revoir Odilia, lui brisait le cœur.

Il tenait à la main la lettre fatale, et il eut plusieurs fois la tentation de la déchirer ; mais le devoir et l'honneur lui prescriraient-ils pas impérieusement de la récrire le lendemain s'il cédait maintenant à cette fantaisie ? Pouvait-il laisser plus longtemps un excellent père dans l'ignorance d'un événement aussi grave que le dérangement d'esprit de mademoiselle Savinien?

— Et pourquoi non? — murmura-t-il enfin; — sans sortir de l'histoire de ma propre famille, Gertrude de Holstein, ma trisaïeule maternelle, n'était-elle pas complètement insensée, si l'on en croit les traditions parvenues jusqu'à nous et pourtant elle fut mère de ce vaillant comte Karl de Weimar qui unissait tant d'intelligence, des connaissances si étendues, à tant de courage et d'énergie... Ah ! si j'étais certain qu'Odilia pût m'aimer un jour, je serais capable... Mais elle ne m'aime pas, elle n'aime personne. — Le temps s'écoulait pendant qu'il s'abandonnait à ses rêveries, et le jour commençait à baisser ; les coups de fusil, les aboiemens de chiens avaient cessé. Plusieurs fois, dans le calme profond des bois, Max avait cru entendre des voix qui l'appelaient; mais il n'avait pas songé à répondre, et il demeurait assis en silence au bord du chemin. Comme il jetait un regard distrait autour de lui, il vit sur la route un promeneur qui se dirigeait de son côté. Max reconnut bientôt le docteur Delmas, qui, après avoir fait sa visite quotidienne au château, traversait pédestrement la forêt pour gagner le village voisin. Cette rencontre en ce moment ne pouvait être que fort agréable au comte ; souvent, depuis qu'il résidait à Clairefont, il avait voulu questionner en secret le médecin de la famille Savinien, mais toujours l'occasion lui avait manqué. — Cette fois, il ne m'échappera pas, — murmurait-il avec résolution ; — et je vais savoir si je dois déchirer cette lettre ou la faire partir. — Delmas était alors un petit vieillard de soixante-cinq ans environ, mais très vert, alerte, et jouissant de cette santé robuste que donnent la vie active et l'air de la campagne. Son costume consistait en un pantalon de nankin, un habit noir et un chapeau à larges bords. Il avait les mains croisées derrière le dos, et portait sous le bras son jonc à pomme d'ivoire. Cette manière de porter la canne, si dangereuse pour les passans dans les rues populeuses de Paris, n'avait aucun inconvénient dans ce large chemin solitaire, et le petit docteur s'en allait tout gaillard, en mâchonnant distraitement le pétiole d'une feuille verte. Quand il fut à dix pas seulement de Max de Lichtenwald, celui-ci se leva tout à coup et s'approcha de lui. Au milieu de cet homme armé qui surgissait ainsi du milieu des buissons, Delmas fit un mouvement de surprise et presque d'inquiétude. Le comte ne lui laissa pas le temps de se reconnaître : — Enchanté de vous rencontrer, monsieur le docteur, — dit-il en le saluant avec politesse ; — vous venez sans doute du Prieuré, et vous pouvez me donner des nouvelles toutes fraîches de vos malades. Comment vont-ils ce soir?

Delmas s'était rassuré en reconnaissant l'hôte aristocratique de Savinien.

— Quoi ! c'est vous, monsieur le comte, — répliqua-t-il en saluant à son tour ; — j'étais si loin de m'attendre, dans cet endroit écarté... Eh bien ! pour répondre à votre désir, mes malades du château sont toujours à peu près dans le même état... Mais pardon, il se fait tard, et je suis très pressé.

— Un moment donc, monsieur, — reprit-il d'un ton moitié gai, moitié sérieux, — vous ne me quitterez pas ainsi. Un médecin, je ne l'ignore pas, n'aime guère à causer longuement de ses malades, de peur qu'on ne le trouve en défaut dans ses prévisions ; cependant vous vous montrez beaucoup trop concis en pareille matière... A moins, — ajouta Max en fixant sur lui un regard pénétrant, — que cette concision ne vous ait été imposée.

Le médecin s'arrêta de nouveau.

— Imposée, et par qui donc? — répliqua-t-il avec un peu de raideur ; — mais puisque vous interprétez ainsi mon laconisme, monsieur le comte, me voici prêt à vous répondre aussi longuement que vous le voudrez.

— A la bonne heure... Ainsi, votre malade...

— Duquel parlez-vous? de monsieur Vernon, sans doute? Oh ! pour celui-là je n'ai que de bonnes nouvelles à en donner... son cas est une luxation de la clavicule, et je pense qu'il sera dans deux ou trois jours en état d'être transporté à la ville auprès de son père.

— Fort bien ; cette cure si prompte vous fait honneur, monsieur, et je suis aussi heureux que personne de votre succès ; mais je voulais encore vous demander...

— Quoi ! Prenez-vous intérêt à ce pauvre enfant, le fils de l'aveugle de Clairefont? Véritablement il ne va pas aussi bien que je le désirerais. Le poumon a été lésé ; les crachemens de sang, que nous appelons hémoptysies, se manifestent fréquemment. Malgré tous mes efforts, j'ai peur que les choses ne tournent pas bien de ce côté. Dans le cas même où je réussirais à tirer le malade d'affaire pour le moment, il ne sera plus jamais bien robuste, j'en ai la certitude, et il languira misérablement pendant le reste de sa vie.

— C'est un grand malheur, — répliqua Max avec une sensibilité qui étonna Delmas, — car la vigueur et la santé sont de première nécessité pour le pauvre, obligé de vivre de son travail ; mais monsieur Savinien est assez riche et assez généreux pour assurer à cette infortunée famille une petite rente qui la mette désormais à l'abri du besoin... Toutefois, docteur, ce n'est pas non plus d'André que je voulais vous parler ; vous avez encore une malade...

— Qui donc? — demanda le médecin en détournant la tête ; — voudriez-vous parler de mademoiselle Odilia?

— D'elle-même.

— Mais... elle n'est point malade.

— Serait-il vrai? Cependant cette fièvre violente dont elle a été prise l'autre jour en ma présence...

— Vous croyez donc qu'elle avait la fièvre ?

— Non, mais j'ai supposé... Elle ne l'a donc pas ?

— Si... par momens... Eh bien ! monsieur le comte, cette fièvre n'est pas guérie... Mais pardon, — ajouta-t-il aussitôt, — un médecin loyal ne saurait trahir les secrets de santé d'une jeune demoiselle, et je vous crois trop gentilhomme pour me mettre à la torture en me pressant davantage à ce sujet.

— Vous ne m'échapperez pas ainsi, docteur, — répliqua Max avec fermeté. — Ecoutez ; en vous posant ces questions, je ne cède pas à une vaine et indiscrète curiosité ; j'ai un intérêt puissant, personnel, immédiat, à connaître l'état réel de mademoiselle Savinien. Voyons, monsieur Delmas, vous savez sans doute qui je suis, et je n'ai pas besoin de vous rappeler qu'il me serait facile de rémunérer généreusement une preuve de confiance.

— Monsieur le comte, je connais en effet votre haut rang ; mais les renseignemens que vous attendez de moi sont d'une nature si délicate...

— Vos confidences seraient pour moi seul, et l'honneur m'imposerait le devoir de garder religieusement ce secret. Docteur Delmas, — poursuivit le comte plus bas, — avez-vous jamais songé qu'un ruban, quelle qu'en fût la couleur, produirait un excellent effet à la boutonnière de votre habit noir, et que cette distinction ne manquerait pas d'ajouter à l'estime de votre clientèle pour votre personne et pour votre mérite ?

Le bonhomme rougit à cette insinuation ; une décoration, même de l'ordre le plus obscur, avait été le rêve de sa vie. Cependant il répondit avec un embarras croissant :

— Monsieur le comte, je ne suis pas digne, je n'oserais aspirer... D'ailleurs, il me serait impossible de formuler une opinion définitive sur l'état de santé de mademoiselle Savinien. Vous le disiez vous-même tout à l'heure : Notre art est essentiellement sujet à l'erreur ; et comment, moi, simple médecin de campagne, prétendrais-je affirmer quelque chose dans un cas aussi mystérieux que celui dont il s'agit ?

— Cela ne prendra pas, docteur, — répliqua Max avec impatience ; — si vous vous défiez de vos lumières, vous avez pour les compléter celles du célèbre docteur Z..., qui est venu récemment de Paris sur les instances de monsieur Savinien, et qui a étudié avec vous la situation de votre intéressante malade. Z..., je le sais, a déposé entre vos mains une ordonnance longuement motivée d'après laquelle vous traitez mademoiselle Savinien ; vous êtes en correspondance continuelle avec lui, et vous lui rendez compte des phases diverses de la maladie. Vous ne pouvez donc arguer de votre ignorance, des incertitudes de la médecine. Encore une fois, je vous conjure de me parler sans détours ; votre franchise ne pourra causer de tort à personne ; au contraire, elle préviendra peut-être de grands malheurs.

Ainsi pressé, le bon docteur ne semblait pas éloigné de céder ; il se taisait, les yeux vers la terre, jouant distraitement avec sa canne et son chapeau. Il allait peut-être inviter Max à déterminer les points sur lesquels le comte désirait être éclairci, quand, levant la tête par hasard, il aperçut tout à coup Savinien qui sortait du fourré à quelques pas de là. Aussitôt l'expression de ses traits changea complètement, et il répliqua très haut, d'un ton qui touchait à la sécheresse :

— J'ai le regret, monsieur le comte, de ne pouvoir faire ce que vous me demandez.

Lichtenwald se disposait à répliquer ; mais, suivant la direction du regard de Delmas, il aperçut à son tour le père d'Odilia qui s'approchait d'eux avec empressement. Il rougit, car il se sentait pris en flagrant délit d'indiscrétion, et il eut besoin de tout son savoir-vivre pour ne pas perdre contenance.

Savinien avait remis aux gardes le fusil dont il se servait si mal, et il paraissait chercher le comte. Quand il le rencontra en compagnie du docteur, il n'eut pas de peine à deviner ce qui s'était passé.

— J'étais inquiet de vous, mon cher Max, — dit-il d'un ton singulier ; — mais vous étiez, à ce que je vois, engagé dans une conversation très vive avec Delmas.

— En effet, — balbutia le comte, — je désirais avoir des nouvelles de mademoiselle Odilia.

— Et monsieur de Lichtenwald était avide de détails que je ne me croyais pas autorisé à lui donner, — répliqua Delmas, qui voulait se faire un mérite de sa discrétion auprès de son riche client.

— Monsieur Savinien, — reprit Max, — ne peut ignorer quel intérêt m'inspire son aimable fille, et il comprendra sans peine...

— Oui, je comprends, mon cher comte, — répliqua Savinien d'un air de franchise, — et je n'ose vous blâmer. Ne vous excusez pas ; le sentiment qui vous poussait à questionner cet excellent docteur est en effet naturel et légitime... Eh bien ! cette circonstance prévient mes désirs, et elle sera l'occasion d'une explication complète et loyale entre nous ; aussi bien je ne peux tarder davantage à vous révéler la vérité dans tous ses détails... Docteur Delmas, mille remercîmens pour votre honorable discrétion, pour votre dévouement à ma famille ; mais il existe de tels liens entre monsieur de Lichtenwald et nous qu'il ne doit pas ignorer plus longtemps nos secrets. Répondez à toutes les demandes qu'il lui plaira de vous adresser au sujet de ma fille; je vous y autorise et je vous en prie.

— Quoi! monsieur, vous voulez...

— Il le faut... et ici, à l'instant même. — Il y a dans les sentiments vrais une sorte de dignité qui donnait alors aux manières ordinairement communes de Savinien une autorité irrésistible. Il entraîna Max et le docteur vers un tronc d'arbre renversé qui se trouvait au bord du chemin, et il les fit asseoir à côté de lui. — Parlez, monsieur de Lichtenwald, — poursuivit-il; — voici Delmas prêt à vous répondre maintenant, et je l'adjure de le faire en toute sincérité... Mais peut-être ma présence vous gênerait-elle; je vais, si vous le voulez, m'éloigner pour quelques instans.

— Restez, monsieur, — reprit le comte avec noblesse; — je suis confus d'être obligé d'accepter votre offre; mais je dois au monde, à ma famille, je me dois à moi-même d'adresser en effet quelques questions au docteur; et je ne les lui adresserai pas sans une émotion profonde, car de ses réponses vont dépendre mon bonheur ou mon malheur à venir. — En parlant ainsi il avait les yeux pleins de larmes; après un moment de silence, il reprit d'une voix très altérée : — Il m'importe surtout de savoir si cette belle et pure enfant est vraiment atteinte de...

— De folie! Prononcez le mot hardiment, — répliqua Savinien. — Eh bien! Delmas, vous avez entendu?

— Folie n'est pas le mot, — dit le médecin d'un ton grave et compassé; — les accès de plus en plus rares que nous avons eu occasion de constater ont plutôt le caractère d'une simple monomanie; le docteur Z... et moi, nous sommes tombés d'accord sur ce point. La jeune malade, en effet, quand elle se trouve sous l'influence morbide dont il s'agit, s'imagine être une divinité de la Fable, une nymphe des bois, que sais-je! et elle agit d'après cette croyance; or, c'est là ce qui constitue la monomanie proprement dite. La cause de ce dérangement accidentel des facultés est attribuée d'abord à l'excessive irritabilité nerveuse du sujet... je veux dire de mademoiselle Savinien, puis à certains souvenirs se rapportant à des circonstances bizarres bien capables de frapper une imagination impressionnable.

— Ah! c'est la faute de Paula! — interrompit le capitaliste avec un profond soupir. — Quand Odilia était tout enfant, ma belle-sœur, dans sa tendresse aveugle pour elle, lui contait des histoires absurdes qui ont frappé l'imagination de ma fille... J'aurais dû depuis longtemps m'opposer...

— Ne blâmez pas trop mademoiselle Paula, — répliqua le docteur; je vous ai dit bien des fois, mon cher monsieur Savinien, qu'elle n'était pas seule coupable que vous le pensiez. Les causes du fâcheux état de votre fille remontent plus haut que les récits peut-être imprudens de sa tante; elles sont dans des prédispositions natives et toutes physiques. Si mademoiselle Odilia n'avait pas été atteinte de la monomanie que nous connaissons, elle eût été prise d'une autre plus grave et moins poétique sans doute. N'augmentez donc pas les regrets de la pauvre tante.

Max écoutait avec douleur ces révélations.

— Ainsi donc, — reprit-il, — aucun doute n'est plus possible! J'avais vu de mes yeux, et cependant je refusais de croire... Eh bien! docteur, — ajouta-t-il avec effort, — un mot encore : pensez-vous que cette funeste maladie soit seulement accidentelle et qu'elle se puisse guérir?

— La nature a des secrets, de brusques retours qu'il ne nous est pas permis de deviner; cependant nous pouvons prévoir quelquefois, et, sur mon honneur! je crois la guérison non-seulement possible, mais probable et peut-être prochaine. C'est aussi l'avis de mon illustre confrère, le docteur Z..., que je tiens au courant des formes diverses de la maladie. Les intermittences qui se manifestent prouvent que le dérangement de la raison est chez mademoiselle Savinien purement transitoire. En temps ordinaire, on pourrait tout au plus remarquer en elle une légère excentricité de manières et de langage; c'est seulement quand une émotion violente ou toute autre cause extérieure vient tout à coup rompre l'équilibre de ses facultés qu'apparaît cette funeste monomanie dont en ce moment encore elle éprouve un accès. Or, en fortifiant d'une part l'organisation de la malade par un régime convenable, en écartant d'autre part les causes d'émotion vive, nous ne pouvons manquer de rendre ces défauts d'équilibre de plus en plus rares, jusqu'à ce qu'ils disparaissent tout à fait. Aussi avons-nous recommandé à mademoiselle Odilia l'exercice, le grand air, la vie active, l'absence de toute contrariété sérieuse, et nous avons pu constater déjà une grande amélioration dans son état. Pendant plusieurs mois elle n'a éprouvé aucun accès de son innocente monomanie, et il a fallu sans doute une puissante secousse pour déterminer l'accès actuel. Mais nous avons lieu d'espérer qu'une réaction favorable est en train de s'opérer, et à mesure que la jeune demoiselle prendra de la force et de l'âge, les symptômes affligeans disparaîtront.

Max ne perdait pas une des paroles du docteur.

— Cela est-il vrai, monsieur? — s'écria-t-il; — cette guérison est-elle aussi sûre, aussi prochaine que vous le dites? Oh! si vous saviez quel désir ardent j'ai de vous croire!

— C'est là mon opinion et c'est aussi celle du docteur Z... — répliqua Delmas avec un accent de franchise; — sur ma conscience! cette charmante enfant est en voie de guérison, et elle guérira sûrement, à moins... à moins d'événemens que nulle prudence humaine ne saurait prévoir.

Max serra la main du docteur pour le remercier de cette consolante assurance. Savinien, qui l'observait attentivement, reprit bientôt avec un calme étudié :

— Est-ce bien là, monsieur le comte, tout ce que vous aviez à demander? Ne vous reste-t-il aucun point sur lequel vous pourriez désirer encore des éclaircissemens?

— Aucun, monsieur. Je suis si heureux d'apprendre que la guérison de mademoiselle Savinien est possible et prochaine...

— Eh bien donc, mon cher Delmas, — reprit le capitaliste d'un ton amical en se tournant vers le médecin, — je ne vous retiens plus, car il se fait tard, et sans doute d'autres malades vous attendent. Merci pour votre réserve pleine de délicatesse; je ne l'oublierai pas, vous pouvez y compter.

Ainsi congédié, le docteur se leva, serra la main de Savinien, salua profondément Lichtenwald, et continua son chemin.

Savinien et le comte restèrent assis sur le tronc d'arbre et gardèrent d'abord un silence embarrassé.

— Monsieur de Lichtenwald, — dit enfin le millionnaire, — vous savez maintenant toute la vérité au sujet de ma pauvre fille. Je ne vous adresserai aucun reproche, mais aussi je n'en mérite aucun. Je vous ai prévenu, ne l'oubliez pas, qu'Odilia était sujette à des accès d'un mal mystérieux dont je ne pouvais préciser la nature. J'espérais même que ces symptômes affligeans ne se représenteraient plus, car depuis plusieurs mois cette chère enfant avait été entièrement calme; et alors pourquoi vous affliger en vous suggérant des craintes qui ne devaient pas se réaliser?

Peut-être Max eût-il pu relever certaines inexactitudes dans cette justification; mais il était trop heureux en ce moment pour songer à récriminer.

— A Dieu ne plaise, monsieur Savinien, — dit-il avec chaleur, — que je doute de votre loyauté! mais nul ne saura jamais ce que j'ai éprouvé de souffrances, d'angoisses mortelles pendant ces trois derniers jours.

— Enfin ces inquiétudes sont passées, n'est-ce pas, et rien n'est changé entre nous?

— Oh! quant à moi, la réalisation de ces projets est le plus cher de mes désirs; mais...

— Eh bien ?

— Je ne m'appartiens pas, — acheva le comte d'une voix étouffée, — et je suis dans la nécessité d'instruire mon père de ce qui s'est passé.

Savinien se leva.

— A votre aise, monsieur le comte, — répliqua-t-il d'un ton un peu sec ; — vous êtes en droit de consulter votre conscience d'abord, puis votre famille et vos amis.

Max demeura un moment pensif.

— Ah ! — dit-il enfin, en laissant échapper une pensée qui le préoccupait sans relâche, — si seulement Odilia pouvait m'aimer !

Pendant cette conversation, le jour avait baissé rapidement, et le crépuscule devenait de plus en plus sombre dans les longues allées de la forêt. Le grillon commençait à faire entendre son cri monotone sous la feuillée, et les jeunes lapins échappés au massacre de la journée se hasardaient à traverser en folâtrant les chemins. Savinien avait congédié les gardes et les domestiques, de sorte que cette partie du bois était complètement solitaire, et, aussi loin que la vue pouvait s'étendre, on n'apercevait pas une créature humaine.

Savinien et le comte avaient repris en silence le chemin du château. Tout à coup quelqu'un sortit du fourré et se dirigea vers eux. Ils reconnurent bientôt la tante Paula.

— Quoi ! ma sœur, vous ici ? — demanda Savinien en s'arrêtant.

Paula ne parut pas remarquer l'étonnement de son beau-frère, non plus que celui de Max.

— L'avez-vous vue ? — demanda-t-elle d'un air distrait.

— Qui donc ?

— Elle... Odilia.

— Ma fille ! dans le bois à pareille heure ?

— Ce soir, elle a voulu absolument sortir seule, malgré mes instances. Craignant qu'une contrariété ne prolongeât son accès, comme cela est arrivé déjà tant de fois, j'ai fini par consentir, et je l'ai suivie de loin. A quelque distance de l'endroit où nous sommes, elle s'est mise à courir, et elle a disparu derrière les arbres ; j'ai pensé qu'elle avait pu passer près de vous.

— Nous ne l'avons pas vue, — répéta Savinien.

— Mais alors il faut nous mettre à sa recherche, — dit Max avec vivacité.

— Oui, oui, cherchons-la.

— Elle ne saurait être loin, dit Paula, — et je crois être sûre du lieu où nous pourrons la rencontrer ; venez avec moi. — Et elle s'engagea dans la partie du bois où se trouvait autrefois la tendue aux rouges-gorges d'André. L'obscurité régnait déjà sous les hautes futaies, et c'était à peine si le regard pouvait reconnaître, à sa couleur plus blanche, le sentier tortueux tracé dans l'herbe. Cependant Paula, familière avec les localités, ne montrait aucune hésitation, et elle marchait si vite que Max et Savinien avaient peine à la suivre. Au bout d'une centaine de pas, elle s'arrêta tout à coup et fit signe à ses compagnons d'écouter. Alors on entendit à quelque distance une voix douce et harmonieuse chantant sur un mode étrange des paroles inintelligibles. Cette voix, qui sortait des ombres crépusculaires, avait un caractère presque surnaturel. — L'entendez-vous ? dit Paula tout bas ; — elle chante une chanson bohémienne que je lui ai apprise pendant son enfance ; mais elle a arrangé l'air à sa guise et elle l'a rendu charmant... Je vous disais bien que nous la rencontrerions de ce côté... Marchons encore, mais sans bruit, car nous pourrions l'effrayer.

On continua d'avancer avec précaution, et l'on atteignit bientôt l'endroit d'où partait ce chant mystérieux.

C'était une petite clairière où se croisaient plusieurs routes de la forêt. On y voyait encore les débris de la cabane de feuillage qu'André avait construite autrefois, et le gazon à l'entour était soigneusement émondé, bien vert et bien frais. Une brume blanche, qui commençait à s'élever dans les allées humides, donnait un aspect fantastique aux objets placés à une courte distance. A travers des éclaircies du taillis scintillaient les eaux de la rivière, dont le faible clapotement se mêlait au murmure de la brise. Au pied d'un vieux chêne dont le feuillage épais se dessinait en noire pyramide sur le ciel encore lumineux, se tenait immobile une forme svelte et gracieuse. Ses vêtemens flottans, aux couleurs claires, se détachaient sur le fond sombre, et un visage blanc comme du marbre de Paros semblait rayonner au milieu des brumes crépusculaires.

Dès que les survenans s'étaient montrés dans la clairière, le chant avait cessé tout à coup. Ils s'arrêtèrent comme s'ils eussent craint de faire évanouir la suave apparition. Alors la voix dit au jeune Lichtenwald, qui se trouvait le plus en vue au milieu du carrefour.

— Approchez, jeune étranger... Je savais bien que mes chants magiques vous attireraient ici, car ils ont une puissance contre laquelle la faible espèce humaine ne saurait résister... Approchez : quoique nous soyons d'une nature différente, j'éprouve pour vous une bienveillance que je n'ai jamais éprouvée pour aucun mortel.

Max se demandait s'il devait se rendre à une pareille invitation.

— Prêtez-vous à sa fantaisie, — murmura la tante Paula à son oreille ; — il est dangereux de lui résister.

Lichtenwald fit quelques pas en avant. Odilia, qui avait entendu chuchoter dans l'ombre, dit en étendant le bras avec autorité :

— Que nul, hors ce jeune homme, ne soit assez hardi pour s'approcher de moi, ou je disparais aussitôt. — Savinien et Paula n'osèrent bouger. Quand Max fut à quelques pas seulement d'Odilia, elle reprit d'un ton satisfait :

— Votre docilité sera récompensée... Écoutez : je vous ai distingué parmi ces êtres de race inférieure qu'on appelle les hommes. Je suis un de ces esprits dont l'existence est attachée à celle d'un arbre, et je vous ai voué une affection protectrice. Je vous donnerai la richesse et la puissance ; je vous rendrai aussi grand que Crocus, qui fonda le royaume de Hongrie, et qui dut sa fortune à une dryade comme moi... Mais, en retour, pourrez-vous aimer votre bienfaitrice ?

L'ardente imagination de Max commençait à subir l'entraînement de cette scène étrange ; il répliqua chaleureusement :

— Oh ! je vous aime déjà, Odilia, je vous aime de toute les forces de mon âme !

La jeune fille garda un moment de silence.

— Odilia ! — répéta-t-elle enfin, — il me semble en effet que l'on m'a parfois nommée ainsi... Eh bien ! jeune homme, je te prends pour mon fiancé, pour mon époux. A l'heure du crépuscule, comme en ce moment, ou bien à l'heure où la lune éclaire la campagne, tu viendras t'asseoir à l'ombre de mon arbre, et je t'apparaîtrai sous cette forme empruntée aux mortels. Je te révélerai des secrets inconnus à ta race. Je te donnerai des conseils qui te rendront grand et bon parmi les hommes. Où est ta main ? — Max étendit le bras, et sa main rencontra une petite main glacée, — Nous sommes fiancés, — reprit la voix ; — maintenant, va en paix.

Le comte, sous le coup de l'illusion qu'il éprouvait, ne se hâtait pas de s'éloigner.

Paula se glissa près de lui :

— Partez donc, — lui dit-elle à l'oreille, — et emmenez mon beau-frère.

Max rejoignit en effet Savinien ; mais, au lieu de s'éloigner l'un et l'autre, ils se contentèrent de se tenir un peu à l'écart.

Odilia s'était assise sur l'herbe ; drapée dans ses amples vêtemens, elle paraissait s'abandonner à une profonde rêverie. La tante Paula attendit quelques momens pour donner aux idées de la jeune fille le temps de se calmer. Enfin, elle dit du ton caressant qu'elle prenait toujours pour parler à sa nièce :

— Il est tard, mon enfant ; n'allons-nous pas rentrer

Le son familier de cette voix amie ne parut ni effrayer

ni surprendre la jeune fille; elle répondit pourtant avec gravité:

— Voilà l'heure du soir où les dryades se montrent au pied de leur arbre natal ; j'aime à me jouer dans un rayon de lune, à voir les eaux qui brillent à travers le feuillage, les étoiles qui tremblotent dans le ciel bleu.

— Fort bien, mon enfant..., mais songe donc que ce n'est pas là ton arbre... Tu es la dryade d'un tilleul, et celui-ci est un chêne.

— Tiens, c'est vrai, tante Paula, — répliqua naïvement la pauvre petite insensée ; — mais où donc est mon tilleul?

— Viens avec moi, mignonne, et tu le retrouveras.

En même temps, Paula entraîna sa nièce, qui ne fit aucune résistance.

Max et Savinien les suivirent, mais de loin, pour ne pas alarmer Odilia. Ils marchèrent d'abord en silence, guidés par les vêtemens blancs de la jeune fille qui flottaient devant eux dans l'obscurité.

Enfin Savinien reprit avec un accent d'inquiétude :

— Voici une fâcheuse scène, monsieur le comte, et peut-être va-t-elle vous laisser une impression pénible?

— Que dites-vous, mon ami ? — répliqua le comte avec enthousiasme ; — cette soirée si paisible, cette figure blanche, immobile sous le chêne; cette voix harmonieuse, ces paroles douces et poétiques, ont produit sur moi une impression que je ne saurais définir, mais délicieuse. Tout à l'heure, mon illusion était complète; je me croyais en présence d'un être surnaturel, gracieux, beau, pouvant dispenser à son gré le pouvoir, la richesse, le bonheur; c'était comme la réalisation d'un de ces rêves que font les imaginations jeunes et ardentes, et j'aurais souhaité... Mais répondez-moi avec franchise, monsieur Savinien ; je vous en conjure, ne me trompez pas. Croyez-vous qu'Odilia, en me présentant sa main, en me donnant ce titre précieux de fiancé, en m'avouant qu'elle m'aimait et en me permettant de l'aimer, m'avait réellement reconnu?

— Pourquoi pas? — répliqua Savinien prompt à saisir l'à-propos.

— Oh! si je vous croyais... si je pouvais croire...

— Encore une fois, pourquoi ne me croiriez-vous pas? Elle n'a pas prononcé votre nom, il est vrai; mais tout ce qu'elle a dit s'adressait naturellement à vous... Pourquoi ne vous aurait-elle pas reconnu comme elle a reconnu sa tante?

Max rêva un moment.

— Eh bien ! oui, — reprit-il avec transport, — je ne veux plus douter... monsieur Savinien ; ces fiançailles qui viennent d'avoir lieu sous ce chêne seront pour moi aussi saintes que si elles avaient eu lieu devant un prêtre au pied des autels. — En même temps il tira de sa poche la lettre destinée à son père, et la déchira en mille pièces que le vent éparpilla dans la forêt. Savinien était radieux. Pendant le reste du chemin, il entretint Lichtenwald de la certitude qu'il avait de voir bientôt Odilia complètement rétablie, et ils s'abandonnèrent l'un et l'autre aux plus brillantes espérances pour l'avenir. Quand ils atteignirent le château, où les dames venaient aussi de rentrer, ils trouvèrent dans la cour une voiture de poste dételée et couverte de poussière ; mais, absorbés par leur conversation, Max et son futur beau-père ne remarquèrent pas cette circonstance. Comme ils traversaient le vestibule, un des domestiques allemands de Max s'approcha de son maître et lui apprit que monsieur le baron Schwartz venait d'arriver au Prieuré. — Le baron Schwartz! — répéta Max en pâlissant.

— Lui-même... Il a montré une vive impatience de voir monsieur le comte, et il lui apporte des nouvelles de Son Altesse.

Max était consterné ; cependant il dit froidement :

— C'est bien, Fritz ; annoncez au baron que je me rendrai chez lui dès que j'aurai changé de costume.

— Et en attendant, — reprit Savinien à son tour, — dites à monsieur le baron que j'ai hâte d'aller lui souhaiter la bienvenue.

Fritz se mit en devoir de remplir la double commission qu'il venait de recevoir.

Max et Savinien montèrent le grand escalier pour gagner leur appartement.

— Eh bien !... cher comte, — demanda le capitaliste, — soupçonnez-vous quel peut être le motif de cette visite inattendue?

— Il n'est pas difficile de le deviner ; depuis que j'habite le Prieuré, j'ai écrit seulement quelques lignes au Lichtenwald. L'impatience a gagné mon père ainsi que son conseiller, et Schwartz, ayant flairé quelque mystère, nous tombe ici comme une bombe, afin de s'enquérir de la vérité... J'aurais aimé autant que le baron demeurât où il était.

— Que craignez-vous de lui? N'est-ce pas monsieur Schwartz qui a eu la première idée de ce mariage?

— Oui... mais s'il apprenait quelle est la nature de l'obstacle qui se présente, tout serait perdu, et il ne reculerait devant aucun moyen pour détruire son propre ouvrage.

— Cependant puisque vous êtes décidé...

— Il est vrai, je résisterais ; mais ce serait une lutte longue et pénible que je voudrais épargner à mon bon vieux père. Monsieur Savinien, le baron doit ignorer l'état de santé de mademoiselle Odilia, car sur un simple soupçon il deviendrait notre adversaire le plus redoutable. Je vous l'ai dit, j'aime votre ravissante fille, et, s'il me fallait maintenant renoncer à elle, j'en mourrais de douleur.

Et ils se séparent pour aller se disposer, chacun de son côté, à recevoir le confident tout puissant du prince de Lichtenwald.

IV

ANDRÉ GAMBIER.

Le lendemain matin, après une nuit fiévreuse et agitée, André s'éveillait dans la chambre où il avait été transporté à la suite de l'accident. Cette chambre, dont les fenêtres donnaient sur le jardin, était somptueuse, comme toutes celles du Prieuré, et sa magnificence contrastait avec la pauvreté de ses hôtes actuels. André occupait un superbe lit en palissandre, aux rideaux de soie, et sa grossière chemise de toile bise ressortait sur les draps de fine toile, sur l'oreiller garni de dentelles.

Au pied du lit, un simple matelas servait de couche à madame Gambier, car nous savons que la pauvre aveugle était venue au château pour soigner elle-même son fils, et elle n'eût voulu céder à personne la tâche de le veiller chaque nuit. Elle s'était déjà familiarisée avec les êtres de sa nouvelle demeure, et, grâce à l'instinct particulier des personnes privées de la vue, elle pouvait aller et venir avec aisance, remplir tous les devoirs de la meilleure garde-malade.

Elle glissait sans bruit sur les tapis, toujours inquiète et attentive ; au moindre mouvement de son fils bien-aimé, elle accourait pour lui offrir un soulagement, une consolation, une caresse.

La bonne femme était déjà sur pied depuis longtemps, quand un léger craquement du lit et un faible gémissement échappé au malade l'avertirent qu'André venait de s'éveiller. Elle s'approcha de lui avec empressement.

— Eh bien ! mon enfant, — demanda-t-elle en lui donnant un baiser sur le front, — comment te trouves-tu ce matin?

— Bien, très bien, chère mère, je vous remercie, — répondit André d'une voix faible.

Mais, comme si le mal eût voulu contredire ce pieux

mensonge, André fut pris en achevant ces paroles d'une toux douloureuse qui amena sur ses lèvres quelques gouttes de sang. Il s'empressa de les faire disparaître dans son mouchoir. L'aveugle devina pourtant la vérité.

— O mon Dieu ! encore cette terrible toux ! — reprit-elle ; — André, tu viens de cracher du sang.

— Non, non, mère, rassurez-vous ; je vous répète que je suis très bien, si bien que je me sens de force à quitter cette maison et à retourner chez nous aujourd'hui même.

En dépit de cette assertion, le brave enfant, si frais et si robuste peu de jours auparavant, était maintenant presque méconnaissable ; sa maigreur, ses yeux caves, son teint livide et plombé, ses pommettes rouges saillantes témoignaient d'une phthisie pulmonaire dont il serait bien difficile, sinon impossible, d'arrêter les ravages.

La malheureuse mère soupçonnait tout cela ; elle répondit avec abattement :

— Quoi ! voudrais-tu déjà quitter cette maison, mon ami ? Tu es si bien ici ! On pourvoit à tous les besoins... le médecin vient te voir chaque jour ; on te fournit les médicamens les plus chers, la nourriture la plus choisie...

— Mais nous ne sommes pas chez nous ! — réplique le jeune homme avec amertume. — Mère, n'êtes-vous pas impatiente de vous retrouver dans votre maison si tranquille ? Oubliez-vous donc vos poules, vos oiseaux en cage qui doivent tant souffrir en votre absence ?

— La petite voisine Fanchette m'a promis d'en prendre soin, et elle n'y manquera pas, j'en suis sûre. Mais que m'importent ces pauvres animaux ? C'est de toi, de toi seul, mon André, que je veux m'occuper maintenant, toi mon orgueil et ma seule joie sur la terre. Que deviendrais-je si tu tardais à guérir, si... Attends du moins que tu aies repris un peu de force. Nous manquons de tant de choses, là-bas ! Et puis comment te soignerais-je, moi qui suis privée de la lumière !

— Ah ! chère mère, personne au monde ne saurait mieux y réussir, car vous m'aimez, vous ! Mais, — ajouta-t-il d'un ton caressant, — nous ne sommes pas aussi dépourvus que vous le pensez... J'ai des épargnes à la maison. Apprenez que j'ai économisé plus de soixante francs sur le prix de mon gibier.

— Soixante francs, — répéta madame Gambier avec un sourire triste, — que serait cela si ta maladie venait à se prolonger, si tu ne pouvais de longtemps encore t'occuper d'aucun travail ?

— Mais il faut que je travaille, je veux travailler ; que deviendrions-nous si je ne travaillais pas ? Puisque l'on a détruit ma tendue dans les bois de monsieur Savinien, j'irai l'établir ailleurs : monsieur Savinien n'est pas maître de tout le pays, peut-être ? D'ailleurs, nous sommes au temps de la vendange, et on trouve de l'ouvrage dans les vignes... Aussi, je vous le répète, partons d'ici, partons aujourd'hui même.

— Pourquoi si vite, mon garçon ? Qui nous presse ? Tu te crois bien fort, mais si seulement tu essayais de marcher... D'ailleurs, que t'a-t-on fait pour que cette maison te soit ainsi devenue odieuse ?

— Rien, mais j'ai hâte d'en sortir, — répliqua André d'un ton sec ; — nous sommes ici pour les autres un embarras, une gêne. Je suis humilié de me trouver au milieu de ces gens si riches et si orgueilleux, qui nous reçoivent chez eux par nécessité... par charité peut-être.

— Eh ! ne doivent-ils pas réparer le mal dont ils sont cause ? — dit la mère d'André. — Pouvaient-ils écraser à leur porte un jeune homme, le soutien d'une mère aveugle, sans lui donner asile au moins jusqu'à ce qu'il fût en état de se traîner chez lui ? Et, de notre côté, ne pouvons-nous accepter sans honte ce qui est comme le payement d'une dette sacrée ?... Tiens, mon bon André, — ajouta-t-elle en comblant le malade de caresses, — ne nous montrons pas nous-mêmes trop fiers et trop exigeans. Nous sommes de pauvres gens, il ne nous appartient pas d'être raides envers ceux qui nous manifestent la moindre bienveillance. Peut-être ton père et moi l'avons-nous donné... autrefois, quand nous étions heureux, certaines idées qu'il faut oublier aujourd'hui. Pour moi, quand il s'agit de mon enfant chéri, de mon André, je me résignerais aux plus cruelles humiliations... même à mendier, s'il le fallait. Mais, — ajouta-t-elle aussitôt, — on ne nous a jamais humiliés ici, et, en considérant notre position modeste, il me semble que nous avons été traités avec bonté.

— Vous trouvez, mère ? — répondit André avec amertume ; — en effet, on ne nous a pas chassés encore ; mais quelle marque personnelle de bienveillance les maîtres de cette maison nous ont-ils donnée ?

— Tu oublies, mon garçon, cette dame dont la voix est si rude, mais qui a si bon cœur ; ne vient-elle pas chaque jour nous dire quelques paroles amicales, s'assurer par elle-même si rien ne nous manque ?

— Ah ! la tante Paula ? C'est vrai. Mais il n'est pas la maîtresse du château, et monsieur Savinien, qui rend si souvent visite à ce riche jeune homme, dans la chambre voisine de la mienne, n'a jamais songé à entrer dans celle-ci.

— Que veux-tu ? nous devons être si peu de chose à ses yeux ! Mais c'est là de ta part une exigence déraisonnable... Que t'importent les visites d'une personne que tu ne connais pas, que tu as à peine entrevue ?

— Eh bien ! soit, ma mère, — balbutia le malade d'une voix sombre, — mais *elle* que je venais chercher ici, *elle* que je vénérais comme une sainte, *elle* pour qui je souffre, ne pouvait-elle me donner un signe de souvenir depuis que j'habite sous le même toit ?

Il se cacha le visage dans les mains et fondit en larmes.

— De qui parles-tu, mon enfant ? — demanda madame Gambier avec étonnement ; — serait-ce de mademoiselle Odilia, celle que nous appelons la *bonne demoiselle ?* — André fit un signe affirmatif. — Allons, tu oublies que mademoiselle Odilia est malade depuis notre arrivée ici.

— Malade ! — répondit André avec ironie ; — chaque jour je l'entends chanter là-bas dans l'autre corps de logis, je la vois se promener avec sa tante dans le jardin.

— Eh bien ! quand cela serait, mon André, une demoiselle du beau monde peut-elle venir dans la chambre d'un jeune homme alité ! Songe donc aux convenances, à l'étiquette ! Tu ne sais pas combien ces grandes gens sont esclaves des usages et du cérémonial ?

André s'agita fiévreusement sur son lit.

— Mère, mère, — reprit-il avec une sorte d'égarement, — je vous dis que si nous n'étions pas pour elle comme les derniers mendians, elle eût pu, d'une manière ou d'une autre, nous donner une preuve d'intérêt. Un mot, un signe aurait suffi... Oh ! comme elle m'a trompé ! — ajouta-t-il en se remettant à sangloter. — Elle était si simple, si affectueuse pour moi ! Elle venait s'asseoir à mon côté dans ma hutte de feuillage ; nous riions, nous babillions ensemble en allant faire la provende dans la forêt, et je m'imaginais que cette douce intimité durerait toujours.

L'aveugle fixait ses yeux sur lui, comme si elle eût pu le voir ; elle sentait trembler la main brûlante d'André, et elle entendait la respiration haletante de son fils pendant qu'il parlait d'Odilia.

— Mais, malheureux enfant, tu l'aimes ?... — dit-elle d'une voix étouffée.

— Je... je ne sais pas, — répondit André avec confusion. Mais il ajouta bientôt d'un ton résolu : — Eh bien ! mère, quand cela serait ?

La bonne femme éleva ses bras au-dessus de sa tête d'un air d'angoisse.

— Mon Dieu ! il devient fou !... — s'écria-t-elle. — Mon André, mon enfant chéri, réfléchis donc : peux-tu oublier l'immense distance qui te sépare de mademoiselle Savinien? Cette demoiselle est fille unique, riche à millions, et...

— Mon père et vous ne m'avez-vous pas dit bien des fois que ce n'était pas la richesse qui faisait la différence des rangs, mais l'éducation et la noblesse des sentiments? Or, si je n'ai pas appris beaucoup, je n'ai du moins jamais commis une action déshonorante, éprouvé un sentiment honteux. D'ailleurs, vous avez pu entendre plus d'une fois mademoiselle Paula répéter à sa nièce combien leur origine était humble et obscure. Eh! pourquoi le fils d'un brave soldat ne pourrait-il aspirer à la main de la fille d'une bohémienne?

Madame Gambier sentait que la distance était immense et réelle; mais comment faire comprendre à ce jeune enthousiaste, ignorant du monde, l'obstacle insurmontable que la prodigieuse inégalité des fortunes élevait entre lui et Odilia Savinien? Elle n'essaya pas de discuter, et se contenta de répéter:

— Mon Dieu! mon Dieu! tu es un insensé!... Qu'espères-tu d'une pareille fantaisie?

— Je n'en sais rien; mais ce que vous appelez une *fantaisie* durera autant que moi. Comment cela est venu, je l'ignore; comment cela finira, je l'ignore encore, et je n'y ai jamais pensé. Cependant, quand *elle* se montrait envers moi si confiante et si affectueuse, j'ai rêvé quelque chose... Je me suis dit que si un jour j'apparaissais devant elle en uniforme d'officier, avec la croix de mon père sur la poitrine, *elle* ne me repousserait pas peut-être, et que monsieur de Savinien lui-même, si orgueilleux de sa fortune...

Une nouvelle quinte de toux interrompit le malade, et, comme la première fois, le sang brilla en perles rouges sur ses lèvres décolorées.

— Encore! dit l'aveugle avec douleur. — Par pitié! mon enfant, calme-toi et ne parle plus... Le médecin t'a défendu de parler autrement que dans une absolue nécessité. Laisse-là tes rêves, tes projets ambitieux, et ne songe qu'à te guérir; ton mal est bien assez redoutable!

Elle alla prendre sur un meuble une tasse de porcelaine, et fit avaler au jeune homme quelques gorgées du contenu. André la remercia d'un mot, et retomba sur son oreiller d'un air accablé.

Après un assez long temps, il reprit avec naïveté:

— Mère, je voudrais que mon père fût encore vivant; je voudrais que vous eussiez autour de vous d'autres enfans pour vous aimer et pour vous protéger.

— Pourquoi cela, mon André?

— Parce qu'alors je pourrais souhaiter de mourir. — La malheureuse femme éclata en sanglots, et de grosses larmes s'échappèrent de ses yeux privés de lumière. Se penchant de nouveau vers son fils, elle lui prodigua les consolations et les caresses; elle le supplia de revenir à des sentimens plus raisonnables. Cette touchante adjuration produisit enfin quelque impression sur André. — Pardonnez, chère mère, — reprit-il, — j'essayerai d'arracher de mon esprit ces funestes idées qui vous affligent; mais je ne saurais y réussir tant que je serai dans cette maison où tout m'irrite et me blesse... Consentez donc à la quitter avec moi, et je ne vous donnerai plus aucun motif d'affliction.

Madame Gambier lui promit à son tour, s'il se trouvait mieux pendant cette journée, que le retournerait le soir à la petite maison du bourg. A vrai dire, elle ne comptait guère qu'une journée de plus pût produire un changement favorable dans l'état de son fils; elle désirait seulement apaiser le malade par d'apparentes concessions, et elle y réussit en partie. André se tut et demeura longtemps immobile, les yeux fermés, comme s'il eût dormi; mais par intervalles un faible soupir témoignait que les souffrances physiques et morales ne subsistaient pas moins sous ce calme apparent.

Une heure s'était écoulée ainsi, quand on frappa quelques coups légers à la porte de la chambre.

L'aveugle, qui attendait la visite du médecin ou de la tante Paula, s'empressa d'aller ouvrir; mais, au lieu d'entrer, le visiteur s'arrêta sur le seuil de la porte.

— Qui est là? — demanda madame Gambier étonnée.

— Un ami, madame, — répondit-on; — un pauvre blessé qui profite de sa convalescence pour venir voir son compagnon d'infortune. — En même temps, Georges Vernon, enveloppé d'une robe de chambre en cachemire, un bonnet de velours soutaché d'or sur la tête, et le bras gauche en écharpe, entra négligemment. Madame Gambier lui offrit un siége et s'informa avec politesse de ses nouvelles. Quant à André, en entendant une voix inconnue, il avait ouvert les yeux et regardé fixement Georges; mais, après avoir balbutié quelques mots inintelligibles en guise de salut, il avait détourné la tête et paraissait être retombé dans son morne abattement. Le conseiller de préfecture ne fut nullement déconcerté par la froideur de cet accueil. Il s'assit en face du lit, et croisant ses jambes l'une sur l'autre, il dit avec aisance: — Ah çà! mon brave garçon, vous avez été, dit-on, encore plus maltraité que moi. Ce n'est pas la faute de mon scélérat de cheval, allez!... il a fait tout son possible pour me casser les reins, et, après nous avoir si bien accommodés l'un et l'autre, il est parti au grand galop pour la *Tourne-Bride*, où un garçon d'écurie est parvenu à l'arrêter... Que l'enfer confonde le maudit animal! Je ne regrette pas moins, mon petit ami, d'être la cause de votre malheur, et je voudrais trouver un moyen de réparer mon tort involontaire. — Puis il s'enquit avec bienveillance des souffrances du jeune malade, des remèdes employés pour le soulager, de l'effet qu'ils avaient produit. La bonne mère ravie de l'intérêt qu'un personnage de l'importance de Georges paraissait prendre à son fils, et bientôt la conversation s'établit sur le pied de l'intimité. C'était là que Vernon voulait en venir. Vernon, en effet, pendant les trois ou quatre jours de repos forcé qu'il venait de passer dans sa chambre, avait longuement médité sur la scène du vestibule. A force d'y réfléchir et de rapprocher des circonstances indifférentes en apparence, il avait fini par soupçonner que ce petit campagnard, si pauvre et si dédaigné, pouvait bien n'être pas étranger à l'émotion qui avait déterminé la dernière crise d'Odilia, et il profitait de l'occasion favorable pour venir s'assurer jusqu'à quel point ses soupçons étaient fondés. Quand il crut avoir favorablement disposé ses auditeurs, Georges demanda d'un air nonchalant: — Je pense, mes braves gens, que vous n'avez manqué de rien ici, et qu'on vous a entouré de tous les égards désirables? Madame Gambier répondit humblement qu'elle et son fils n'avaient qu'à se louer de l'hospitalité de monsieur Savinien, et que mademoiselle Paula était venue lui rendre visite tous les jours. — Ah! mademoiselle Paula est de vos amies, à ce qu'il paraît; mais sans doute aussi vous avez reçu la visite des autres maîtres du logis?

— Personne n'est venu, — répondit l'aveugle.

— Personne! — répéta André d'une voix sourde. — Qui daignerait s'inquiéter de nous?

Vernon remarqua fort bien l'aigreur qui perçait dans les paroles d'André.

— Au fait, il n'y a rien là d'extraordinaire, — reprit-il, — mademoiselle Odilia est malade... comme vous le savez sans doute...

— Tout le monde l'assure, — répliqua André avec impatience, — et pourtant hier soir je l'ai vue de mon lit traverser le jardin pour aller à la promenade avec sa tante.

— Vous avez l'œil perçant et l'esprit observateur, mon garçon. N'avez-vous donc rien entendu dire de la maladie de mademoiselle Odilia?

— Rien. Mais parlez-moi avec franchise, monsieur, est-elle vraiment malade?

— Il faut bien le croire. Quant à monsieur Savinien, il a maintenant chez lui des personnages de haute distinction dont il s'occupe exclusivement. Vous avez dû rencontrer déjà le comte de Lichtenwald? — André secoua la tête. — Il se trouvait pourtant dans le vestibule le jour où l'on nous transporta blessés tous les deux... C'est un grand jeune homme blond, aux manières nobles. Depuis qu'il est ici, tout le monde est à ses pieds, et monsieur Savinien ne songe qu'à lui. Cela n'a rien d'étonnant, du reste, car le comte de Lichtenwald est fils unique d'un prince souverain, et doit un jour succéder à son père.

— Comment! — demanda vivement André, — il sera roi?

— Roitelet conviendrait mieux, car la principauté n'est pas grande.

Un sourire méprisant effleura les lèvres du malade.

— Bon! — dit-il, — c'est sans doute un de ces petits princes auxquels mon père a donné tant de frottées dans ses campagnes en Allemagne... Mais, — ajouta-t-il d'un ton plus sérieux, — que vient faire celui-ci au Prieuré de Clairefont?

— Monsieur de Lichtenwald et monsieur Savinien pourraient seuls peut-être répondre à une telle question, — répliqua le conseiller de préfecture d'un air pincé, — on dit beaucoup de choses, mais comme le comte Max n'est pas pour le moment de mes amis, j'aime mieux m'abstenir de suppositions... Ah çà! mon garçon, vous me paraissez honnête et plein d'intelligence; quand vous serez guéri vous viendrez me trouver, et je tâcherai de vous procurer un poste avantageux. J'ai quelque crédit, et j'en userai volontiers en votre faveur, ne l'oubliez pas.

Il se leva et voulut se retirer.

André eût dû le remercier pour ses offres de services; mais il ne parut pas y songer, et ce fut madame Gambier qui répondit au nom de son fils. Elle remercia Vernon en termes fort convenables de sa bonne volonté, et l'assura qu'elle ne manquerait pas d'y recourir au besoin.

Pendant qu'elle parlait, André était en proie à une agitation extraordinaire. Ses yeux brillaient, sa respiration devenait oppressée et sifflante. Tout à coup il demanda d'une voix ferme :

— Monsieur, un mot, de grâce!... Croyez-vous que ce comte, ce prince, soit venu au Prieuré pour épouser Odilia?

Le naïf enfant n'y mettait pas plus de mystère que cela. Vernon partit d'un éclat de rire.

— Voilà ce que j'appelle aller droit au but, — répliqua-t-il. — Ma foi! mon garçon, je répondrai avec la même candeur que je n'en sais rien.

— Oh! vous devez savoir... on a dû vous dire...

— Rien, je vous le répète. Quant à moi, je verrais bien des obstacles à un pareil mariage; mais l'intérêt d'une part, l'orgueil de l'autre, sont capables d'opérer des miracles. Enfin cela ne nous regarde pas, et nous ne pourrions, sans manquer à nos hôtes, traiter ici un semblable sujet. Au revoir, madame Gambier; et vous, mon garçon, que Dieu vous accorde un prompt rétablissement.—Il sortit le sourire sur les lèvres. Mais à peine eut-il refermé la porte, que ce sourire disparut et que ses sourcils se froncèrent.— Qui se serait attendu à cela? — murmura-t-il. — Tandis que je comptais sur les anciens services de mon père, sur les souvenirs d'enfance, sur ma longue et constante affection; tandis que le comte était ses armoiries, son grand nom, son titre éclatant, ce petit paysan, cet enfant grossier est parvenu peut-être... C'est à en perdre la raison!

Et il se hâta de rentrer dans sa chambre pour réfléchir à ce nouvel incident.

De son côté André, en se trouvant seul avec l'aveugle, avait rejeté ses couvertures et sauté en bas de son lit avec impétuosité :

— Mère, mère, — s'écria-t-il, — donnez-moi mes habits bien vite. Nous ne pouvons rester ici une minute de plus. Je sais maintenant pourquoi on nous néglige ainsi. Que faisons-nous au milieu de ces riches et de ces grands seigneurs? Vous l'avez entendu : Odilia va épouser un prince; qu'avons-nous besoin maintenant de sa pitié, de ses aumônes? Oh! quand serai-je hors de cette maison maudite?

Il s'était emparé de ses pauvres vêtements et s'en couvrait avec précipitation, sans s'inquiéter de la toux qui déchirait sa poitrine. Vainement sa mère le suppliait de se calmer.

— André, mon enfant, réfléchis donc, il n'y a rien de prêt chez nous; attends du moins jusqu'à ce soir. Tu es en ce moment trop agité, trop fatigué pour...

— Non, non, je suis bien, très bien... mère; si nous restons ici une minute de plus, la douleur et la colère finiront par m'étouffer.

— Du moins laisse-moi le temps de prévenir mademoiselle Paula; nous ne pouvons nous enfuir ainsi comme des malfaiteurs.

— Et qui s'apercevra de notre absence? qui s'inquiétera de nous? De quel droit resterions-nous chez eux quand je suis guéri? Allons, mère, me voici prêt.

Il s'était vêtu à la hâte et avait jeté sur sa tête son chapeau de paille. Ses joues rouges, ses yeux enflammés contrastaient avec sa maigreur et sa faiblesse évidente. Madame Gambier, n'osant résister à une volonté si énergiquement exprimée, alla chercher dans un coin le mantelet dont elle se couvrait d'ordinaire pour sortir, mais, tout en achevant ces préparatifs, elle disait avec désespoir :

— André, ce que nous faisons est mal; je ne veux pas te contrarier, mais ce n'est pas ainsi que nous aurions dû quitter le château. D'ailleurs tu n'es pas aussi bien que tu l'assures; tu es tout tremblant...

— C'est l'effet de l'impatience.

Il prit le bras de l'aveugle et voulut l'entraîner vers la porte; mais la tête lui tournait, ses jambes s'embarrassaient l'une dans l'autre; il chancelait comme un homme ivre.

— Restons, au nom de Dieu! — reprit madame Gambier épouvantée. — Tu le vois bien, tu n'auras jamais la force de marcher jusqu'au village. André, André, — ajouta-t-elle plus bas en joignant les mains, — je te demande un jour encore, rien qu'un jour, au nom de cette Odilia que tu aimes tant!

— Odilia, — répéta le jeune homme, comme si ce nom eût éveillé en lui d'atroces souffrances, — ne me parlez plus d'elle. Je la hais maintenant. Elle est fière, elle est princesse, elle me méprise... Je ne veux plus la voir; ou plutôt je voudrais le lui dire en face, Oh! si je pouvais mourir!

Et, suffoqué par la violence de ses émotions, il tomba à la renverse. La tante Paula, qui accourait en ce moment, le trouva complètement évanoui dans les bras de sa mère éperdue.

V

LE BARON SCHWARTZ.

Pendant que la scène précédente se passait dans la chambre d'André, une scène toute différente avait lieu dans l'appartement de Max de Lichtenwald. Cet appartement, plus riche de la maison, était remarquable par la somptuosité des meubles, par la profusion des dorures; et ceux qui l'habitaient, quelle que fût l'élégance de leur mise, avaient toujours l'air de faire tache au milieu de ce luxe de mauvais goût.

Nous assistons au petit lever de Max de Lichtenwald. Le comte, en pantoufles et en robe de chambre, étendu dans un grand fauteuil de velours à crépines d'or, fumait nonchalamment un cigare. En face de lui était assis sur un siège plus bas et dans une attitude respectueuse le secrétaire de son père, le baron Schwartz, arrivé la veille au Prieuré.

Grand, mince, l'air à la fois grave et rusé, le factotum de la principauté de Lichtenwald répondait exactement à l'idée que l'on se fait d'un diplomate allemand. Quoiqu'il eût quarante ans à peine, son front était déjà chauve, ses cheveux grisonnaient. Sa figure, longue et jaune, manquait un peu d'expression ; mais son œil bleu-clair avait une pénétration qui semblait aller jusqu'à l'âme de ses auditeurs.

On sait déjà que le baron Schwartz était un de ces bons Allemands qui, dans leurs théories philosophiques, vont jusqu'aux dernières limites de l'audace. Toutefois, il ne faut pas croire qu'il eût ce ton sec, ces manières agressives des opinions extrêmes.

Loin de là, il paraissait souple, insinuant, presque timide, et, dans la pratique de la vie, il se montrait courtisan achevé, soumis jusqu'à la puérilité aux règles de l'étiquette et du décorum. Ainsi, par exemple, il ne parlait au comte qu'avec la plus scrupuleuse déférence.

Malgré l'heure matinale de cette entrevue, il s'était mis en costume de cérémonie pour paraître devant le fils de son souverain : habit et pantalon noirs, cravate blanche, et il portait tous ses ordres suspendus à une brochette d'or. Ces formes aristocratiques s'alliaient fort bien, dans les idées du baron, avec ses opinions égalitaires, et quiconque lui eût exprimé un doute à cet égard se fût attiré d'interminables explications dont nous ferons grâce au lecteur.

Du reste, Max de Lichtenwald, en ce moment, était réellement plus embarrassé que lui.

La veille, il n'avait pu qu'échanger quelques paroles avec le confident de son père, et il ignorait encore la cause de l'arrivée subite du baron. Aussi son attitude nonchalante cachait-elle une vive inquiétude, et attendait-il avec une anxiété secrète certaines questions inévitables.

On causait en allemand, et, après avoir donné des nouvelles du prince, exposé toutes les affaires survenues dans la principauté depuis le départ de Max, Schwartz poursuivit de son ton froid et sentencieux :

— Monsieur le comte sait sans doute que les trois millions de l'emprunt sont arrivés ces jours derniers à la résidence, en traites sur nos meilleurs banquiers. La conclusion de cette affaire a causé une grande joie à Son Altesse, son honoré père.

— Ah ! monsieur Savinien m'a tenu parole. Je ne lui avais pas caché combien la nécessité était pressante, et je le remercierai d'avoir mené si rondement les choses.

— J'ai déjà pris la liberté de lui dire quelques mots à ce sujet, — répliqua Schwartz ; — véritablement ces fonds sont venus fort à propos, car je ne savais plus comment faire face aux dépenses les plus urgentes. Son Altesse a déjà mis de nombreux ouvriers dans nos monumens publics ; vous savez comme il aime à bâtir, à remuer les terrains.

— C'était là depuis longtemps une fantaisie bien malheureuse pour mon excellent père, car il n'avait pas souvent l'occasion de s'y livrer... Ah çà ! mon cher baron, — poursuivit Max en riant, — j'espère bien que, dans cette restauration générale, on n'oubliera pas de restaurer les livrées de nos valets de ville ? Les pauvres diables sont si affreusement déguenillés qu'on les prendrait plutôt pour des mendians que pour des fonctionnaires publics.

Un sourire de condescendance passa sur le visage austère de Schwartz.

— Monsieur le comte, — dit-il avec réserve, — est la seule personne de la principauté qui puisse se permettre de plaisanter en pareille matière. Notre pénurie tient à des causes diverses. Je l'ai dit bien souvent à Son Altesse : il s'est produit depuis un demi-siècle de grands changemens dans la constitution des peuples, et il importe aux gouvernans d'en tenir compte. Ce n'est plus seulement par la force des armes que les Etats se soutiennent, mais par celle des idées. Donnez une part de solidarité dans l'administration à tous les citoyens, et le pays prospérera. Autrefois, avant les perturbations sociales qui ont changé la carte politique de l'Europe, le droit du souverain...

— Bon Dieu ! Schwartz, — dit Max qui voyait avec inquiétude l'homme d'Etat se lancer à pleines voiles sur le *mare magnum* des théories politiques, — vous m'aviez bien souvent exposé vos idées gouvernementales ; est-ce donc pour m'en apporter une exposition nouvelle que vous avez si brusquement quitté le Lichtenwald ?

— Je prie monsieur le comte de m'excuser, — répliqua le baron un peu piqué ; — j'avais cru qu'il lui importait de connaître les principes en vertu desquels on administre aujourd'hui ses Etats héréditaires... Je voulais seulement en venir à ceci, — ajouta-t-il d'un ton moins guindé, — que, plus ces trois millions sont nécessaires à notre trésor, plus il surgira d'embarras pour le Lichtenwald quand le moment viendra de les rembourser avec les intérêts.

— Eh quoi ! baron, — s'écria Max, qui tressaillit et se redressa tout à coup ; — ces trois millions ne devaient-ils pas faire partie de la dot ?... Mon père renonce-t-il au projet de mariage qui vous tenait tant à cœur à l'un et à l'autre ?

Et son œil ardent cherchait la réponse sur le visage de Schwartz ; Schwartz demeura impénétrable.

— C'est à vous de nous le dire, monsieur le comte, — répliqua-t-il en s'inclinant cérémonieusement, — si ce mariage est encore possible. En quittant la résidence, vous aviez promis de vous prononcer immédiatement sur cette grave affaire ; or, comme depuis votre arrivée ici vous n'avez pas écrit à Son Altesse, on a pu supposer qu'un obstacle inattendu, une répugnance dont vous n'aviez pas à rendre compte...

— N'est-ce que cela ? — demanda Max qui revenait d'une transe mortelle ; — vous avez singulièrement interprété mon silence, mon cher baron. Quoi ! je suis ici depuis quatre ou cinq jours à peine, et vous vous étonnez que je n'aie pas encore manifesté ma volonté ?

— Je peux au moins supposer qu'il existe de l'hésitation de votre côté. Voyons, monsieur le comte, parlez avec franchise : mademoiselle Savinien n'a-t-elle pas autant de grâce et de beauté que je vous l'avais annoncé ?

— Cent fois davantage, baron ; et elle est bonne autant que belle.

— Cependant vous ne l'aimez pas ?

— Je l'adore, au contraire, et il me semble que je n'ai jamais aimé qu'elle.

— Alors c'est elle qui...

— Eh bien ! vous vous trompez encore, baron ; j'ai des raisons de penser que je ne lui suis pas indifférent, et, s'il faut l'avouer, nous sommes fiancés l'un à l'autre.

— Fiancés ! serait-il possible ? — demanda Schwartz, qui à son tour ne put cacher une vive surprise ; — mais si les choses en sont à ce point, comment n'avez-vous pas encore fait part de ces événemens à Son Altesse ?

— Une indisposition de mademoiselle Savinien est l'unique cause de ce retard.

— Est-ce donc, — reprit Schwartz avec intention, — que cette indisposition pourrait encore changer vos projets ?

Max commençait à craindre que l'envoyé de son père ne fût instruit de la vérité, et cette crainte lui ôta tout son sang-froid.

— Je... je n'en sais rien, — balbutia-t-il ; — vous avez d'étranges idées, monsieur.

Le baron le regarda pendant quelques secondes sans rien dire. Enfin il laissa tomber une à une les paroles suivantes :

— Monsieur le comte, je ne vous cacherai pas plus longtemps le motif de ces questions. Son Altesse a reçu des rapports tels, que, s'ils se trouvaient vrais, vous devriez renoncer au mariage projeté, malgré les avantages qu'il présente.

Max se leva d'un bond et jeta son cigare par la fenêtre.

— Qu'est-ce à dire, monsieur ? — s'écria-t-il ; — me croyez-vous disposé à sacrifier tous mes sentimens, toutes mes volontés aux caprices de votre politique ?

— Ce n'est pas moi qui commande, monsieur le comte ;

je me contente d'exécuter les ordres de votre honoré père, et, s'il vous en faut la preuve, la voici.

Il tira de son portefeuille un papier qu'il remit tout ouvert à Max. Ce papier contenait ces mots, tracés de la main du prince :

« Je donne mission au baron Schwartz de rompre ou de » maintenir le mariage projeté, selon qu'il avisera, dès » qu'il aura pris des informations suffisantes ; et j'ordonne » à mon bien-aimé fils de lui obéir comme à moi-même » dans toute cette affaire. »

Le comte examina longuement cet écrit, comme s'il eût voulu peser chaque expression. D'abord il fut atterré ; mais bientôt il remarqua la forme dubitative dans laquelle cet ordre était conçu, et il ne perdit pas l'espoir de l'éluder.

— Votre plein pouvoir est en règle, monsieur, — dit-il en remettant le papier au baron, — et il paraît que maintenant vous gouvernez la famille de votre souverain comme vous gouvernez la principauté. Cependant pourriez-vous me nommer l'auteur de ce rapport qui a si singulièrement changé les idées de mon père depuis mon départ de la résidence ?

— J'ignore son nom, monsieur le comte ; à Son Altesse seule appartient de répondre à cette question.

Schwartz, en effet, n'eût pas osé convenir que l'auteur du rapport était tout bonnement le valet de chambre de Max. En laissant le comte partir seul pour le château de Clairefont, on lui avait donné un surveillant occulte chargé de rendre compte des événemens que Max aurait pu omettre ou présenter sous un faux jour.

— Fort bien, monsieur, — reprit le comte qui se pinça les lèvres ; — en voyant l'espionnage organisé autour de moi, je serais en droit de me plaindre, mais je m'entendrai sur tout cela avec mon père en personne. Seulement, monsieur, vous voudrez bien me dire sans doute sur quoi se fonde votre nouvelle prétention de rompre un mariage dont vous avez été le plus ardent promoteur ?

— Ne me parlez pas avec ce ton de colère, monsieur le comte, — répliqua Schwartz humblement ; — si Son Altesse s'en rapporte à ma prudence dans le cas actuel, c'est qu'il connaît ma vive affection, mon entier dévouement pour votre noble famille et pour vous. J'entrevois le véritable état des choses, et je voudrais pouvoir concilier mon devoir avec vos désirs : daignez me fournir les moyens en répondant vous-même à mes questions. D'abord monsieur Savinien aurait-il négligé de vous parler de certaine... faiblesse d'esprit dont sa charmante fille serait atteinte parfois ?

— Monsieur Savinien m'a dit quelques mots à ce sujet, mais sans attacher au fait plus d'importance que je n'y en attache moi-même.

— Cependant vous avez été témoin, le lendemain même de votre arrivée ici, d'une scène pénible où cette malheureuse enfant aurait donné des preuves positives de... démence ?

— D'où diable savez-vous cela ? — s'écria Max. Mais se pourrait-il aussitôt : — Ne se pourrait-il pas qu'on vous eût trompé, baron, et que cette prétendue démence fût seulement un accès de fièvre causé par une émotion violente ?

— Dieu le veuille, monsieur le comte ; car si l'on avait dit vrai, toute union entre mademoiselle Savinien et l'héritier de Lichtenwald deviendrait par cela même impossible, et je considérerais comme un devoir sacré de m'y opposer tant qu'il me resterait un souffle de vie.

— Vous y opposer ! Ah çà ! monsieur, n'aurais-je pas aussi le droit de donner mon avis ? Comment ! on m'arrache à mes heureux loisirs de la résidence, on m'impose par raison d'Etat un mariage avec une bourgeoise, on me pousse loin de mon pays, au milieu d'une famille inconnue ; puis, quand je me sens aimer de tout mon cœur et de toutes mes forces, on prétexte d'une légère bizarrerie d'humeur, qui rend cette femme plus séduisante encore à mes yeux, pour rompre brusquement le mariage pro-

joté ? Morbleu ! il n'en sera pas ainsi ! J'aime Odilia et j'ai la certitude d'être aimé d'elle ; je ne souffrirai pas que l'on violente mes sentimens les plus chers. Baron Schwartz, n'accusez que vous si je résiste de toute mon énergie à de pareilles prétentions. N'était-ce pas à vous, qui avez eu la première idée de ce mariage, de vous assurer d'abord s'il n'existait pas des obstacles de cette nature ? Maintenant votre découverte vient trop tard.

— Je parais coupable en effet, monsieur le comte, — répliqua le baron un peu confus ; — mais comment pénétrer les secrets d'une famille ?

— Que n'employez-vous dès les premiers jours les moyens dont vous venez de faire usage ?

— Il n'était pas alors en mon pouvoir de... Ainsi donc, monsieur le comte, vous n'obéirez pas aux volontés expresses de Son Altesse, votre auguste père ?

— Mon père entendra la raison ; il y va de mon bonheur, de mon existence ; il m'aime trop pour vouloir me désespérer. D'ailleurs votre agent inconnu a exagéré l'état d'Odilia ; ce n'est pas de la folie, comme il a osé le dire, mais une monomanie douce et poétique sans gravité aucune. Ces accidens sont communs parmi les jeunes filles de complexion nerveuse, mais ils ne persistent jamais avec l'âge.

— Je voudrais vous croire, monsieur le comte ; toutefois les instructions de Son Altesse sont nettes et précises. Dans le cas prévu dont il s'agit, j'ai ordre de rompre les pourparlers avec la famille Savinien et de vous ramener à la principauté.

— Quoi donc ! monsieur Schwartz, — reprit Max avec colère, — me jetterez-vous de force dans une voiture pour me conduire où je ne voudrais pas aller ?

— A Dieu ne plaise que je songe à user de violence envers votre auguste personne ! Je me contenterais de prévenir Son Altesse de votre résistance, et en même temps j'avertirais monsieur Savinien que votre recherche n'aurait plus désormais l'approbation du prince votre père.

— Vous ne feriez pas cela, Schwartz ! De par le ciel ! si vous osiez le faire...

Le baron était très pâle, mais il demeura impassible sous le geste menaçant de l'impétueux jeune homme. Bientôt Max reprit sa place en mordillant un mouchoir qu'il tenait à la main, et il y eut un moment de pénible silence.

L'entretien ne paraissait pas près de recommencer entre Max et le baron, quand on frappa doucement à la porte. C'était Fritz, le valet de chambre du comte ; il venait annoncer le maître de la maison, qui désirait s'informer des nouvelles de ses hôtes. Schwartz avait déjà recouvré tout son sang-froid ; mais Lichtenwald, encore bouleversé de la scène précédente, eût voulu ajourner cette visite. Par malheur, Savinien était sur les talons du domestique, et, avec ce sans-gêne qui tenait à son défaut d'éducation première, il entra dans la chambre avant même d'en avoir reçu la permission.

Il était en habit de ville, et portait à sa boutonnière l'ordre du Lichtenwald. Son visage exprimait la satisfaction et la bonne humeur.

Peut-être le capitaliste avait-il seulement l'intention annoncée de faire une visite de politesse à ses hôtes ; mais peut-être aussi avait-il voulu rompre une conférence dont il redoutait le résultat. Quoi qu'il en fût, il ne parut pas remarquer la froideur qui existait entre Max et le baron. Après leur avoir serré la main, leur avoir adressé les compliments d'usage, il alla s'asseoir dans un fauteuil, et se mit à parler de la pluie, du beau temps et des autres banalités de la conversation.

Max ne prononçait que des monosyllabes, mais le baron répondait avec sa politesse méticuleuse et gourmée.

Après cet échange de lieux communs, Schwartz demanda d'un ton mielleux des nouvelles d'Odilia.

— Mademoiselle Savinien, — dit-il, — a été indisposée ces derniers temps, et je serais heureux d'apprendre son rétablissement.

En voyant le diplomate aborder ainsi la question brûlante, Max était sur les épines ; mais Savinien ne se montra nullement déconcerté.

— Oui, oui, — répliqua-t-il, — un accident qui a failli être funeste à plusieurs personnes lui avait causé une terrible secousse ; mais la voilà guérie à présent. Les douces émotions d'hier au soir, — ajouta-t-il en jetant au comte un regard oblique, — paraissent avoir produit sur elle un excellent effet, et ce matin elle est, dit-on, complétement remise.

— Je vous en félicite, monsieur, — reprit le baron ; — ainsi donc il me sera permis de présenter mes respects à mademoiselle Savinien, afin que je puisse rapporter de ses nouvelles à Son Altesse ?

— Certainement, certainement.

— C'est que, — poursuivit le baron, — mon séjour ici peut ne pas se prolonger beaucoup ; je serai peut-être obligé de partir aujourd'hui même pour la résidence. Aussi éprouvé-je une vive impatience de m'assurer par moi-même...

Sans doute Savinien soupçonna la défiance de Schwartz ; néanmoins il répondit tranquillement :

— Il est de bien bonne heure pour se présenter chez des dames : ma sœur Paula doit être encore occupée à donner les ordres dans la maison ; quant à Odilia... eh bien ! — poursuivit-il en se levant, — je vais voir si elle ne pourrait nous recevoir... Elle n'est pas *chipie*, la chère enfant !

Schwartz, peu familier avec la langue française, ne comprit pas l'expression malsonnante.

— Vous dites ? — demanda-t-il en ouvrant de grands yeux.

— Je dis qu'elle n'est pas *bégueule*, — répliqua Savinien naïvement ; — et elle ne fera pas tant de façons pour se montrer en habit du matin.

Il sortit, en annonçant qu'il serait bientôt de retour. Max profita de ce moment pour se jeter dans un cabinet de toilette voisin, où il acheva de s'habiller à tout événement. Quand il rentra dans sa chambre, il s'approcha du baron et lui dit d'une voix grave :

— Prenez garde, monsieur ! prenez bien garde !

Schwartz allait répondre, mais en ce moment le maître de la maison revint tout essoufflé.

— Veuillez me suivre, messieurs, — leur dit-il d'un ton joyeux ; — précisément j'ai trouvé Odilia qui se promenait sur la terrasse avec l'institutrice ; vous allez voir comme elle est gaie et sémillante aujourd'hui !

Et il se dirigea vers le jardin avec ses hôtes.

VI

L'INTERROGATOIRE.

La matinée était un peu brumeuse, et le soleil avait peine à percer le brouillard blanc qui couvrait la campagne. Le gazon, les plantes, le feuillage des arbres étaient couverts d'une fine poussière d'eau, et les objets les plus rapprochés avaient une forme indécise, quoique lumineuse ; mais, sous ce voile diaphane, la vie et le mouvement surabondaient ; on entendait de toutes parts les bruissemens des insectes, le ramage des oiseaux, et ces mille sons harmonieux qui marquent la joie de la nature par un beau jour.

Savinien et ses deux compagnons, en arrivant sur la terrasse, aperçurent Odilia et l'institutrice arrêtées devant le tilleul. Madame Surville tenait un livre à la main par contenance, et sa mission pour le moment semblait être de veiller sur son élève pendant l'absence de la tante Paula. Odilia, armée d'un élégant instrument de jardinage, s'amusait à biner les plantes fleuries qui croissaient au pied de son arbre natal.

Elle était vêtue d'une robe de cachemire blanc, à larges manches, serrée à la taille par un simple ruban. Sa coiffure consistait en un fichu de riche dentelle, posé en marmotte ; il formait un nœud gracieux sous son menton, et encadrait ses traits délicats comme le bandeau de certaines religieuses.

Néanmoins plusieurs boucles de sa chevelure, s'échappant de leurs liens de dentelle, rebondissaient à chaque mouvement contre ses joues, que l'exercice colorait d'un léger incarnat. Il y avait en elle, comme toujours, quelque chose de suave et pour ainsi dire d'aérien qui inspirait à la fois l'admiration, la tendresse et le respect.

Comme on passait devant le corps de logis qui dominait dans cette partie du jardin, Max, levant les yeux par hasard, aperçut Georges Vernon qui les observait de la fenêtre de sa chambre avec une ardente curiosité. Leurs regards se rencontrèrent, et Max porta la main à son chapeau. Vernon lui rendit son salut d'un air de raideur, presque de défi. Mais le comte, tout occupé d'Odilia, qu'il voyait à quelques pas de lui, ne parut pas remarquer cette contenance hostile.

On aborda mademoiselle Savinien, à qui son père présenta le baron cérémonieusement.

Elle reçut l'étranger avec cette simplicité naturelle qui suppléait à son inexpérience du monde. Appuyée sur le manche d'acajou de sa petite pelle, le visage souriant, elle écouta dans une attitude gracieuse les complimens un peu longs et un peu froids que le baron lui adressait sur sa convalescence, sur le danger de s'exposer comme elle le faisait au brouillard du matin, et sur l'impatience qu'il éprouvait depuis la veille d'être admis en sa présence. A tout cela, la jeune fille répondit avec une aisance et une convenance parfaites ; elle remercia le baron de sa bienveillance, et, comme Schwartz éprouvait certaines difficultés à causer en français, elle se mit à lui parler le plus pur allemand, ce qui parut charmer le confident du prince.

Pendant cette conversation, Max, d'abord inquiet, s'était rassuré peu à peu.

Odilia ne laissait plus rien de cet égarement, de ce désordre d'idées qu'elle avait manifestées quelques heures auparavant. Son œil était clair et doux, ses expressions étaient justes, bien choisies. Le baron Schwartz lui-même commençait à se demander s'il n'avait pas été induit en erreur, et il se promettait à part lui de faire subir un rude examen à son donneur d'avis. Savinien seul conservait encore des doutes, car cet entretien, comme nous l'avons dit, avait lieu en allemand, que le capitaliste ne comprenait pas.

Mais bientôt la conversation devint générale, la langue française reprit ses droits. Odilia continua de montrer la présence d'esprit, la grâce et la gaieté dont elle avait fait preuve dès le premier moment.

Toutefois, Max et Savinien auraient peut-être désiré ne pas prolonger l'expérience ; l'esprit faible de la jeune fille venant à se fatiguer, elle pouvait retomber tout à coup dans ses excentricités de la veille. Mais le baron de Schwartz ne se trouvait pas encore suffisamment éclairé. Comme on continuait de causer sur des sujets insignifians, il dit tout à coup, en regardant le tilleul devant lequel toute la compagnie s'était arrêtée :

— Si je ne me trompe, mademoiselle, c'est là cet arbre mystérieux dont on parle tant ? Serait-il vrai, comme on l'assure, qu'il a été planté à cette place le jour même de votre naissance ?

Cette question, dont le diplomate avait peut-être calculé la portée, était de nature à bouleverser de nouveau les pensées de la pauvre Odilia, et tous les regards se tournèrent vers elle d'un air d'anxiété. Cependant elle demeura calme, et répondit avec un sourire mélancolique :

— En votre qualité d'Allemand, monsieur le baron, vous devez aimer le merveilleux, et voici monsieur de Lichtenwald qui, je crois, a voulu déjà me questionner sur le même sujet ; mais, à mon grand regret, messieurs, je ne puis vous fournir les élémens d'une de ces jolies légendes si chères à votre pays et que j'aime tant moi-même. L'histoire de cet arbre se lie à des superstitions puériles, à des événemens, fort simples auxquels le hasard a donné une apparence surnaturelle... Par exemple, — ajouta-t-elle en baissant les yeux, — on ne m'ôtera pas de l'esprit qu'il existe entre cet arbre et moi une affinité réelle. Nous sommes frêles et délicats tous les deux; tous les deux nous souffrons d'un mal inconnu, et sans doute nous ne survivrons pas longtemps l'un à l'autre... Mais j'ai tort de vous dire cela, car ce sont peut-être des rêveries que la religion réprouve.

Ces croyances, exprimées avec tant de candeur, ne prouvaient rien encore; aussi le défiant baron ne voulut-il pas en rester là.

— Je n'aurais garde de contredire une aussi charmante personne, — reprit-il avec un accent de galanterie un peu surannée; — cependant les tilleuls peuvent, dit-on, vivre plusieurs siècles; témoin celui d'Ivory, dans le Jura, que l'on suppose avoir été planté sous les rois de la première race. Or, vous le voyez, mademoiselle, si votre croyance se trouvait vraie, vous pourriez avoir occasion de faire une longue expérience de la vie humaine. Mais soyez donc assez bonne pour me conter quelques-uns des prodiges auxquels cet arbre aurait, dit-on, donné lieu; on parle d'apparitions la nuit à la place où nous sommes, de formes mystérieuses qui s'y montrent parfois à la clarté de la lune.

La question ainsi posée donna le frisson à tous les assistans. Odilia répondit d'un ton grave.

— On ne vous a pas trompé, monsieur le baron, et si vous interrogiez notre vieux jardinier Simon, il vous affirmerait qu'une fois, la nuit, il a vu sous mon arbre une femme vêtue de blanc qui lui causa une extrême frayeur. Moi-même, je ne saurais douter de la réalité du fait, car j'ai souvent trouvé le matin les fleurs brisées et des empreintes de pas sur le gazon au pied du tilleul, quand personne encore n'avait pu pénétrer sur cette terrasse dont j'avais la clef.

Savinien crut urgent d'interrompre la conversation.

— Ma chère Odilia, — dit-il, — ces enfantillages, songes-y donc, ne valent pas la peine d'être relevés.

— Mademoiselle, — dit l'institutrice à son tour, — je vous ai suppliée bien souvent...

Mais l'impitoyable baron n'était pas encore satisfait.

— Monsieur Savinien... ma chère dame, — reprit-il, — laissez-moi achever, de grâce... Ainsi donc, mademoiselle, — poursuivit-il en s'adressant à Odilia, — cette apparition était bien décidément une fée, une sylphide, une... dryade?

Le mot était dangereux et pouvait amener une nouvelle perturbation dans cette intelligence malade.

— Je le crus comme tout le monde, — répliqua Odilia; — mais je fus bientôt détrompée, car cet être inconnu, fantastique, cette fée, cette dryade, c'était...

— Qui donc?

— C'était moi, — ajouta la jeune fille en riant aux éclats; — c'était moi qui, dans je ne sais quelle hallucination, m'étais levée la nuit pour venir me promener sous mon tilleul... Un matin, je reconnus distinctement l'empreinte de mon pied sur la terre meuble. Ma bonne tante Paula, qui ne me perd de vue ni le jour ni la nuit, me donna elle-même l'assurance que je ne me trompais pas.

Et la gentille enfant riait toujours.

Lorsqu'elle avait donné à cette petite anecdote eût été un chef-d'œuvre de ruse pour éloigner les soupçons de Schwartz, s'il n'eût eu son principe dans une adorable candeur. Toutefois, madame Surville, à qui ses instincts de femme avaient bientôt fait deviner quelle grave partie se jouait devant elle, crut prudent de ne pas laisser un pareil interrogatoire se prolonger.

— Mademoiselle, — dit-elle à demi-voix, — vous avez exprimé le désir d'aller aujourd'hui à la promenade avec mademoiselle Paula; permettez-moi de vous rappeler qu'il serait temps peut-être de vous habiller.

— C'est vrai, madame, — dit Odilia avec vivacité, en rejetant la petite pelle qu'elle tenait à la main; — mon père et ces messieurs m'excuseront, mais j'ai hâte de sortir. Voilà deux jours... trois jours... je ne sais plus combien... que je ne suis allée à la tendue aux rouges-gorges. Il doit y avoir là-bas un grand nombre de prisonniers emplumés qui attendent impatiemment leur délivrance.

Savinien et le comte échangèrent un regard de tristesse; la pauvre enfant avait tout oublié.

— Ma fille, — dit Savinien avec timidité, — tu es encore bien faible pour aller aussi loin! D'ailleurs, peut-être les gardes auront-ils dérangé ce jeune oiseleur, qui gênait la surveillance dans cette partie de la forêt.

— Que dites-vous, mon père? — demanda la jeune fille en s'animant; — des gens à vos gages auraient osé...

Le capitaliste avait reconnu certains signes alarmans, et il voyait Schwartz redevenir attentif; il se hâta d'interrompre de nouveau.

— Tu ne me comprends pas, Odilia; je n'ai certainement pas voulu dire... quoique peut-être il fût possible... Enfin, tu me ferais plaisir si pour aujourd'hui tu voulais bien diriger ta promenade d'un autre côté.

— Oh! cher père, à votre tour, ne me contrariez pas à ce sujet. Le docteur ne veut pas qu'on me contrarie. S'il faut l'avouer, j'ai un autre motif pour aller à la tendue que le désir de délivrer les prisonniers d'André : je veux vérifier par moi-même si certaines images, qui depuis peu sont toujours présentes à mes yeux et à ma pensée, proviennent d'un rêve, d'une vision, ou bien... Mais c'était un rêve... certainement c'était un rêve!

En entendant cette allusion si évidente à la scène de la soirée précédente, Max voulut parler; un serrement de main du capitaliste le détermina à garder le silence.

Cependant le baron était convaincu qu'on l'avait trompé sur l'état mental d'Odilia, ou que tout au moins on avait fort exagéré le mal.

L'épreuve lui paraissant suffisante, il se disposait à prendre congé des dames, quand l'arrivée inattendue d'un nouveau personnage sembla devoir changer la face des choses.

Georges Vernon, qui de sa fenêtre avait observé les interlocuteurs et avait peut-être deviné ce qui se passait, parut tout à coup dans le jardin et se dirigea vers la compagnie. Il était toujours en robe de chambre, son bras en écharpe ne lui permettant pas d'autres vêtemens, et il affectait la démarche langoureuse d'un convalescent.

En le voyant, Odilia courut à lui.

— Bon Dieu! monsieur Georges, — demanda-t-elle, — que vous est-il arrivé? Êtes-vous donc blessé?

Vernon, après avoir salué les assistans, répliqua en exagérant encore l'air intéressant que lui donnaient sa pâleur et sa faiblesse réelle :

— Mille remercimens, mademoiselle; mais vous ne pouvez avoir oublié le funeste accident...

— Paix! Georges, paix! je vous en supplie, — lui dit Savinien à voix basse.

— Taisez-vous, monsieur, par pitié pour elle... au nom de l'honneur! — murmura Max derrière lui.

Vernon parut ne rien comprendre à ces avertissemens, il regarda Max et Savinien avec un étonnement stupide parfaitement joué.

— Quel accident? — reprit Odilia.

— Quoi! ne vous souvenez-vous plus de ce qui est arrivé il y a trois jours?... une chute de cheval... deux blessés transportés dans le vestibule...

— Vous tairez-vous? — gronda Savinien.

— C'est une lâcheté! — murmura Lichtenwald.

Odilia passa sa blanche main sur son front, comme si elle y eût ressenti une douleur violente.

— Un accident, dans le vestibule... — répéta-t-elle — ô mon Dieu! me l'a-t-on dit?.. où l'ai-je vu?.. ou l'ai-je rêvé?... mais il me semble, en effet...

— Vous avez été indisposée vous-même depuis cet événement, ma chère Odilia,—dit Georges Vernon, — et vous avez pu l'oublier. Mais les paroles si pleines de pitié et d'affection que vous m'avez adressées alors ne sortiront jamais de ma mémoire.

— Attendez, attendez; je crois me souvenir... Mais l'autre blessé, qui est-il? où est-il?

Cette fois Savinien interposa son autorité paternelle.

— Allons! ma fille, laissons cela,—dit-il résolûment;— cet accident n'a pas eu de suites fâcheuses, et il est inutile de s'en occuper davantage... Emmenez-la, madame Surville; ma belle-sœur doit l'attendre avec impatience.

L'institutrice s'empressa de prendre le bras d'Odilia; celle-ci, dont l'esprit était évidemment bouleversé, eût voulu sans doute adresser à Georges de nouvelles questions, mais on ne lui en laissa pas le temps; madame Surville, profitant de son trouble, l'entraîna vers la maison et disparut bientôt avec elle.

Alors Savinien dit à Georges avec une colère à peine contenue :

— Je vois avec plaisir, monsieur Vernon, que vous êtes complétement remis de votre blessure. J'ai reçu hier une lettre de votre père, qui se montre très inquiet de votre accident; vous feriez bien d'aller le rassurer vous-même au plus vite. Qu'en dites-vous? Ferai-je préparer une voiture aujourd'hui... à l'instant même?

— Je comprends, monsieur, — réplique Georges en se mordant les lèvres; - soit, j'irai rassurer mon père, quand il vous plaira. Seulement, êtes-vous bien sûr qu'alors les choses marcheront mieux ici pour vous et pour vos amis?

—Vous remplirez du moins le devoir d'un bon fils, tandis que chez moi... Eh bien! la voiture sera prête dans quelques instans.

Georges salua les assistans avec une politesse étudiée et s'éloigna lentement.

— Qu'il aille au diable, l'impertinent drôle! — dit Savinien.—Si ce n'était pas le fils d'un ancien ami... Mais je vais donner des ordres afin que nous soyons délivrés au plus tôt de ses importunités.

Schwartz n'avait pris nullement en mauvaise part le trouble de mademoiselle Savinien, non plus que les ménagemens dont on avait usé envers elle; ils témoignaient seulement à ses yeux de l'excessive délicatesse nécessaire avec une jeune fille si éminemment impressionnable. Max devina cette opinion, et, comme Savinien s'éloignait un peu pour donner des instructions à un domestique relativement au départ de Georges, il dit à voix basse :

— Eh bien! baron Schwartz?

— Eh bien! monsieur le comte, je commence à croire qu'on a mal apprécié l'état d'esprit de mademoiselle Odilia; c'est vraiment une belle et séduisante personne, et je comprends toute l'affection qu'elle vous inspire.

—Ainsi donc, mon cher baron, vous ne chercherez plus à détourner mon père de nos anciens projets? Vous voyez maintenant votre erreur. Où trouverait-on autant de grâce, de douceur et d'intelligence unies à tant de beauté? Tenez, Schwartz,—ajouta Max d'un ton différent, —ne nous brouillons pas. Peut-être un jour auriez-vous à vous repentir de m'avoir fait obstacle dans une circonstance où il s'agit des plus chers intérêts de mon cœur.

Réellement le baron n'était pas fâché de trouver un prétexte pour se rapprocher de Max. Le comte de Lichtenwald était vieux et ne pouvait vivre encore longtemps; or, Schwartz comptait bien conserver auprès du fils la faveur dont il jouissait auprès du père.

Il répondit gravement:

— Si ma conscience était en jeu, monsieur le comte, aucune menace, pas même celle de votre inimitié, ne serait capable de me détourner de ma voie; toutefois, il est de mon devoir de reconnaître franchement une erreur, et je suis heureux de pouvoir agir désormais selon vos désirs. Peut-être la prudence exigerait-elle que je ne m'en tinsse pas à une seule expérience à l'égard de mademoiselle Savinien; mais comment persisterais-je dans mes défiances, quand vous, qui avez un si puissant intérêt à cette affaire, vous m'affirmez qu'elles n'ont aucun fondement. — En ce moment ils furent rejoints par Savinien. Max n'hésita plus à lui compter les scrupules du baron. Savinien joua convenablement la dignité blessée, et alla même jusqu'à proposer de rendre les paroles échangées. Ce n'était pas le compte de Max, qui se mit à protester de son amour pour Odilia et à jurer que cet amour ne finirait qu'avec sa vie. On fit part à Schwartz de l'opinion favorable du docteur sur l'état d'Odilia, et on le rassura si bien que le diplomate, malgré son expérience du monde, crut devoir effacer par tous les moyens ses précédentes hésitations. — Oublions donc, monsieur, — dit-il à Savinien, — ces fâcheux malentendus; ils n'auront d'autre résultat, si vous le voulez bien, que d'accélérer l'exécution de nos projets. Il paraît que vous n'avez encore rien dit à mademoiselle Savinien au sujet de ce mariage; ne pourriez-vous lui faire agréer le plus tôt possible la proposition de la noble famille de Lichtenwald?

— Cela ne me semble pas bien difficile, monsieur le baron,—répliqua le millionnaire, qui avait peine à dissimuler sa joie; — surtout, — ajouta-t-il en regardant Max, — après la scène d'hier au soir. Ma fille saura donc aujourd'hui même...

— Aujourd'hui? Fort bien; mais je songeais à partir ce soir, et je serais très heureux d'apporter des nouvelles décisives à Son Altesse, que j'ai laissée, je dois le dire, dans une grande perplexité.

Max lui serra vigoureusement la main pour le remercier de son zèle.

— Je puis parler à ma fille sur-le-champ, — reprit Savinien; —elle doit justement se trouver à cette heure dans sa chambre avec ma belle-sœur, et je vais profiter de l'occasion pour leur apprendre, à l'une et à l'autre, ce qu'il faut qu'elles sachent. Je ne prévois aucune difficulté sérieuse; cependant...

— Quoi donc, monsieur Savinien? — demanda Max effrayé de cette réticence. — Craignez-vous que mademoiselle Odilia...

— Oh! ce n'est pas elle qui m'inquiète, mais plutôt cette maudite Paula, qui a une tête de fer... N'importe! — ajouta-t-il avec résolution,—nous finirons par l'amadouer, et après tout je suis le maître. Au revoir donc, messieurs, nous nous retrouverons au déjeuner.

Il salua de la main et gagna le perron du corps de logis habité par sa fille. Le comte et le baron continuèrent leur promenade, n'ayant aucun doute sur le succès de la démarche de Savinien.

Pendant que ceci se passait dans le jardin, Georges Vernon, retiré dans sa chambre, était attentif aux moindres bruits du dehors, et disait en souriant :

— Je n'ai plus que peu d'instans à rester ici, et pourtant il serait plaisant qu'avant mon départ j'assistasse à la défaite des victorieux et à la confusion des superbes! Qui sait! la mine est chargée de poudre, et la moindre étincelle peut en déterminer l'explosion. Jusqu'à la dernière minute, je ne désespérerai pas de voir changer la face des choses.

VII

LA TANTE PAULA.

Savinien, en quittant Max et le baron, avait eu d'abord la pensée de se rendre directement chez sa fille, où il ne pouvait manquer de rencontrer Paula ; mais chemin faisant il changea d'avis. Plus il songeait au caractère entier de sa belle-sœur, plus il redoutait une sérieuse opposition de ce côté. Aussi il crut nécessaire de s'entendre d'abord avec Paula, dont il connaissait l'influence toute puissante sur sa fille. Au lieu donc de se rendre à l'appartement d'Odilia, il rentra dans son cabinet et envoya un domestique prévenir la bohémienne qu'il désirait lui parler sur-le-champ.

Paula, on s'en souvient, était arrivée dans la chambre d'André au moment où le malheureux jeune homme, ayant trop préjugé de ses forces et voulu quitter précipitamment le château, était tombé sans connaissance sur le seuil de la porte. Elle avait aidé madame Gambier à relever le malade, à le remettre au lit, puis elle avait voulu savoir le motif de cette brusque retraite. André, quoique revenu à lui-même, était hors d'état de donner des explications. L'aveugle, ne se souciant pas d'avouer toute la vérité, se contenta d'alléguer pour excuse la fierté ordinaire des pauvres gens, la crainte d'abuser, de devenir importuns.

Paula ne fit que rire de ces scrupules; elle rassura la mère et le fils, et, après leur avoir fait donner parole qu'ils ne renouvelleraient pas cette tentative insensée, elle s'était retirée en promettant de revenir bientôt.

Dans l'appartement qu'elle occupait en commun avec Odilia, elle avait trouvé sa nièce en train de s'habiller pour sortir. Odilia, encore émue de la scène du jardin, l'avait accablée de questions sur les événemens accomplis depuis quelques jours, et comme les réponses n'étaient pas complètement satisfaisantes, elle avait témoigné un désir plus vif d'aller sur-le-champ à la tendue d'André. La pauvre tante ne savait plus comment la retenir, quand on était venu la chercher de la part de Savinien.

Elle entra donc tout inquiète et effarée dans ce cabinet somptueux que le lecteur connaît déjà.

— Qu'y a-t-il, mon frère, et que me voulez-vous ? — demanda-t-elle avec sa brusquerie ordinaire. — Les soucis ne me manquent pas en ce moment. Tout à l'heure, jeune homme, le fils de l'aveugle, voulait, cédant à je ne sais quels scrupules, quitter votre maison, bien qu'il fût plus malade que jamais, et j'ai eu beaucoup de peine à le retenir.

— Il faut le laisser aller. Que diable! nous avons à nous occuper d'autre chose que de ces bagatelles.

— Vous en agissez bien lestement avec les pauvres gens, Savinien, et vous oubliez toujours... Mais peut-être l'affaire est-elle plus sérieuse que vous ne pensez. Odilia insiste pour aller à la tendue dans la forêt; que lui dire pour la détourner de cette fantaisie?... Elle sort à peine d'une crise, et la découverte de la vérité pourrait en déterminer une nouvelle.

— Allons donc! c'est de la folie... Ma fille attacher tant d'importance à un pareil enfantillage! Tenez, asseyez-vous, ma sœur, et causons raison; j'ai des événemens importans à vous apprendre.

Et il désignait un siége en face de lui.

— Mon Dieu! Savinien, ne pouvez-vous remettre vos confidences à un autre moment? Odilia m'attend, et vous savez combien elle est impatiente!

— C'est d'elle, de son bonheur qu'il va être question entre nous, ma chère Paula; et, pour cette fois, elle pourra bien attendre un peu... asseyez-vous, je vous en prie.

Paula obéit d'un air maussade.

— Alors dites vite, — répliqua-t-elle.

Mais Savinien ne voulait pas risquer sans préparation l'aveu qu'il avait à faire. Maintenant qu'il se trouvait en face de sa rude et volontaire belle-sœur, mille difficultés, qui lui avaient paru jusque-là facilement surmontables, prenaient à ses yeux des proportions énormes.

Néanmoins, après une courte pause, il poursuivit en affectant un ton joyeux et dégagé:

— Tout va bien, sœur Paula; la fortune nous comble de faveurs. Je savais bien qu'en amassant de grandes richesses je finirais par atteindre le sommet de l'échelle sociale. Je ne me suis pas trompé dans mes prévisions:

nous montons, nous montons toujours... et Dieu sait maintenant où nous nous arrêterons!

— Frère Savinien, — répondit Paula d'une voix sourde, — vos grandes richesses peuvent-elles faire que notre chère Salomée ne soit pas morte et que notre chère Odilia ne soit pas menacée de perdre entièrement la raison?

Ce rappel brutal aux misères de l'humanité arracha un soupir à Savinien ; mais le capitaliste reprit bientôt avec un peu d'impatience:

— Soyez donc raisonnable, Paula, et ne confondez pas des choses parfaitement distinctes. La richesse n'empêche pas de mourir et d'être malade, cela est sûr, mais elle a bien ses avantages, et, au temps où nous vivons, elle mène à tout. Songez par exemple à quoi je suis parvenu, moi dont vous connaissez l'origine: on m'entoure, on me respecte, on me flatte; les plus grands comme les plus petits sont à mes pieds; j'exerce autour de moi une puissance absolue... Eh bien! ce n'est rien encore, et, après avoir été comblé des dons de la fortune, je vais arriver au comble des honneurs... Que diriez-vous, ma sœur, si je changeais à l'autre ce nom modeste de Savinien contre le nom de seigneur d'Orembourg, comte de l'empire?

— Quand vous auriez ce beau titre-là, croyez-vous que votre fille et moi nous vous en aimerions davantage?

— Peut-être non; mais le monde... Voyons, Paula, — poursuivit Savinien en prenant sur son bureau l'écrin qui contenait la plaque de diamans, — ne serez-vous réellement pas contente de voir sur ma poitrine ce superbe joujou-là, qui est la plaque de commandeur de Saint-Charles?

Paula examina froidement le contenu de l'écrin.

— Vous aviez donné de bien plus beaux diamans à Salomée, — répondit-elle, — quand elle et moi nous prîmes ces pierres précieuses pour des morceaux de verre.

— Ce ne sont pas les diamans qui font le prix de ce joyau, Paula; il est le signe d'une nouvelle dignité de commandeur. On le porte avec un grand cordon jaune et noir. De hautes prérogatives sont attachées...

— Où diable êtes-vous allé chercher cela, mon frère? Avez-vous donc besoin de jouets à votre âge?

Savinien frappa du pied.

— Pour Dieu! Paula, — reprit-il aigrement, — ne renoncerez-vous jamais à ce ton et à ces manières qui ne conviennent pas à votre position actuelle? Vous êtes restée ce que vous étiez il y a vingt-cinq ans, et rien ne peut polir votre caractère sauvage... Il faut pourtant, ma sœur, — continua-t-il d'un ton plus posé, — que vous preniez votre parti de toutes ces distinctions, car vous en aurez aussi votre part.

— Moi! — s'écria la bohémienne en ouvrant de grands yeux.

— Vous-même, ma bonne Paula; il est question, en effet, de vous nommer chanoinesse dans un chapitre d'Allemagne, ce qui vous donnera le titre de comtesse et le droit de porter sur l'épaule gauche une croix d'or attachée à un large ruban bleu...

— Je n'en veux pas. Mes épaules sont trop sèches et trop noires pour que j'appelle l'attention sur elles. Laissez la croix d'or, et le ruban bleu et le canonicat, à qui les voudra, mon frère; pour moi, je jure bien...

— Alors, Paula, vous ne pourrez accompagner Odilia dans le monde où elle est appelée à vivre désormais.

Paula se redressa vivement, et ses yeux brillèrent d'un feu extraordinaire.

— Odilia! — répéta-t-elle; — que dites-vous d'Odilia? que faites-vous d'Odilia?

— Je lui assure le sort le plus magnifique, ma sœur; je serai comte de l'empire, vous serez chanoinesse, et Odilia sera princesse souveraine.

— Princesse! elle, la fille d'un ancien maçon et d'une bohémienne! Vous voulez rire, Savinien, ou vous devenez fou.

— Je ne suis pas fou; c'est vous plutôt qui, avec vos

éternelles rengaines du temps passé... Je vous ai dit qu'Odilia serait princesse souveraine, et il ne dépend plus que d'elle de le devenir.

Paula réfléchit quelques instans, comme si elle eût cherché le mot d'une énigme.

— Je parierais, — reprit-elle tout à coup, — que c'est ce jeune mirliflor de Lichtenwald et ce grand échalas arrivé d'hier au soir qui vous ont mis en tête de pareilles idées? Voilà donc pourquoi vous vous êtes occupé d'eux seuls, pourquoi vous bouleversez la maison, pourquoi vous verriez périr sans sourciller toutes les autres personnes qui vous entourent?... J'ai deviné, n'est-ce pas? Vous voulez marier Odilia à votre comte de Lichtenwald?

— Et quand cela serait, ma sœur? Odilia ne pourrait jamais trouver un plus beau parti.

— Quoi! donner votre fille au petit-fils de cet orgueilleux seigneur qui a fait fouetter sa grand'mère! — repartit Paula impétueusement; — la mettre en évidence, elle, la pauvre enfant timide, dont l'existence ne tient qu'à un fil, dont la raison s'altère au moindre choc! cela ne sera pas, cela est impossible, vous dis-je... Ces Allemands vous trompent dans une intention que je ne saurais comprendre; ou, s'ils ne vous trompent pas, il faut que la détresse soit bien grande chez eux; il faut au moins que vos millions les aient bien éblouis pour les déterminer à une pareille mésalliance.

Savinien, malgré son désir de ménager sa belle-sœur, commençait à sentir la colère gronder en lui-même; son visage pléthorique devenait d'un rouge foncé.

— Paula, — s'écria-t-il, — je vous engage à ménager vos expressions...! Ce que vous appelez une mésalliance s'accomplira sûrement. S'il faut le dire, les paroles sont déjà données, les arrangemens sont pris, le consentement d'Odilia nous manque seul encore.

— Ce consentement, elle ne l'accordera pas; et moi, Savinien, je ne souffrirai jamais que vous exposiez ainsi le bonheur et l'existence de ma nièce.

— Quant à votre adhésion personnelle, ma sœur, je la regretterais vivement; mais nous en passerions, si vous vous obstiniez à la refuser.

Paula eut un mouvement de lionne irritée.

— Quoi donc! — s'écria-t-elle; — vous disposeriez d'Odilia sans mon aveu? N'ai-je pas sur elle les droits d'une mère? Ne m'a-t-elle pas été confiée par Salomée? N'ai-je pas veillé sur elle dès sa plus tendre enfance, ne la quittant ni le jour ni la nuit? Moi, c'est elle; elle, c'est moi. En vérité, je me demande si elle pourrait vivre et penser quand je ne serais plus là... Et vous prétendriez nous séparer, la marier contre mon gré? Ah! frère Savinien, je vous savais ambitieux, plein d'orgueil, mais je ne vous savais pas si méchant!

Le capitaliste paraissait en proie à de mortelles angoisses; il avait prévu, comme on le sait, la résistance de Paula, mais il ne l'eût jamais supposée si âpre et si tenace.

Il reprit, en essuyant son front baigné de sueur :

— Voyons, Paula, ne me désolez pas... j'ai la tête en feu... et pourtant je ne veux que le bien et la justice. Odilia sera heureuse avec le comte de Lichtenwald. Si vous saviez comme il l'aime!

— Il n'aime que sa fortune, vous dis-je, comme tous ceux qui courtisent ma nièce. Ne vois-je pas cela, moi? Un seul peut-être l'eût aimée réellement, n'eût-elle été que la fille d'une bohémienne vagabonde; mais celui-là, ce n'est pas parmi les riches et les nobles qu'il faut aller le chercher.

— De qui parlez-vous donc, ma sœur!

— N'importe! Seulement je ne crois pas à l'amour si subit de monsieur Lichtenwald.

— Encore une fois, pourquoi non? Eh bien! Paula, si vous ne croyez pas à l'amour du comte pour ma fille, vous croirez bien à celui de ma fille pour lui.

— Jamais!

— Elle en a fait l'aveu de la manière la plus formelle en notre présence.

— Quand donc?

— Hier au soir, dans la forêt.

— Mais alors elle n'avait pas son bon sens, et puis ce n'était pas à ce jeune homme qu'elle s'imaginait parler.

— Impossible!... Cependant il est bien vrai qu'elle n'a pas prononcé son nom une seule fois... Mais alors, Paula, qui donc aime-t-elle? De par tous les diables! elle ne s'est pas énamourée de ce petit fat de Vernon, comme il le suppose?

— Pas plus que de votre comte de Lichtenwald.

— Ainsi les paroles prononcées dans un moment d'égarement d'esprit ne s'adressaient, en définitive, à personne... Odilia rêvait tout haut; elle ne savait ce qu'elle disait, et elle acceptera le prétendant que je lui présenterai.

— Elle le refusera net, au contraire; et comme elle a, malgré sa faible santé, toute l'opiniâtreté de sa race, vous ne parviendrez pas à la fléchir.

— Morbleu! je voudrais bien voir cela!... une enfant si douce, si modeste!

— Douce et modeste, soit; mais elle est de mon sang, du sang de ce Magnus Herman qui supporta la torture pendant cinq heures plutôt que de dire un mot qu'il ne voulait pas prononcer. Vous n'obtiendrez rien d'elle, je vous en avertis.

— Si je le croyais!... Mais voyons, Paula, consentez à me venir en aide dans cette affaire. Vous avez du pouvoir sur l'esprit d'Odilia; nul mieux que vous ne sait comment s'y prendre pour la persuader; ne soyez pas l'ennemie de cette chère petite. Il ne se présentera jamais un parti aussi brillant que celui-ci. Je ne parle pas de fortune, car ma fille en aurait assez pour deux, comme on dit; mais quelle position élevée! être princesse, et princesse souveraine!

— Son sommeil en sera-t-il plus calme, son esprit plus sain et son corps plus robuste? Tenez, Savinien, puisque ma nièce est si riche, que ne la laissez-vous entièrement libre dans son choix? Dût-elle choisir un garçon pauvre et obscur du voisinage, elle aurait plus de chances de bonheur, si elle l'aimait et si elle était aimée de lui.

— Voilà de singulières idées, Paula! — reprit le capitaliste avec colère; — moi, jeter ma fille unique au premier venu? Vous rêvez, sur ma parole! et je commence à croire que j'ai eu tort de vous abandonner la direction d'Odilia. Peut-être avez-vous faussé son esprit, et, s'il faut l'avouer, le soupçon m'est venu bien des fois que ce trouble qui se manifestait par intervalles dans ses facultés était votre ouvrage.

Le visage bronzé de Paula devint sensiblement pâle et refléta une véritable épouvante.

— Le croyez-vous, mon frère? — demanda-t-elle d'une voix sourde et avec une naïveté presque enfantine; — aurais-je en effet mérité ce terrible reproche?..... Mais non, non, — ajouta-t-elle presque aussitôt avec énergie; — c'est mal à vous, Savinien, de me donner de semblables craintes, car sans moi notre chère Odilia n'existerait plus depuis longtemps!

Ces dernières paroles étaient prononcées avec une conviction si profonde, que le capitaliste n'osa pas soutenir son accusation et se tut.

Il y eut un moment de silence pénible. Les traits anguleux de la bohémienne conservaient leur sombre expression, comme si, en dépit d'elle-même, les reproches de son beau-frère eussent éveillé ses scrupules de conscience. Enfin Savinien, qui ne perdait pas de vue l'objet de cette conversation, reprit d'un ton presque suppliant :

— J'ai eu tort de vous parler ainsi, ma sœur; la colère m'a emporté. Ne sais-je pas combien vous avez été tendre et dévouée envers votre nièce? La pauvre Salomée elle-même n'eût pas fait mieux... Allons, chère Paula, aidez-moi maintenant à compléter votre ouvrage en élevant au rang suprême notre enfant. Odilia n'aime pas le comte de Lichtenwald, dites-vous? Depuis la scène d'hier au soir, je croyais le contraire; mais nous sommes sûrs du moins qu'elle n'aime pas une autre personne, et comme le comte est jeune, bien fait, plein d'esprit et de savoir, pourquoi plus tard...

— Elle n'aime pas une autre personne! — interrompit Paula; — qui vous l'a dit?

— Auriez-vous donc sujet de penser...

— Moi! non; mais comment deviner ce qui se passe dans l'imagination d'une jeune fille?

— Croyez-vous que je m'arrêterais aux folles rêveries d'une enfant? Voyons, Paula, finissons-en ; voulez-vous, oui ou non, me prêter votre appui pour déterminer ma fille à ce mariage?

Paula paraissait vivement agitée; elle reprit tout à coup d'une voix saccadée :

— Frère Savinien, je vous le répète, je n'attends rien de bon de ce projet. Tout mon sang bout quand je songe qu'Odilia pourrait entrer dans cette famille hautaine dont le chef a fait déchirer ma mère à coups de fouet... Mais ce n'est pas de mon opinion qu'il s'agit. Si Odilia consent librement à épouser ce grand seigneur, je ne m'y opposerai pas. Peut-être y consentira-t-elle, car la vanité peut lui tourner la tête. Je mets cependant une condition à mon assentiment... une seule : c'est que l'on ne me séparera pas d'Odilia, quoi qu'il arrive. Je suis brusque, ignorante, farouche, je le sais; aussi n'aurais-je pas le sot amour-propre de vouloir m'affubler d'un titre d'emprunt et me montrer publiquement à son côté; mais il lui faudra toujours bien une gouvernante, une femme de chambre, que sais-je? quelqu'un enfin qui veille sur elle avec sollicitude; cette gouvernante, ce sera moi. On cachera, s'il est nécessaire, notre lien de parenté; ma nièce me verra seulement dans l'intérieur de son appartement, le matin ou le soir... Mon Dieu! je ne suis pas fière, et pourvu que je puisse demeurer près d'elle, continuer à la servir, à l'aimer, je serai contente; mais je ne veux pas me séparer d'elle, je ne veux pas, entendez-vous?

Savinien l'avait écoutée avec ravissement.

— Vous êtes une bonne créature, Paula, — s'écria-t-il en se levant avec vivacité; — on ne songe pas à vous séparer d'Odilia, et vous occuperez près d'elle une position moins humble que celle à laquelle vous vous résignez. Je réponds du succès.

— Ne vous réjouissez pas encore, Savinien ; il peut surgir des obstacles inattendus.

— Je réponds de tout, vous dis-je; et maintenant il s'agit de nous concerter sur les moyens d'instruire ma fille...

En ce moment on entendit frapper à la porte.

— Qui diable ose nous interrompre? — dit Savinien en fronçant le sourcil.

La porte s'ouvrit, et Odilia entra précipitamment.

TROISIÈME PARTIE.

I

SCÈNE DE FAMILLE.

Mademoiselle Savinien était pâle, et quoiqu'elle fût habillée pour sortir, elle avait la tête nue.

On eût dit qu'une nouvelle importante l'avait fait accourir avant la fin de sa toilette.

— Cher père, tante Paula, — dit-elle toute haletante, — ce que l'on vient de m'annoncer est-il possible?

— Quoi donc, petite mignonne? — demanda Savinien en la prenant dans ses bras.

— Un accident... André... foulé aux pieds par un cheval...

Elle s'arrêta, les sanglots la suffoquaient.

— Morbleu! — s'écria la bohémienne furieuse, — lui a-t-on conté cette aventure, malgré ma défense? Ils veulent donc me la tuer !

On combla la jeune fille de caresses, et on s'efforça de l'apaiser. On lui donna l'assurance qu'André ne courait aucun danger, qu'il était en convalescence.

Odilia finit par se laisser persuader, et ses larmes tarirent peu à peu.

— Tante Paula, — reprit-elle, — c'est madame Surville qui m'a tout appris ; mais il ne faut pas lui en vouloir ; je l'ai tant tourmentée !... Quelques mots échappés à Georges Vernon m'avaient mise sur la voie, et j'ai voulu connaître... Vous ne la gronderez pas, vous me le promettez?

— Tu ne sais pas qui tu défends, ma pauvre Odilia, — dit Paula en lançant à son beau-frère un regard oblique ; — je ne me fâcherai pas, car aussi bien il n'était plus possible de te cacher la vérité; toutefois, quand cette femme t'approche, je préférerais voir un serpent près de toi.

Odilia fit un geste d'étonnement ; mais aussitôt, entraînée par son idée dominante, elle reprit avec agitation :

— Eh bien ! tante, nous allons rendre visite à André, n'est-ce pas ? Il est dans la chambre bleue avec sa mère, je veux le voir.

— Mon enfant, — dit Savinien, — je ne crois pas convenable...

— Quoi donc ! il souffre, il est malade, et l'on ne me permettrait pas de le voir?... Je veux y aller, tante, je le veux.

Paula ne répondait pas et semblait observer sa nièce à la dérobée avec satisfaction.

— Frère Savinien, — dit-elle à demi-voix, — avez-vous remarqué comme elle a bien subi cette épreuve? Pas de trouble dans l'esprit, pas d'évanouissement, pas de... Elle devient plus forte, son intelligence est plus ferme. Nous la sauverons, mon frère ; vous verrez, vous verrez!

Savinien n'avait pas l'air de se douter combien cette épreuve était décisive en effet.

— Paula, — reprit-il, — puisque Odilia est si bien disposée, pourquoi ne lui apprendrions-nous pas à l'instant même ce qu'il faut qu'elle sache?

— Oh! pas si vite, mon frère ; des secousses multipliées pourraient excéder ses forces.

— Elle n'a jamais été aussi bien, et d'ailleurs j'ai promis de donner une réponse ce matin.

— Soit donc, mais laissez-moi lui parler... Il faut user de ménagements extrêmes.

Pendant cet aparté, Odilia se promenait dans le cabinet de son père en répétant par intervalles, avec la persistance d'une enfant gâtée :

— Venez donc, tante Paula; n'allez-vous pas venir?

Paula, lui prenant la main, la fit asseoir et lui dit avec douceur :

— Nous ayons le temps, chère petite ; j'ai quitté la chambre bleue tout à l'heure, et André était en train de sommeiller paisiblement sous la garde de sa mère. Nous le verrons un peu plus tard, puisque tu l'exiges ; mais, en attendant, écoute ce que ton père et moi nous avons à te dire. Odilia parut un peu déconcertée par la solennité de ce début ; elle ouvrit ses grands yeux noirs et devint attentive. Alors Paula, avec des précautions et des délicatesses que l'on n'eût pas attendues de sa nature impétueuse, lui exposa que son éducation était finie, qu'elle était en âge d'être mariée, et que son père avait dû songer à lui trouver un parti digne d'elle. Arrivée là, Paula fit une pause pour étudier l'effet de ses paroles sur la jeune fille ; mais celle-ci ne montrait qu'un étonnement naïf, mêlé d'embarras.

— Ainsi donc, mon enfant, — poursuivit la bohémienne lentement, — tu n'aurais aucune objection à élever contre le choix de ton père !

— Que puis-je dire, bonne tante? — répondit Odilia en rougissant; — j'ignore encore de qui vous me parlez.

— Sans doute, chère petite, tu n'as pas fait un choix de ton côté? Si cela était, il faudrait l'avouer sans détour, car tu te repentirais peut-être toute ta vie d'avoir manqué de franchise avec ceux qui t'aiment.

La pauvre Odilia avait envie de pleurer; elle répondit en rougissant plus fort:

— Je ne sais pas, ma tante; seulement, je ne voudrais pas vous quitter, ni vous, ni mon père.

— Allons, allons! — dit Savinien qui ne put y tenir plus longtemps, — sois sincère, ma fille; tu t'es déjà trahie, quoique peut-être tu ne t'en souviennes plus... Je te l'assure d'avance, ta franchise ne nous déplaira pas.

Cette fois, Odilia se mit à pleurer tout de bon.

— Qu'attendez-vous de moi, mon père? — balbutia-t-elle; — comment vous ai-je donné motif de penser...

Paula jeta un regard de reproche à son beau-frère; mais le capitaliste, dévoré d'impatience, était décidé à brusquer les choses.

— Il faut sortir de ce vague, — reprit-il, — et préciser les questions, ou nous n'en finirons jamais... Eh bien! mon enfant, sans employer tant de détours, que penses-tu de monsieur le comte Max de Lichtenwald?

— Moi, mon père? Eh! que voulez-vous que j'en pense? je le connais à peine.

— Tu feins de ne pas me comprendre. Mais voyons... au diable les simagrées!... l'aimes-tu, oui ou non?

— Si je...

— C'est assez clair, je te demande si tu l'aimes.

— Bon Dieu! cher père, je n'ai jamais songé à cela... Cependant, à vrai dire, je ne crois pas.

— Mais du moins tu n'as pas de haine contre lui?

— De la haine? Je n'ai jamais haï personne.

— Alors, tu n'éprouverais aucune répugnance à devenir sa femme?

— Sa femme? — répéta Odilia d'un ton de surprise et d'effroi.

— Eh bien! oui, — reprit Savinien résolûment, — il n'y a plus à s'en cacher: le prince régnant de Lichtenwald m'a fait l'honneur de me demander ta main par l'intermédiaire de son premier ministre, monsieur le baron Schwartz, arrivé ici hier au soir. En ce qui me regarde, j'ai accueilli la demande; mais toi, que répondras-tu? — Odilia demeura muette, les yeux baissés. — Cela t'étonne, n'est-ce pas, mon enfant? — poursuivit Savinien en lui prenant les mains et en l'attirant doucement vers lui; — nous n'étions pas en droit d'espérer une alliance aussi haute. Ecoute: nous sommes riches... plus riches peut-être que tu ne pourrais l'imaginer; mais, en définitive, nous ne sommes que des bourgeois, des *parvenus*, comme on dit, et certaines gens ne nous pardonnent pas notre humble origine. Nos domestiques eux-mêmes nous laissent voir que leur respect pour nous leur semble usurpé. Mais, grâce à toi, mon Odilia chérie, tout cela va changer: la considération de bon aloi va remplacer la considération payée comptant; un nom sonore et un titre éclatant vont couvrir notre nom obscur. Moi, je serai comte, Paula deviendra chanoinesse, en dépit d'elle-même (Paula fit un signe énergique de dénégation), et toi, ma fille, continua Savinien, toi, si gracieuse et si charmante, tu seras un jour la reine, la reine véritable d'une principauté allemande; tu auras des gardes, des dames d'atours; tu porteras une couronne!... Oui, une princesse régnante doit porter une couronne, j'imagine, et moi je t'en donnerai une si riche et si belle que tes sujets en seront éblouis!... Une couronne, ma fille! une couronne, entends-tu?

Tout ce qu'il y avait habituellement de vulgaire dans la personne de Savinien avait disparu en ce moment. L'ancien maçon s'était transfiguré: le feu de l'ambition satisfaite brillait dans ses yeux. Mais l'éclat même de ce regard augmentait le malaise d'Odilia; elle se tourna d'un air d'angoisse vers Paula, sa conseillère habituelle, en balbutiant:

— Cela est-il possible, bonne tante? Et vous aussi, souhaitez-vous donc que je devienne...

— Ecoute ton père, mignonne, — répondit Paula; — c'est son avis et non le mien que tu dois suivre.

Et elle s'assit dans un coin en détournant la tête.

Savinien reprit la parole, et énuméra avec un enthousiasme croissant les avantages qui devaient résulter de cette alliance pour la famille.

Il fit un éloge pompeux de Max, il dit avec quelle passion le jeune comte aimait Odilia.

Il parla ainsi pendant longtemps, et quand il s'arrêta enfin, le teint enflammé, le visage baigné de sueur, il attendait avec anxiété la réponse de sa fille.

Odilia, pendant cette longue harangue, s'était rassurée peu à peu. La décision naturelle de son caractère avait fini par l'emporter sur sa réserve virginale, et elle répondit en baissant les yeux, mais avec une certaine assurance:

— Cher père, je vous parlerai franchement, comme vous le désirez: le parti que vous me proposez est magnifique, beaucoup trop magnifique pour une pauvre créature maladive telle que moi. Je n'aime que la campagne, la verdure, les arbres, le beau ciel; le bruit m'importune, l'éclat me fatigue. Je suis si bien ici, auprès de vous, auprès de ma tante Paula! Pourquoi renoncerais-je à ce bonheur simple et facile?... Je ne me sens aucun goût pour devenir princesse.

— Pas de précipitation, ma fille, — s'écria Savinien alarmé, — ne te hâte pas de répondre! Quoique l'on attende ta réponse, prends ton temps pour réfléchir; on attendra encore parce que l'on t'aime. Tu ne peux repousser légèrement une semblable demande; tu t'en repentirais certainement un jour, et tu me mettrais au désespoir... Songe donc aux bienfaits que tu pourrais répandre autour de toi quand tu serais princesse souveraine! Tu deviendrais, grâce à la richesse, la Providence de tes États; plus de pauvres, plus de malheureux. Depuis les enfans jusqu'aux vieillards, tous te combleraient de bénédictions... Et, tiens, veux-tu que je te donne de quoi payer ta bienvenue auprès d'eux? Blanchard va te compter... oui... un million, un million en or, que tu emploieras comme tu voudras. Sais-tu ce que c'est qu'une pareille somme, ma fille? Tu vois cette table? elle serait entièrement couverte d'or à la hauteur d'un demi-pied... Hein! tout cela pour toi, pour tes pauvres... Tu pourrais jeter des poignées de louis par la fenêtre, les lancer dans la rivière, si tu voulais; je ne t'en demanderais aucun compte... Mais de grâce, mon enfant, ne rejette pas cette proposition sans y avoir pensé.

Il s'arrêta de nouveau, brisé d'émotion. Odilia l'embrassa et lui posa une main sur l'épaule.

— Mon père, — lui dit-elle, — ce mariage vous tient à cœur, je le vois bien; mais vraiment toute réflexion serait inutile, et demain j'en jugerais comme aujourd'hui. Vous ne voulez que mon bonheur, vous me l'avez affirmé cent fois, et votre conduite envers moi le prouve; je vous en supplie donc à mon tour, ne me parlez plus de monsieur Lichtenwald pour mari. C'est, je crois, un jeune homme bien né, plein de sentimens généreux, instruit, spirituel... mais je ne saurais l'aimer.

Savinien poussa un cri de désespoir, tandis que Paula se levait brusquement et disait d'un ton où perçait la joie:

— Elle s'est prononcée... Je savais bien!

Odilia s'efforçait d'adoucir par ses caresses le chagrin de son père. Savinien était atterré.

— Ma fille, mon Odilia, — reprit-il, — je ne veux pas encore considérer ta réponse comme définitive; le coup serait trop poignant pour moi. J'ai promis, j'avais engagé ma parole: car je croyais être sûr que tu aimais le comte.

— D'où vous est venue cette pensée, mon père? — demanda la jeune fille avec confusion. — Quelques paroles me seront peut-être échappées dans un de ces momens où je n'ai plus conscience de moi-même... mais elles ne pouvaient se rapporter à monsieur de Lichtenwald.

— Elles se rapportaient donc à une autre personne?

— Je... je ne sais pas, mon père.

— Tu me caches quelque chose. Je veux connaître enfin le fond de ta pensée.

— Je vous l'assure, j'ignore ce que vous me demandez.

Savinien allait insister; Paula intervint avec autorité.

— C'est assez, mon frère, — reprit-elle; — pourquoi la tourmenter davantage? Elle a, comme je l'avais prévu, rejeté la demande de monsieur de Lichtenwald; maintenant, prenez garde d'abuser de ses forces; une émotion prolongée pourrait lui être fatale. Laissez-lui du moins jusqu'à demain pour réfléchir, comme vous le proposiez tout à l'heure.

— Oui, oui, mon bon père, je réfléchirai, — répondit Odilia distraitement. — Sans doute d'ici à demain mes sentiments n'auront pas changé, je dois vous en avertir, mais je tâcherai de concilier vos désirs avec mes répugnances particulières... Allons! adieu, cher père... Tante Paula, venez-vous? André doit être éveillé maintenant.

En même temps elle avait pris sa tante par la main et essayait de l'emmener.

— André... toujours ce drôle! — s'écria Savinien en éclatant. — Comment, mademoiselle, quand il s'agit de votre bonheur à vous, de l'élévation de votre famille; quand vous me voyez navré de vos refus, désespéré de votre aveuglement, vous n'avez de pensées que pour un petit paysan stupide, recueilli chez moi par charité! De par tous les diables! je ne sais ce qui m'empêche de le faire jeter hors de ma maison et de l'envoyer se guérir où il voudra!

Odilia, d'abord terrifiée, courut vers Savinien, les mains jointes :

— Oh! cher père, — dit-elle d'un ton suppliant, — vous ne commettrez pas cette injustice! Pourquoi vous montreriez-vous cruel envers un pauvre jeune homme si honnête et si malheureux? Serait-ce donc uniquement parce qu'il m'inspire de l'intérêt, parce que je... Eh bien! oui, je l'estime et je le plains.

— Vous l'estimez, vous le plaignez, mademoiselle?

— Pourquoi non, mon frère? reprit Paula. — Cette chère enfant ne comprend rien aux distinctions que vous savez si bien établir depuis que vous êtes devenu riche, et elle accorde sa pitié à tous ceux qui lui semblent la mériter... Quand elle veut visiter un pauvre garçon blessé à notre porte par un cheval sorti de votre maison, fait-elle donc plus de mal qu'en faisait notre chère Salomée, sa mère, quand elle vous soignait, sans vous connaître, dans une auberge de village?

Odilia remercia sa tante par un regard affectueux de cette sortie vigoureuse en sa faveur; mais l'intervention de Paula ne modéra pas la colère de Savinien.

— Taisez-vous, — dit-il avec énergie. — Je suis le maître; et ces souvenirs que vous rappelez à tort et à travers ne peuvent rien changer à mes droits.

— Fort bien, frère Savinien; mais ma sœur mourante m'a recommandé aussi de veiller sur sa fille, et, dussiez-vous me tuer, je remplirai ma tâche jusqu'au bout.

— Oui, vous la comprenez à merveille, votre tâche! Vous avez pour cette enfant une complaisance coupable, et, afin de satisfaire un caprice de petite fille, vous iriez jusqu'à favoriser son ridicule engoûment pour le premier vagabond venu.

— Et vous, ne voudriez-vous pas la sacrifier à un jeune orgueilleux devenu amoureux de ses millions, et cela uniquement pour avoir le droit de vous affubler d'un titre de comte ou de vous chamarrer de cordons?

Savinien n'y tint plus, les instincts grossiers de sa jeunesse se réveillèrent à la fois. L'œil en feu, la bouche écumante, il poussa un effroyable blasphème.

— Sors de chez moi, bohémienne maudite! — s'écria-t-il avec un geste menaçant; — sauve-toi vite, ou je te jure...

Odilia se suspendit au cou de son père et prononça des paroles inintelligibles; mais Paula conserva son impassibilité.

— Oui, je suis une bohémienne, — répliqua-t-elle de sa voix rude, — et je ne l'ai jamais oublié. Je pourrais quitter sans regret votre somptueuse maison, car j'ai conservé mes goûts modestes, mes habitudes frugales d'autrefois; je me résoudrais encore aisément à porter les robes de serge et les capes de laine dont j'étais vêtue quand j'allais de village en village, avec une petite charrette traînée par un âne... Mais j'ai, moi aussi, des devoirs à remplir envers ma nièce, et je ne me laisserai pas chasser d'ici tant que mon appui pourra être utile à Odilia. N'essayez pas d'user de ruse ou de violence pour l'obliger à un mariage qu'elle repousse; tant qu'il me restera un souffle de vie, je me tiendrai près d'elle pour la protéger.

— Elle me brave! — hurla Savinien; — de par le diable! elle ose me braver!

L'imminence du péril parut enfin délier la langue d'Odilia; cessant de retenir son père dans ses faibles bras, elle s'écria d'une voix distincte :

— Oh! je vous en conjure, épargnez ma tante, et je vous obéirai aveuglément, j'épouserai qui vous voudrez... Père, écoutez-moi donc... Je veux épouser le comte de Lichtenwald! — Ce consentement venait trop tard. Savinien, dont la colère était arrivée maintenant jusqu'à la frénésie, ne l'entendait plus; il repoussa sa fille et s'élança vers sa belle-sœur le bras levé. L'intrépide Paula l'attendait de pied ferme, en redressant sa taille presque virile; mais, au moment où Savinien allait l'atteindre, il s'arrêta tout à coup, et la voix expira sur ses lèvres; il fit en chancelant quelques mouvemens comme pour se retenir aux meubles voisins, puis il tourna sur lui-même de l'air d'un homme ivre et se renversa sur le tapis. Odilia, croyant qu'un faux pas avait déterminé la chute de Savinien, courut à lui en disant avec épouvante : — Bon Dieu! cher père, seriez-vous blessé? — Savinien poussa quelques gémissemens, mais il demeura immobile. Sa face était rouge et bouffie, ses yeux se tordaient dans leurs orbites. — Mon père, mon excellent père, êtes-vous blessé? — répéta la jeune fille en se mettant à genoux devant lui et en essayant de lui soulever la tête avec ses petites mains.

Les traits de Paula avaient subitement perdu leur expression de colère et de défi. S'étant penchée à son tour vers son beau-frère, elle n'eut pas de peine à reconnaître la vérité : les violentes émotions de la journée avaient déterminé chez Savinien une attaque d'apoplexie foudroyante.

La bohémienne, en acquérant cette certitude, oublia la querelle récente; elle ne songea plus qu'au danger de son beau-frère, du mari de sa sœur Salomée, du père d'Odilia.

— Au secours! — s'écria-t-elle d'une voix puissante. Elle se suspendit aux cordons des sonnettes, ouvrit les fenêtres dont les vitres volèrent en éclats, et elle répétait toujours comme une folle : — Au secours! au secours!

On accourut de toutes les extrémités de la maison, et quand l'on entra en tumulte dans le cabinet de Savinien, on trouva le père et la fille étendus par terre sans mouvement, comme si déjà la vie les eût abandonnés. Paula courait de l'une à l'autre, mais elle ne criait plus; son visage, décomposé, livide, trahissait seul ses terreurs et son désespoir.

Au moment où cette rumeur s'était élevée dans le château, Georges Vernon se disposait à partir. Une voiture stationnait dans la cour, et le postillon était déjà en selle. Georges, son paquet sous le bras, arrêta un domestique qui passait en courant et lui demanda de quoi il s'agissait; le domestique raconta brièvement que l'on venait de relever monsieur Savinien et mademoiselle Odilia sans connaissance.

— Quand je disais! — murmura Vernon. — Eh bien! je crois que je ne risque rien d'attendre encore.

Il donna l'ordre au postillon de dételer, et remonta dans sa chambre.

II

LE CONGÉ.

La journée se passa dans l'agitation et les angoisses. Le docteur Delmas était arrivé au château pour y faire sa visite quotidienne, peu d'instans après l'accident, et il avait prodigué au malade les secours de l'art. Savinien avait été saigné immédiatement, mais sans résultat : la congestion cérébrale avait déjà produit son terrible effet. Etendu sur son lit, Savinien ne parlait plus, n'entendait plus; c'était à peine s'il faisait par intervalles quelques mouvemens, et la faible étincelle de vie qui lui restait encore semblait devoir s'éteindre d'un moment à l'autre.

Cependant le docteur ne demeurait pas oisif, et il mettait en usage toutes les ressources de la science, quoique certain d'avance qu'elles seraient inefficaces.

Plusieurs autres médecins arrivèrent successivement ; mais, après avoir examiné le malade et échangé quelques mots avec Delmas, ils se retirèrent sans rien prescrire.

Sur le soir, Delmas lui-même jugea qu'il avait assez torturé le pauvre mourant; il se jeta épuisé et découragé dans un fauteuil. Alors on alla chercher le curé de Clairefont, qui administra l'extrême-onction à Savinien.

Savinien ne parut pas même avoir conscience de l'imposante cérémonie qui s'accomplissait autour de lui.

Une vaste pièce, qui précédait sa chambre, était encombrée de gens qui venaient chercher des nouvelles et attendre l'événement inévitable. Maîtres et domestiques étaient là, confondus, épiant avec une anxiété réelle ou feinte les plus insignifiantes modifications dans l'état du malade. Max et le baron Schwartz ne quittèrent pas ce poste d'un instant.

Georges Vernon lui-même n'avait pas hésité à se montrer au milieu de la foule, et, en dépit du chagrin qu'exprimait son visage, on eût pu soupçonner le nouvel espoir que la mort prochaine de la mort d'Odilia éveillait dans son cœur. Parmi les autres assistans, on remarquait le vieux Blanchard, ami et confident de Savinien, et plusieurs riches bourgeois du voisinage avec lesquels le capitaliste avait entretenu des relations amicales.

Dans la chambre du mourant se trouvaient seulement le docteur Delmas, le valet de chambre de Savinien et madame Surville, l'institutrice. Celle-ci affectait une extrême douleur ; ses beaux yeux étaient rouges et gonflés de larmes ; à chaque instant elle laissait éclater des sanglots, qu'elle paraissait impuissante à contenir. Néanmoins, il était à observer que pas une boucle de ses cheveux, pas un pli de sa robe de soie, bien ajustée au corsage, n'étaient dérangés ; c'était à peine une douleur décente, qui ne s'en prenait ni aux ornemens naturels ni aux ajustemens.

Ces démonstrations bruyantes redoublaient surtout quand Paula était présente. Paula, qui avait en même temps à veiller sur Odilia et sur son beau-frère, allait incessamment de l'un à l'autre, quoique chacun d'eux habitât une partie opposée du château. Sauf une pâleur bistrée et répandue sur sa figure osseuse, elle paraissait calme maintenant.

Elle répondait avec présence d'esprit aux questions qu'on lui adressait sur son passage, donnait des ordres aux gens, et remplissait ponctuellement, dans une circonstance difficile, les devoirs compliqués d'une maîtresse de maison.

Une fois qu'elle se trouvait auprès de Savinien, des sons faibles, sortis de la bouche du mourant, donnèrent l'espoir que la raison lui revenait, qu'il allait parler. On accourut autour de lui. Cet espoir ne se réalisa pas : le regard était toujours terne, le visage sans expression, l'intelligence engourdie.

Madame Surville eut un nouveau transport de douleur, et, jetant ses bras autour du cou de la tante Paula, dont l'air sombre eût dû pourtant lui imposer, elle dit en sanglotant :

— Ah! chère demoiselle, quel immense malheur! Nous perdons, vous le meilleur des frères, et moi un ami incomparable.

— Je sens ce que je perds, madame, — répliqua froidement Paula, — et je n'ignore pas ce que vous perdez.

— Si encore la raison pouvait lui revenir, ne fût-ce qu'un instant! — reprit l'institutrice avec un redoublement de chagrin. — Mais ne pouvoir dire adieu à ceux qu'il aime, manifester ses dernières volontés, assurer le sort de ses serviteurs, accomplir certains legs de conscience! Je le sais, j'en suis sûre, il n'a pas fait de testament.

— Peu importe, madame, — répliqua sèchement Paula ; — on connaît les vœux qu'il aurait pu former; on aura égard à tous, je vous en donne ma parole.

Et elle tourna le dos à l'institutrice.

A partir de ce moment, madame Surville parut beaucoup plus tranquille, et se retira dans un coin obscur, où elle ne trahit plus sa présence que par de longs soupirs.

Sur le soir, un peu après la cérémonie religieuse, Savinien expira sans avoir prononcé une parole, sans avoir recouvré sa connaissance.

Aussitôt les personnes réunies dans l'antichambre se dispersèrent ; les unes regagnèrent leur appartement, les autres formèrent dans les cours, dans les corridors, des groupes où l'on remarquait plus d'animation que de tristesse.

Quoique Savinien n'eût pas été un méchant homme, qu'il eût même comblé de bienfaits certaines personnes présentes, peu de larmes coulaient sur lui. On se demandait ce qu'allait devenir cette immense fortune entre les mains de la frêle héritière du défunt; chacun surtout cherchait à prévoir quelle influence l'événement actuel aurait pour soi-même ; l'égoïsme, la curiosité étouffaient les autres sentimens. Sauf Blanchard, qui avait été l'ami autant que l'homme de confiance du défunt, et deux ou trois serviteurs fidèles, les gens du château semblaient prendre philosophiquement leur parti de cette fin prématurée.

Quand Paula, après avoir pieusement fermé les yeux de son beau-frère et s'être agenouillée devant le lit, sortit de la chambre où venait de rejoindre sa nièce devenue orpheline, on s'inclina beaucoup plus bas qu'à l'ordinaire sur son passage. On savait qu'en sa qualité de tutrice d'Odilia elle était désormais maîtresse absolue au Prieuré, et l'on essayait déjà de capter sa bienveillance.

Mais les démonstrations serviles n'obtinrent même pas de la bohémienne un regard de mépris.

Les hôtes du château dînèrent chacun dans son appartement, Paula ne pouvant ou ne voulant pas faire, dans ce jour de deuil, les honneurs de la table commune? A la suite d'un repas qui avait été servi à Max et à Schwartz dans la chambre du comte, ils demeurèrent l'un et l'autre immobiles et silencieux, perdus dans leurs pensées.

— Monsieur le comte, — dit enfin le baron avec tristesse, — l'illusion est impossible : ce tragique événement renverse tous nos projets. J'ignore ce qui s'est passé entre monsieur Savinien et sa famille, mais je soupçonne quelle a été l'occasion de l'accident... Les convenances exigent que nous quittions cette maison dans le plus bref délai.

— Que dites-vous, Schwartz? N'est-ce pas un devoir pour nous de rester ici, au moins jusqu'à ce que nous ayons accompagné ce pauvre Savinien à sa dernière demeure?... Et puis, — ajouta Max avec égarement, — je ne saurais quitter cette maison sans avoir vu Odilia encore une fois. Oui, je veux la voir, apprendre de sa bouche même...

— Une explication relativement à vos prétentions passées serait inopportune et peut-être odieuse à présent. D'ailleurs, n'avez-vous pas entendu ce que l'on disait aujourd'hui autour de nous? Mademoiselle Savinien a été prise d'un nouvel accès de son mal, et elle ignore encore l'affreuse catastrophe.

— Ah! dans ce cas, la perte momentanée de sa raison est un bienfait de Dieu!... Quoi qu'il en soit, Schwartz, mon bon Schwartz, laissez-moi la voir encore une fois... Mon cœur se déchire à la pensée de ne plus la revoir.

Schwartz, malgré la sécheresse de ses combinaisons politiques, était au fond un excellent homme, et les souffrances du fils de son maître le touchaient réellement. Cependant il répondit d'un ton austère :

— Si vous vouliez écouter les instantes prières d'un serviteur de votre famille, obéir aux recommandations de votre auguste père, où tout au moins suivre les conseils de votre dignité, ce ne serait pas demain que nous devrions quitter cette fatale maison, ce serait aujourd'hui, à l'instant même.

— Oh! ne me demandez pas cela, — dit Max avec une terreur d'enfant; — un jour... je ne demande plus qu'un jour!... Schwartz, mon ami, ayez pitié de moi !

Son énergie était brisée; il ne commandait plus, il suppliait, et il se jeta tout en larmes dans les bras du baron, qui ne pouvait retenir les siennes.

Peu de personnes, comme on le croira sans peine, dormirent cette nuit-là d'un bon sommeil au Prieuré.

Dès l'aurore du lendemain commencèrent les préparatifs de la cérémonie funèbre qui devait avoir lieu dans la journée, et ils ajoutèrent encore à l'aspect de deuil qu'avait pris depuis la veille cette habitation, naguère si prospère et si riante.

Max avait passé la nuit dans un fauteuil, à côté de Schwartz, qui n'avait pas voulu le quitter.

Quand l'agitation qui régnait au château donna lieu de penser que tout le monde était sur pied, le comte sonna son valet de chambre, afin d'avoir des nouvelles des maîtresses du logis. On lui apprit que Paula avait déjà envoyé un message pour le prier de se rendre chez elle une heure plus tard avec monsieur le baron Schwartz.

— Que pensez-vous de cette invitation? — demanda Max au baron, qui venait de s'éveiller.

Schwartz secoua la tête.

— Rien de bon, monsieur le comte, — répliqua-t-il. — Mais à présent nous devons nous attendre, je le crains, à des façons moins amicales qu'autrefois.

Une heure plus tard, en effet, Max et le baron se rendaient à cette invitation. Dans un élégant petit salon qui faisait partie de l'appartement des dames, ils trouvèrent plusieurs personnes qui semblaient avoir été mandées de la même manière. C'était d'abord Georges Vernon, vif et alerte, qui n'eût toujours le bras en écharpe; puis c'était André et sa mère, faibles et maladifs tous les deux, mais surtout étonnés et fort embarrassés de leur contenance. Enfin on voyait aussi là madame Surville, l'institutrice, déjà revêtue d'un élégant costume de deuil qui faisait ressortir la blancheur de sa peau et les gracieux contours de sa taille.

A l'arrivée des deux Allemands, les autres personnes présentes manifestèrent une grande surprise, qu'ils partagèrent eux-mêmes en se trouvant dans cette réunion hétérogène. Mais ils n'attendirent pas longtemps l'explication de cette singularité. A peine eurent-ils pris place, qu'une camériste, qui semblait épier leur arrivée, souleva une portière en tapisserie et se glissa dans une seconde pièce, où l'on entendait plusieurs voix de femmes.

Bientôt la portière se souleva de nouveau, et Paula entra seule dans le salon.

Elle était en robe de laine noire; une grande coiffe donnait à sa physionomie déjà si dure un air sombre et austère. Depuis vingt-quatre heures Paula n'avait pas pris un instant de repos; cependant ses traits ne paraissaient pas plus altérés que la veille, sa démarche était ferme et assurée.

Elle salua d'un air de solennité glaciale et dit, sans s'asseoir :

— Tous les hôtes de feu mon beau-frère comprendront sans peine les exigences que nous impose le triste événement d'hier soir. Je les préviens donc que, à la suite des funérailles, qui auront lieu ce matin, des voitures seront mises à leur disposition pour les conduire où ils voudront aller. — Ce congé brutal excita visiblement la surprise des assistants.

— Je n'aurais peut-être pas dû vous dire cela de cette manière, — reprit Paula; — que voulez-vous? Je ne suis pas née grande dame, moi, pour trouver les tours délicats et les paroles mielleuses ; je suis une bohémienne, nul ici ne l'ignore. Je veux pourtant donner quelques explications, afin qu'on ne croie pas que j'agis par haine et par colère. Ma nièce Odilia, désormais l'unique maîtresse de cette maison, est si faible que la moindre secousse pourrait lui coûter un coup mortel. Or, les personnes ici présentes ont été pour elle, depuis quelques jours, une cause de sentiments tumultueux, d'émotions cruelles. Quand elle est déjà si douloureusement éprouvée par la perte de son père, je n'entends pas qu'elle s'expose à de nouvelles agitations, à de nouvelles luttes. Ne risquez donc pas davantage de troubler son repos; partez au plus vite... Cette maison est maudite ; quand l'or y est entré, le bonheur en est sorti. Laissez-moi essayer de conjurer le sort qui nous persécute; j'y parviendrai, je le veux. Pour sauver cette enfant de ma sœur chérie, je serais capable d'anéantir l'humanité entière ! — Ces dernières paroles furent prononcées d'un ton sauvage, où perçait une sorte d'égarement. Après un moment de silence, Paula reprit en s'adressant à Georges Vernon : — Vous avez déjà manifesté, monsieur Georges, le désir de partir pour aller rejoindre votre père. En réalisant au plus tôt ce projet, vous aurez occasion de nous rendre service, à ma nièce et à moi. Votre père était l'ami de Savinien, c'est un homme habile en affaires et qui saura défendre les intérêts d'Odilia, priez-le de s'entendre avec monsieur Jardanet, le notaire de la famille, et nous lui serons reconnaissantes de ses bons offices. — Georges sourit d'orgueil, et il allait se répandre en protestations chaleureuses; mais Paula se tourna d'un autre côté — Quant à vous, André, — poursuivit-elle, — vous vouliez aussi nous quitter hier matin ; réellement vous aurez désormais plus de chances de guérison au village qu'ici. Comme ni vous ni votre mère ne pourriez vous joindre au cortège funèbre, on va vous reconduire sur-le-champ chez vous dans le coupé... Nous ne vous abandonnerons pas pour cela. Deux fois par jour le docteur Delmas vous rendra visite, et vous ne manquerez de rien jusqu'à votre rétablissement. Je compte m'informer souvent...

— Merci, mademoiselle, — repartit André sèchement, — mais ne vous inquiétez plus de nous. Je me sens assez fort pour aller à pied jusqu'à la maison, et je n'ai besoin de personne. Nous ne mendions pas; je suis le fils d'un sous-officier. Je sais que vous êtes bonne, vous; mais d'autres...

— Paix! André, mon enfant, — interrompit l'aveugle d'un ton suppliant. — Excusez-le, mademoiselle; il est fier, mais il n'est pas ingrat. En temps ordinaire, nous savons supporter courageusement notre pauvreté; aujourd'hui, il ne nous est pas permis d'écouter les suggestions de notre orgueil. Aussi les bienfaits que j'aurais refusés en toute autre circonstance, je dois les accepter pour mon fils malade, incapable de travailler ; pour mon fils, à qui des soins constans pourront seuls rendre la santé.

Cette adjuration touchante ne produisit aucune impression sur André.

— Je vous dis, mère, que je suis guéri, — répliqua-t-il avec obstination — je vais me remettre au travail, établir une nouvelle tendue. Je n'ai besoin de personne, et surtout de gens qui me méprisent sans doute.

Un accès de toux, suivi d'un sinistre crachement de sang, vint l'interrompre.

— Vous voyez! — dit madame Gambier à Paula; — oh! je vous en conjure, ne l'abandonnez pas!

— Qu'il le veuille ou non, nous acquitterons notre dette... Vous croyez qu'il n'est pas ingrat, bonne femme, en êtes-vous bien sûre?

L'aveugle demeura pensive, comme si elle eût cherché le sens de ces dernières paroles.

En ce moment, madame Surville s'approcha de Paula et lui demanda d'un air piqué :

— Puis-je savoir, mademoiselle, pourquoi vous m'avez mandée ici avec les personnes qui doivent quitter aujourd'hui le château ? Suis-je déjà une étrangère dans cette maison? Cependant mes soins si dévoués et si constans pour mademoiselle Odilia, les égards que me témoignait celui qui n'est plus...

Elle s'arrêta, comme si sa douleur se fût réveillée à ce souvenir; mais Paula fixa sur elle son œil perçant.

— Osez-vous rappeler cela? — dit-elle à demi-voix.

Elle continua plus haut : — Vos soins ne sont plus nécessaires à Odilia, madame. D'après l'avis du docteur, je compte essayer du calme, du silence, d'une solitude complète, pour guérir l'esprit blessé de ma malheureuse nièce. Toutes les personnes dont la présence au Prieuré n'est pas rigoureusement indispensable devront le quitter dans le plus bref délai... Du reste, je sais, madame, que l'intention de mon beau-frère était de récompenser avec générosité vos... services. Avant donc de quitter le château, vous verrez monsieur Blanchard; il a reçu mes ordres, il vous remettra les titres de vingt mille livres de rente dont vous ferez, je n'en doute pas, le meilleur usage.

Vingt mille livres de rente, ce n'était peut-être pas là ce qu'avait rêvé l'ambitieuse institutrice, mais c'était du moins une fort belle fiche de consolation. D'ailleurs, on assurait qu'elle possédait déjà des économies considérables, dues à la munificence secrète du Savinien.

Aussi, madame Surville, malgré l'aigreur qui perçait dans les paroles de Paula, ne put-elle cacher tout à fait sa joie.

— Ah! mademoiselle, — reprit-elle d'un ton larmoyant en essayant de saisir la main de la bohémienne qui la lui refusa, — je suis pénétrée de reconnaissance...

— Il suffit, — interrompit durement Paula; — les remercimens sont inutiles.... Quant à vous, messieurs, — continua-t-elle en s'adressant à Max et au baron, — je n'ai pas besoin de vous expliquer pourquoi votre place n'est plus ici. Les projets dont vous poursuiviez la réalisation auprès de feu monsieur Savinien ont eu le résultat le plus funeste, et votre vue me rappelle, comme elle pourrait le rappeler à ma chère Odilia, des souvenirs cruels auxquels nous avons hâte de nous soustraire. S'il vous reste des intérêts à régler avec la succession de feu mon beau-frère, vous vous entendrez avec monsieur Blanchard.

Max était profondément abattu par la ruine entière de ses espérances; il gardait le silence et ne remarquait même pas les regards insultans que lui lançait Vernon. Mais le baron Schwartz, habitué à toutes les formalités de l'étiquette, ne put se contenir.

— Mademoiselle, — dit-il avec raideur en se levant, — je puis pardonner beaucoup au trouble de la douleur, et quant à moi je saurais personnellement mépriser une offense. Mais en donnant congé d'une manière si leste, si cavalière, à des hôtes, à des amis de feu monsieur Savinien, vous eussiez dû songer que l'un d'eux du moins mérite tous vos respects, qu'il est le représentant d'une ancienne et illustre famille...

— Que me fait cela! — interrompit la rancunière Paula.

— Dans aucun cas, je ne saurais traiter monsieur Max de Lichtenwald aussi cruellement que son aïeul a traité ma mère.

Le baron voulait répliquer; Max le supplia de se taire, et dit lui-même d'une voix brisée :

— Nous partirons, mademoiselle; nous allons partir, puisque vous ne pouvez me pardonner les fautes de mon aïeul. Mais du moins, avant de quitter cette maison, peut-être pour toujours, ne me permettrez-vous pas de prendre congé de mademoiselle Odilia? Je désire seulement lui dire adieu, lui adresser quelques mots de sympathie, des vœux de prospérité. Me refuserez-vous cette faveur ?

— C'est impossible; ma nièce n'est en état de recevoir personne.

— Mademoiselle, par pitié... je prendrais l'engagement formel...

— C'est impossible, vous dis-je; nul ne peut la voir en ce moment.

— Je la verrai pourtant, moi! — s'écria André d'un air égaré, en se levant tout à coup; — on m'a trompé, j'en suis sûr. Quand la bonne demoiselle venait à ma tendue, elle était pour moi comme une compagne, comme une sœur; et je quitterais sa maison sans lui avoir parlé, sans l'avoir aperçue une seule fois ! On la cache... on me trompe... Je ne partirai pas ainsi !

Cette fois, Paula montra une vive inquiétude.

— Silence! parlez plus bas, André, je vous en prie, — répliqua-t-elle en désignant la porte de la pièce voisine.

L'aveugle, de son côté, cherchait à faire rasseoir son fils, et elle lui reprochait sa hardiesse.

André, dont les émotions avaient été longtemps contenues, paraissait en proie à une exaltation extraordinaire.

— On me trompe, — répéta-t-il avec désespoir : — Odilia ne peut me dédaigner à ce point, quoi qu'on ait dit; elle ne sait pas que j'ai habité sa maison et que l'on m'en chasse; que je suis malade, que je vais mourir peut-être. Non, elle ne sait pas cela; elle ne le souffrirait pas, et je le lui dirai.— Puis, élevant encore la voix, il cria : Odilia ! Odilia !

— Mon fils, mon cher André, à quoi penses-tu ?

— Te tairas-tu, petit drôle ! — dit la tante Paula hors d'elle-même.

— Odilia ! Odilia ! — répéta André de toute sa force.

La tante Paula s'élança furieuse pour lui fermer la bouche ; mais il était trop tard. De faibles éclats de voix se firent entendre dans la pièce voisine, et tout à coup la tapisserie se soulevant, laissa voir Odilia.

La jeune fille était encore drapée dans cette ample robe de cachemire blanc dont nous avons parlé, et ses mains se dégageaient à peine de ses manches pendantes. Ses cheveux étaient mal contenus par un ruban noir, unique signe de deuil qu'on remarquât dans sa toilette, et qui peut-être y avait été glissé à son insu. Son regard avait une expression étrange, à laquelle s'alliait une sorte de majesté.

A sa vue, tous les assistans s'étaient levés; mais ils n'osaient parler, comme s'ils eussent été saisis d'un respect religieux. André lui-même, en trouvant son ancienne compagne si différente de ce qu'il attendait, demeura interdit et muet.

Odilia, derrière laquelle on apercevait deux caméristes inquiètes et confuses, étendit le bras comme pour défendre le jeune oiseleur, et dit d'un ton imposant :

— Laissez-le... Ne savez-vous pas que je le protège ? Malheur à qui le toucherait! Jeune homme, tu as appelé la dryade à ton secours, elle est venue.

André ouvrait de grands yeux étonnés.

Il essaya pourtant de balbutier :

— Mademoiselle Odilia, vous saviez donc que j'étais ici ? On m'avait dit... je croyais...

— Silence, André, — murmura Paula; — elle ne vous comprendrait plus. Puis, courant à sa nièce :

— Allons! rentre, mon enfant, — reprit-elle avec douceur; — oses-tu bien te montrer un jour comme celui-ci ?

— Une dryade n'a pas de père, — répondit Odilia avec emphase; — elle n'a pas de famille, comme les enfans des hommes... elle est d'une nature supérieure à la vôtre, et elle n'apparaît parmi vous que pour protéger le faible et l'innocent... Pourquoi le persécutez-vous ? — ajouta-t-elle en désignant toujours André ; — vous êtes puissant et le est humble. Vous, Max de Lichtenwald, vous êtes comme le chêne superbe dont la vigueur séculaire brave la tempête ; vous, Georges Vernon, vous êtes le peuplier ambitieux qui tend toujours à s'élever, sans songer que d'un moment à l'autre la foudre peut briser son faîte ; lui, au contraire, c'est un chétif arbrisseau, un lierre timide, il rampe à terre jusqu'à ce qu'il trouve un tronc vigoureux qui le soutienne... La dryade du tilleul l'aidera peut-être à monter aussi haut que le chêne et le peuplier.

On écoutait avec une morne stupeur ces discours obscurs, où se révélait néanmoins pour les initiés un sentiment profond. Le comte Max semblait accablé de douleur.

— Ah ! — murmura-t-il, — ma dernière illusion s'en va. Ce n'était pas à moi que s'adressaient l'autre soir ses douces et consolantes paroles... Ce n'est pas moi qu'elle aime !

Paula éprouvait un ardent désir de mettre fin à cette scène si pénible pour tous. Ne sachant plus comment y parvenir, elle essaya de frapper un grand coup.

— Ma chère enfant, mon Odilia bien-aimée, — dit-elle en la saisissant par la main, — rentre, je t'en supplie... Songe donc que tu n'es pas ce que tu dis... Tu es ma nièce, la fille de ma chère sœur Salomée... tu es ici chez toi, au Prieuré de Clairefont, et cette journée comptera dans ta vie comme une journée de deuil.

Odilia répondit d'un air d'obstination :

— Je sais ce que je suis... la dryade de Clairefont, un esprit élémentaire dont l'existence est attachée à celle d'un tilleul.

— Odilia ! Odilia ! — répéta la bohémienne avec véhémence, — reviens à toi et ne t'abandonne plus à ces rêveries insensées... As-tu donc tout oublié ?... Ce bruit de marteaux que tu entends annonce les préparatifs d'une cérémonie funèbre. Ne comprends-tu pas, chère orpheline qui n'a plus que moi au monde pour te plaindre et pour t'aimer ?

Cette fois le coup frappa en plein cœur la malheureuse enfant, et il se fit un jour lugubre dans les ténèbres de son intelligence.

— C'est vrai... c'est vrai, tante Paula ! — s'écria-t-elle ; — mon père est mort, et je ne suis rien qu'une pauvre fille insensée !

Elle allait tomber à la renverse ; mais Paula s'élança vers elle, la prit dans ses bras et l'emporta dans la pièce voisine, où tout redevint bientôt silencieux.

Les assistans demeuraient consternés, la plupart avaient les yeux pleins de larmes. Enfin Schwartz se leva et s'approcha de Max :

— Monsieur le comte, — lui dit-il d'un ton où la fermeté s'unissait à la compassion, — nous n'avons plus rien à faire ici.

Max ne répondit que par des sanglots.

— En effet, messieurs, — dit l'institutrice avec un soupir hypocrite, — vous ne devez plus espérer de trouver les égards et les respects qui vous sont dus dans une maison où la tante Paula va désormais exercer une autorité sans contrôle. Pour moi, je n'y resterai pas un instant de plus, et, dans l'intérêt de leur dignité, je conseillerai à tous les amis de feu monsieur Savinien d'agir de même.

— Madame Surville a raison, — dit Georges Vernon ; — après un congé si net, aucun de nous ne saurait demeurer ici. Heureux ceux qui auront chance d'y être appelés plus tard !

Et son air suffisant laissait supposer que le conseiller de préfecture comptait bien avoir cette chance.

André, qui était rêveur depuis quelques instans, s'écria tout à coup :

— C'est donc bien vrai qu'elle est folle ? Eh bien ! tant mieux... comme cela, il n'y aura plus que moi qui oserai l'aimer.

— Et moi ! et moi ! — murmura le comte.

— L'épouser vaut mieux, — pensait Georges à part lui.

Deux heures plus tard eurent lieu les funérailles de Savinien. Après la cérémonie funèbre, plusieurs voitures emportèrent de différens côtés les anciens hôtes du château.

Paula avait laissé la garde de sa nièce aux femmes de chambre pendant qu'elle accompagnait son beau-frère à sa dernière demeure. Comme elle rentrait à la maison, le vieux jardinier s'approcha d'elle et lui dit avec tristesse :

— Ah ! mademoiselle, les malheurs de la journée ne sont pas finis. Je viens de m'apercevoir que la maîtresse branche de l'arbre natal était morte desséchée.

Paula demeura quelques secondes immobile, la tête baissée. Enfin elle se redressa et répliqua d'un ton farouche :

— Il faudra sans doute que la destinée s'accomplisse, et que les prédictions du hezenmeister se réalisent... Mais, jusqu'à la dernière minute, je lutterai, fût-ce contre l'esprit du mal en personne !

Et elle s'éloigna, sans répondre autrement à Simon, qui ne comprenait rien à ses paroles.

III

LA CONSIGNE.

Deux mois s'étaient écoulés depuis la mort de Savinien, et l'on se trouvait par conséquent au commencement de novembre. L'hiver préludait par des jours sombres et des nuits de tempête ; l'herbe se flétrissait dans les prairies ; les dernières fleurs d'automne avaient disparu, et les grands vents, arrachant aux arbres leurs feuilles jaunies, les emportaient à travers la campagne.

L'aspect du Prieuré de Clairefont n'était pas moins triste. Pendant ces deux mois, la tante Paula avait appliqué rigoureusement autour de sa nièce ce système d'isolement qu'elle croyait le plus capable de reposer l'esprit malade d'Odilia. Une partie des domestiques avait été congédiée ; ceux qui restaient étaient vêtus de noir et avaient l'air grave et silencieux. Quoique bien entretenu, le château avait pris un air claustral. On n'y parlait qu'à voix basse ; aucun bruit insolite n'en troublait la profonde tranquillité. Odilia elle-même ne chantait plus, ne touchait plus son piano ; les pianos avaient disparu de toute la maison, car la musique, suivant les idées actuelles de Paula, ne faisait qu'exciter l'irritabilité nerveuse de sa nièce. Maintenant la jeune héritière ne sortait plus qu'en voiture et toujours accompagnée de sa tante.

Enfin, rien n'était négligé pour qu'Odilia vécût dans un milieu calme et monotone que l'on jugeait particulièrement favorable au rétablissement de sa santé. Ce système produisait-il les résultats attendus ? C'est ce que nous saurons bientôt.

Un cabriolet, contenant un seul voyageur et attelé de deux chevaux, sous la conduite d'un postillon, parcourait une longue avenue qui allait de la route royale au Prieuré. Arrivé devant la grille, qui était fermée, selon l'usage nouvellement établi, la voiture s'arrêta, et le gaillard postillon se mit à faire claquer son fouet pour demander l'entrée.

A ce bruit, le concierge du château accourut tout effaré ; mais au lieu d'ouvrir la porte, il dit d'un ton de colère, à travers la grille :

— Ah çà ! êtes-vous fou, camarade ? Faire un pareil vacarme devant le château ! Parbleu ! si l'on vous a entendu, l'on va s'en prendre à moi, et je recevrai une semonce... Eh bien ! voyons, que demandez-vous ?

— Ouvrez, papa grognon, — répliqua le postillon en goguenardant ; — ne voyez-vous pas que nous voulons entrer ?

— On n'entre pas ; allez à tous les diables !

Et le portier retournait à sa loge, quand le voyageur qui se trouvait dans la voiture, enveloppé d'un manteau, prit la parole à son tour :

— Ah çà ! monsieur François, est-ce ainsi que vous recevez un ancien ami de la maison ? Ne me reconnaissez-vous pas ?

C'était la voix de Georges Vernon. François revint sur ses pas et salua poliment. Toutefois, il ne s'empressa pas d'ouvrir la grille.

— Ah ! c'est vous, monsieur Georges, — dit-il : — vous voilà donc revenu dans nos pays? C'est fort bien ; mais on a dû vous dire la consigne... personne n'entre ici.

— Comment ! ne puis-je voir mademoiselle Paula et mademoiselle Savinien ?

— Non, monsieur ; ces dames ne reçoivent personne.

— Elles feront, j'en suis sûr, une exception pour moi.

— Pour vous moins que pour tout autre. On m'a recommandé, au contraire... Enfin, suffit. On aurait dû vous avertir que personne n'était plus admis à Clairefont ; on vous eût épargné un voyage inutile.

Pour dire vrai, le conseiller de préfecture n'ignorait pas l'ordre nouveau, mais il croyait avoir des moyens infaillibles de l'éluder.

— Allons, allons, François, — répliqua-t-il d'un air dédaigneux, — finissons cette plaisanterie ; je viens de la part de mon père pour affaire pressée...

— Eh ! morbleu ! —s'écria le concierge qui commençait à s'impatienter, — vinssiez-vous de la part du diable, je n'ouvrirai pas.

— Ceci est trop fort ! Ah çà ! vieil obstiné, me faudra-t-il donc remporter les soixante mille francs en or que j'ai là, dans le coffre de mon cabriolet, et que je dois remettre moi-même à monsieur Blanchard ?

— Ah ! c'est autre chose ; du moment que vous avez une commission pour monsieur Blanchard, vous pouvez entrer, mais seul ; et si, pendant votre absence, ce godelureau que voilà se met encore à jouer des airs avec son fouet, moi, je prendrai la mesure de ses épaules avec ma canne, il peut y compter.

Tout en parlant, le concierge avait tiré une clef de sa poche et s'était mis en devoir d'ouvrir, non pas les deux battants de la grille, mais un étroit guichet à peine suffisant pour le passage d'un homme.

Georges espérait bien qu'une fois dans la maison il pourrait en agir à sa guise ; aussi feignit-il de se prêter de bonne grâce aux exigences du rébarbatif François. Il prit dans la voiture une lourde sacoche qu'il cacha sous son manteau, mit pied à terre, et, après avoir recommandé au postillon de se tenir tranquille en l'attendant, il pénétra dans la cour.

Comme il se dirigeait, par distraction sans doute, vers la portion du château réservée aux maîtres du logis, la voix du concierge résonna tout à coup derrière lui :

— Pas de ce côté, — disait-on ; — le bureau de monsieur Blanchard est là-bas, au rez-de-chaussée.

Force fut à Georges de ne plus se tromper, et il marcha vers une porte au-dessus de laquelle était écrit en gros caractères : *Administration du domaine*. Ce fut seulement après l'avoir vu disparaître sous cette porte, que le cerbère du Prieuré rentra lui-même dans sa loge, et encore, sans doute, quoique invisible, ne se relâchait-il en rien de son inquiète surveillance.

Le bureau de Blanchard était une pièce voûtée, qui semblait avoir fait partie autrefois des cuisines du couvent. Il recevait du jour par deux étroites fenêtres garnies de gros barreaux de fer ; la porte, en épaisses planches de chêne, était elle-même doublée de plaques de fonte. Malgré ces précautions, la caisse ne se trouvait pas dans cette pièce, mais dans un second caveau dont la porte n'était pas moins solide que celle de la cour ; et quand même des malfaiteurs, par surprise ou par force, seraient parvenus à franchir tous ces obstacles, ils auraient eu encore à briser la caisse elle-même, puissant coffre de fer fermant à secret, et paraissant être à l'épreuve du canon.

Blanchard, assis dans un fauteuil de cuir, devant une table chargée de registres et de papiers, s'occupait de dépouiller une volumineuse correspondance. C'était un homme de cinquante-cinq ans environ, de manières simples et douces ; son crâne chauve, ses traits placides mais fatigués, attestaient les soucis qu'avait dû lui causer une longue et grave responsabilité. Bien qu'il possédât, selon l'avis commun, une fortune indépendante, il avait encore l'apparence d'un modeste employé. Il portait un habit noir râpé, dont les manches étaient protégées par des fourreaux de toile ; une vieille calotte de velours couvrait de front, et il avait aux pieds de prosaïques chaussons de lisière. On n'eût pu soupçonner dans ce piètre équipage l'ancien confident du millionnaire Savinien, le gardien fidèle des immenses trésors accumulés au Prieuré.

Au bruit causé par l'arrivée d'un visiteur, Blanchard avait levé la tête ; en reconnaissant le conseiller de préfecture, ses traits se détendirent, et il vint au-devant de Vernon avec empressement.

— Enchanté de vous voir, monsieur Georges, — lui dit-il d'un ton amical. — Mais, bon Dieu ! — ajouta-t-il aussitôt en voyant Vernon tirer sa sacoche de dessous son manteau et la déposer sur la table, — que m'apportez-vous là ?...

Georges commença par donner une poignée de main à l'honnête Blanchard, dont il désirait se concilier les bonnes grâces ; puis il répliqua :

— Ne le devinez-vous pas, mon vieil ami ? Ce sont les soixante mille francs provenant des fermages de la Bresse. Mon père, qui, en sa qualité de membre du conseil de tutelle, administre cette partie de la succession Savinien, devait vous remettre les fonds en personne ; mais comme j'étais fort impatient d'avoir des nouvelles de vos dames, je l'ai prié de me charger de la commission... Or, il ne paraît pas que je doive être récompensé de mes peines.

Blanchard n'eut pas l'air d'avoir entendu ces dernières paroles.

— C'est trop d'obligeance, monsieur Georges, — dit-il discrètement. — Eh bien ! si vous le permettez, nous allons d'abord expédier cette petite affaire. — Il ouvrit la sacoche et se mit à compter les rouleaux d'or qu'elle contenait. Cette opération se fit avec une rapidité merveilleuse. Quand elle fut terminée, Blanchard prit un reçu imprimé dont il remplit les blancs, signa et remit le papier à Georges, qui le plaça dans son portefeuille. Alors l'homme d'affaires regarda d'un air d'embarras comique l'or entassé sur la table.

— Vraiment, monsieur Georges, — reprit-il, — monsieur votre père, qui m'envoie ces fonds, eût bien dû m'apprendre comment je dois les employer. Ma caisse regorge de valeurs, et je ne sais plus où placer l'argent qui m'arrive de toute part.

— Mon père ne m'a donné aucune instruction à ce sujet, — répondit Georges qui s'était assis de façon, — mais que ne consultez-vous mademoiselle Paula ? elle a toute autorité ici comme tutrice légale de sa nièce.

— Mademoiselle Paula, excellente pour moi du reste, m'envoie promener quand je veux lui parler d'affaires. L'autre jour, comme je lui exprimais la crainte que les trésors accumulés dans cette maison ne finissent par tenter des gens mal intentionnés, elle me répondit en haussant les épaules : « Eh bien ! enfermez-vous dans votre chambre, et laissez faire les voleurs. Ma nièce et moi, nous aurons toujours assez de fortune. »

— Cependant mademoiselle Paula est généreuse, et elle doit dépenser beaucoup en bonnes œuvres.

— Tous les pauvres du pays sont devenus riches grâce à ses bienfaits, et maintenant on voit si peu de monde ici !

— En effet, on ne reçoit même pas les anciens amis de la famille... Mais voyons, Blanchard, on peut s'expliquer avec vous, vous êtes un homme de cœur et de sens. A-ton vraiment défendu à François de me laisser approcher de ces dames ? Ce serait bien mal reconnaître mes services et ceux de mon père ?

— L'ordre est absolu, monsieur Georges... Il n'admet d'exception pour personne.

— Mais il est absurde.

— Je ne dis pas le contraire, mais je vous conseille de le respecter.

— Comment, Blanchard, n'auriez-vous pas assez de crédit dans la maison pour me faire obtenir une audience de cinq minutes, le temps de saluer ces dames ? Elles ne peuvent refuser cette légère faveur à quelqu'un qui vient de parcourir douze lieues pour leur service, dans une saison déjà rigoureuse.

— Et pourtant vous ne l'obtiendrez pas. Si vous êtes fatigué, passons dans mon petit salon particulier, et l'on vous y servira des rafraîchissemens ; mais ne songez pa à pénétrer plus avant dans la maison, car votre présence ne manquerait pas d'y soulever une tempête.

— Il suffit, — reprit Vernon en pinçant ses lèvres ; — mais du moins ne sauriez-vous me donner quelques détails sur mademoiselle Odilia et sur sa tante, que je n'ai pas vues depuis deux mois ?

— Que vous dirai-je, monsieur Vernon ? — répliqua Blanchard d'un ton réservé ; — ces dames sont toujours dans l'affliction depuis la mort de mon digne maître, et la santé de mademoiselle ne s'améliore pas.

— Quoi ! cette chère Odilia serait-elle encore malade ?

— Malgré les soins et les précautions infinies dont on l'entoure, elle décline continuellement.

— Grand Dieu ! est-ce que l'on craindrait...

— Rien n'est encore désespéré, et pourtant je me demande souvent ce qu'il adviendra plus tard de cette immense fortune acquise au prix de tant de soins, de veilles, de fatigues par son défunt propriétaire... C'était bien la peine ! Mademoiselle Odilia et sa tante donneraient ces monceaux d'or et d'argent pour un instant de repos complet, pour un rayon de soleil, pour une bouffée d'air pur... Ah ! monsieur Georges, il faut avoir passé toute une longue vie, comme moi, à remuer des trésors pour reconnaître combien peu ils valent ce qu'ils coûtent !

— Feu votre patron, monsieur Savinien, n'était pas de cet avis, Blanchard ; cela vient peut-être de ce que, par position, vous savez avec quelle peine on les acquiert, mais vous ignorez les avantages et les joies qu'ils procurent... Enfin laissons cela... Vous pourrez du moins me dire dans quelle situation d'esprit se trouve maintenant Odilia... Vous me comprenez, sans doute ?

— J'ai rarement occasion de voir mademoiselle ; il me semble pourtant qu'elle ne fait et ne dit rien que de raisonnable.

— Quoi ! n'a-t-elle pas cette idée fixe que sa vie était intimement liée à celle du tilleul de sa terrasse ?

— Et cela n'est-il pas vrai, monsieur Georges ? cette croyance s'appuie sur trop de preuves pour qu'on puisse encore la révoquer en doute. — Vernon sourit. Telle était en effet l'opinion générale au château, et Blanchard, bien qu'il fût un homme de bon sens, avait fini par adopter un sentiment qu'il entendait exprimer autour de lui depuis tant d'années. — Il est certain, — poursuivit-il, — que l'arbre dépérit à mesure que mademoiselle ressent de plus cruelles atteintes de son mal, et ce dépérissement tient à une cause inconnue, qui par cela même est sans remède.

En dépit de son incrédulité, Vernon parut touché en apprenant ces fâcheuses nouvelles.

— Ainsi donc, — reprit-il, — les efforts, les précautions de mademoiselle Paula pour rendre à sa nièce la vigueur de l'esprit et du corps n'ont produit jusqu'à présent aucun bon résultat ? Cela devait être en effet ; ce silence, cette réclusion, cette solitude morne me semblent moins capables de la distraction et la vie active d'amener un changement favorable. Je proposerais, au contraire, pour guérir cette chère Odilia, les voyages, l'air chaud et balsamique des régions méridionales, l'exercice, les divertissemens... Tenez, Blanchard, je vous en conjure, procurez-moi les moyens de voir mademoiselle Paula, elle seule, puisqu'il le faut. Je lui dirai ce que je pense, qu'elle compromet de plus en plus la santé, la raison de sa nièce en persistant dans un système funeste.

— Pour la centième fois, c'est impossible, monsieur Georges, — répliqua Blanchard avec une légère impatience.

— Mademoiselle Paula ne voudrait même pas vous écouter... Elle entrerait dans une colère horrible contre vous, contre moi, contre tout le monde ; et, quand elle est en colère, elle ne ménage rien. Si vous avez des observations à présenter sur le régime auquel notre pauvre malade est soumise, voyez le docteur Delmas, le seul et bon juge dans le cas dont il s'agit.

— Soit ! je tâcherai de voir le médecin et de lui faire comprendre quelle grave responsabilité il assume sur sa tête. Mais on me traite bien cruellement, Blanchard, et je gagerais qu'on ne traite pas de même les autres amis de monsieur Savinien.

— Vous vous trompez, pourtant, monsieur Georges, je vous l'affirme.

— Quoi ! aurait-on reçu d'une manière aussi brutale le comte Max de Lichtenwald, par exemple ?

— Vous savez donc qu'il s'est déjà présenté ici ? — demanda Blanchard avec étonnement. — Dans ce cas, vous ne pouvez ignorer non plus qu'il a été accueilli exactement comme vous. Il est aussi venu au Prieuré sous prétexte d'affaires ; il avait à s'entendre avec moi, disait-il, au sujet de l'intérêt des trois millions que monsieur Savinien a prêtés à la principauté de Lichtenwald. Je le reçus dans ce bureau, comme vous, et en deux mots nous eûmes terminé l'affaire qui l'amenait ; mais, pas plus que vous, il ne put parvenir jusqu'à ces dames. Depuis ce temps, il n'a pas osé revenir au château. On assure qu'il est encore dans le pays ; toutefois on le veut nulle part, et ni mademoiselle Odilia ni mademoiselle Paula n'ont eu connaissance de sa démarche.

— Ah ! il est encore dans le pays ? Il ne désespère donc pas... Eh bien ! s'il y est, je le verrai, moi, car nous avons aussi certaines affaires à traiter ensemble. Mais un mot encore, mon cher Blanchard, et je ne vous importunerai plus de mes questions. Qu'est devenu ce jeune garçon qui fut renversé par mon cheval en même temps que moi ?

— Vous vouliez parler d'André Gambier ? Ah ! monsieur Georges, cet accident a eu pour lui des suites plus fâcheuses encore que pour vous. On dit son état désespéré.

— Tiens, tiens ! ce pauvre petit diable ! — fit Georges distraitement. — Ah çà ! où donc est-il à cette heure ? Je désirerais donner quelques preuves d'intérêt à mon compagnon d'infortune.

— Il demeure dans la maison blanche qui est à l'entrée du village ; mais ne vous inquiétez pas de l'assister, on y a pourvu déjà, et ni lui ni sa mère ne manqueront de rien jusqu'à leur dernier jour.

— On ne pouvait attendre moins de la bienfaisance de vos excellentes dames... Et sans doute aussi elles n'ont pu se dispenser de rendre quelquefois visite au jeune malade ?

Blanchard se mordit les lèvres.

— Certainement, — reprit-il, — vous savez aussi bien que moi ce que vous me demandez... Du reste ce n'est pas un secret ; ces dames vont chaque jour voir André à Clairefont.

— Est-il possible ? Mais, Blanchard, des personnes un peu rigoristes seraient en droit de juger défavorablement de pareilles démarches.

— Il faudrait avoir le cœur bien dur, l'esprit bien méchant, monsieur Georges, pour juger ainsi des actions toutes naturelles. Ne vous ai-je pas dit que ce malheureux jeune homme était mourant ? Quant à mademoiselle, vous ne l'avez pas vue depuis quelque temps ; mais elle est bien changée, bien frêle et bien triste... Pourquoi envierait-on à ces enfans, si à plaindre l'un et l'autre, la misérable satisfaction de se trouver ensemble pendant quelques instans, afin de s'encourager à souffrir ?

Blanchard parlait avec une sensibilité profonde, assez extraordinaire chez un homme dont la vie s'était passée au milieu de préoccupations toutes positives. Vernon, absorbé par les idées que ces révélations faisaient naître en lui, se contenta de répondre froidement :

— Sans doute, sans doute ; ce sont, comme vous dites, des enfantillages. Néanmoins, comment mademoiselle Paula permet-elle de pareilles visites qui doivent produire sur Odilia, je le sais, des impressions très fâcheuses ?

— Il l'a bien fallu, on avait caché à mademoiselle Odilia la situation réelle d'André Gambier ; mais elle parvint, on ignore par quel moyen, sans doute par l'indiscrétion des domestiques, à savoir toute la vérité. Alors elle voulut aller voir le malade. Sa tante s'y refusa énergiquement ; mais cette fantaisie tourmentait notre jeune maîtresse, et l'agitation aggravait son état d'une manière sensible. Mademoiselle Paula finit donc par céder, si bien que maintenant elles font chaque jour une courte visite à la veuve Gambier... Et tenez, — ajouta-t-il en désignant deux domestiques qui retiraient de dessous la remise une élégante voiture, — voici l'heure où ces dames sortent pour se rendre au village de Clairefont. Si vous m'en croyez, monsieur Georges, vous partirez au plus vite : la vue de votre cabriolet de poste arrêté là devant la grille inquiéterait mademoiselle Paula et l'irriterait sûrement contre vous.

Georges se leva ; il venait de concevoir un plan qu'il lui tardait de mettre à exécution.

— Il suffit, — reprit-il ; — je suis trop fier pour me montrer quand ma présence pourrait être importune. Merci de vos renseignements, Blanchard ; je vais mettre à profit vos conseils. — Après avoir serré la main à l'intendant une dernière fois, et l'avoir chargé de transmettre ses complimens aux dames du logis, s'il le trouvait convenable, il regagna son cabriolet et partit sur-le-champ. Mais quand on eut tourné un coude de l'avenue, Georges donna l'ordre au postillon d'arrêter. — Je descends ici, — lui dit-il ; — toi tu vas aller m'attendre chez Granget, au Tourne-Bride, avec la voiture et les chevaux. Voici pour boire, mais ne bavarde pas, tu m'entends ? — Le postillon empocha l'argent, remercia et poursuivit sa route en faisant claquer son fouet, tandis que Georges se dirigeait à travers champs vers le village de Clairefont. — Je veux savoir ce qui se passe de ce côté, — pensait-il ; — le comte Max, pas plus que moi, ne paraît avoir abandonné la partie, et la maladie de ce petit paysan me donne singulièrement à penser. Voyons de quoi il retourne. Savinien n'est plus là... Un caprice de femme peut, les circonstances aidant, changer rapidement la face des choses... Une dot de trente millions vaut bien la peine qu'on se remue !

IV

LA MAISON D'ANDRÉ.

En vertu de l'axiome qu'il venait de formuler, Georges Vernon continuait d'avancer vers le village de Clairefont. Mais le manteau dont il était enveloppé, la difficulté de la marche au milieu des labours et des jachères, l'obligèrent bientôt de ralentir son pas ; et, arrivé sur une espèce de mamelon qui dominait une partie du pays, il dut s'arrêter tout à fait, autant pour s'orienter que pour reprendre haleine. Au-dessous de lui passait une allée qui conduisait du Prieuré au château, et comme cette allée était bordée de jeunes arbres clair-semés et déjà dépouillés de leur feuillage, rien ne gênait le regard dans toute sa longueur.

Georges put ainsi s'assurer d'un coup d'œil que la voiture n'avait pas encore quitté le château et qu'il avait le loisir de mûrir son plan de conduite.

A sa droite était le Prieuré avec ses grands bâtimens irréguliers, qui se détachaient sur les massifs encore verts du parc et de la forêt ; à gauche, le village de Clairefont, dont les maisons blanches s'éparpillaient au milieu de jardins et de vignes. La rivière, un peu grossie par les pluies d'automne, formait un vaste demi-cercle derrière le château et les plantations, pour revenir par un coude brusque vers le village.

Tout cela était calme, solitaire, silencieux. A peine apercevait-on sur cette vaste étendue quelques troupeaux paissant dans les prairies, quelques travailleurs occupés à tracer leurs sillons dans les champs.

Une brise sèche, venue du nord, avait nettoyé l'atmosphère, et le soleil brillait, dans un ciel aride d'un bleu ardoisé, qui permettait de distinguer les objets les plus éloignés.

Or, tandis que Georges promenait son regard autour de lui, une circonstance particulière fixa un moment son attention.

Dans la partie de la rivière qui se rapprochait le plus du village, une petite barque, dirigée par un seul homme, fendait le courant, assez rapide en cet endroit. Cette barque était partie d'un joli cottage qui s'élevait de l'autre côté de l'eau, et on jugeait à sa forme svelte comme à ses fraîches peintures qu'elle n'appartenait pas à quelque pauvre pêcheur du voisinage.

Afin sans doute de manier ses rames plus librement, l'individu qui la conduisait avait déposé à côté de lui une espèce de manteau ou de surtout dont il était d'abord enveloppé. On ne pouvait de cette distance reconnaître s'il portait le costume d'un paysan ou celui d'un bourgeois, mais un bijou de petite dimension, comme une épingle ou un bouton de chemise, luisait sur sa poitrine d'un éclat extraordinaire, et chaque mouvement du rameur au soleil faisait jaillir dans l'espace une étincelle éblouissante. Georges essaya de se rendre compte de ce fait singulier.

— Du diable si l'on ne dirait pas des feux bleuâtres que lance un diamant de la plus belle eau ! — murmurat-il ; — mais bah ! un bouton de cuivre bien frotté peut produire de loin la même apparence. — Néanmoins il continuait de suivre des yeux le rameur, dont la barque maintenant allait toucher la rive, quand un bruit lointain s'éleva dans la direction du Prieuré. Une voiture bien vernie, aux lanternes et aux moyeux argentés, venait d'apparaître sur la route et s'avançait au pas de deux magnifiques chevaux. — Pas une minute à perdre ! — reprit Georges avec précipitation ; — heureusement la voiture va d'un train de malade et j'ai de bonnes jambes.

En même temps, il descendit la colline avec rapidité, et, en dépit de son manteau, qui lui était nécessaire pour protéger son incognito, il reprit sa course vers le village. Il atteignit la maison d'André avant même que la voiture s'en trouvât à moitié chemin.

Quand il quitta l'avenue pour s'engager dans l'étroit sentier tracé entre deux haies, il faillit renverser une jeune paysanne, assez proprement mise, qui semblait avoir été placée là en observation. La paysanne, en l'apercevant tout à coup, poussa un léger cri d'effroi et se rangea pour le laisser passer ; mais bientôt elle se ravisa et parut vouloir interpeller l'inconnu. Une invincible timidité la retint immobile et l'empêcha de prononcer une parole. Un regard sévère de Georges acheva de la troubler, et le conseiller de préfecture put pénétrer chez André sans obstacle.

A l'extérieur, l'habitation de madame Gambier et de son fils avait conservé son air riant et modeste ; seulement la vigne avait perdu ses pampres, et les poules, au lieu de rôder comme autrefois devant la porte, avaient été reléguées dans une arrière-cour, où par intervalles on les entendait encore caqueter.

Mais à peine Georges eut-il soulevé sans façon le loquet de la porte qu'il faillit reculer, croyant s'être trompé.

Rien ne rappelait plus intérieurement l'humble et pauvre demeure où nous avons déjà introduit le lecteur. Les murailles nues avaient disparu, ainsi que le plafond à poutres saillantes, sous de riches tentures encadrées de baguettes dorées. Un moelleux tapis de pied couvrait le carreau; les étroites fenêtres ou plutôt les lucarnes de la chaumière étaient garnies de doubles rideaux de soie.

La cheminée de brique, où brillait en ce moment un excellent feu, était ornée d'une splendide devanture de marbre blanc, chef-d'œuvre d'un sculpteur habile, et sur le manteau s'étalait une grande glace de Venise.

Les meubles n'étaient pas moins somptueux, quoique un peu disparates; c'étaient d'abord un beau lit de palissandre dont le baldaquin paraissait à l'étroit dans cette pièce basse et écrasée, puis des fauteuils de velours, des tables de bois de rose, et ces mille petits riens d'un prix énorme qui sont le signe de la véritable opulence. Les seuls objets de l'ancien mobilier qui eussent été religieusement conservés étaient les armes d'honneur du père Gambier, sa croix et ses états de service dans leurs simples cadres de bois noir, et aussi deux ou trois vieilles cages où chantaient quelques oiseaux favoris.

Le luxe éblouissant de cet intérieur, autrefois si modeste, était un secret pour tout le pays. On se souvient que madame Gambier et son fils n'entretenaient aucune relation avec leurs voisins. Fanchette, une petite orpheline qui était entrée à leur service depuis l'accident arrivé à André (la jeune fille que Georges venait de rencontrer en observation sur la route), avait l'ordre de ne laisser pénétrer dans la maison aucun habitant du village.

Du reste, la transformation s'était accomplie avec le plus grand mystère. Une nuit, des chariots contenant tous les objets nécessaires étaient venus du Prieuré. Plusieurs tapissiers s'étaient mis à l'œuvre sur le champ.

Avant le jour, le travail était terminé, et l'intérieur de la chaumière avait pris l'aspect du boudoir d'une marquise. André et sa mère avaient eu beaucoup de peine à permettre que l'on corrigeât la triste nudité de leur demeure, et ils s'étaient mis en garde contre les effrayés de cette magnificence; mais André ignorait la valeur réelle de ces belles choses, et la pauvre aveugle était si facile à tromper!

Georges Vernon, comme on peut le croire, ne s'attendait nullement à un pareil tableau; mais il n'eut pas le temps de s'en étonner, et son attention dut se porter aussitôt sur les habitans mêmes de cet élégant réduit.

Madame Gambier, debout devant un guéridon de laque, était en train de verser dans une tasse d'argent le contenu d'une théière, et préparait une boisson pour le malade. Elle était vêtue fort proprement d'une robe de laine de couleur foncée, à grande pèlerine, et d'un bonnet de la plus scrupuleuse blancheur. Malgré cette toilette, la bonne femme paraissait avoir beaucoup vieilli depuis quelques mois; elle était pâle, changée, et sa physionomie avait une expression de désespoir.

Dans un angle obscur auprès de la cheminée, se trouvait un large divan ou plutôt un lit de repos en damas de soie, que flanquaient un grand nombre d'oreillers recouverts de guipure et de dentelles. Sur ce lit, André, à demi vêtu, était enveloppé d'une courtepointe brodée qui dessinait vaguement son corps amaigri. A ses pieds, une peau de lion, aux griffes dorées, dont la puissante tête avait repris entre les mains d'un préparateur habile les formes et l'expression de la nature, servait de tapis. Cette peau seule valait plus d'argent que Gambier et sa mère n'en avaient jamais possédé avant l'époque présente.

Au bruit qu'avait fait le visiteur en ouvrant la porte, l'aveugle était restée immobile, sa tasse à la main.

— Bonjour, madame Gambier, — dit Georges de ce ton doucereux qu'il savait prendre dans l'occasion ; — c'est moi, Georges Vernon, le compagnon d'infortune de votre fils.

Madame Gambier eut l'air de chercher dans son souvenir.

— Ah! oui, — reprit-elle enfin, — ce riche jeune homme qui pendant notre séjour au château s'est montré si bon pour André?

— Il paraît, chère dame, — poursuivit Georges en regardant autour de lui, — que votre situation de fortune s'est beaucoup améliorée depuis cette époque-là... Que de luxe autour de vous! on se croirait chez une duchesse. Il s'approcha lentement du lit de repos. Le malheureux André n'était plus reconnaissable; ses mains reposaient inertes sur la couverture; son visage décoloré, ses joues creuses, sa respiration haletante, témoignaient d'une consomption arrivée à son terme. Cependant ses yeux paraissaient démesurément agrandis, et il les attachait sur le visiteur avec une expression de surprise et de mécontentement. — Eh bien! mon brave garçon, comment cela va-t-il? — demanda Vernon en acceptant le siège que madame Gambier s'empressait de lui offrir; — pas très bien, à ce que je vois?

— Mieux pourtant, — répondit André de sa voix haletante; — je mange, je bois et je compte bientôt me lever. N'est-ce pas, mère, que je vais mieux?

L'aveugle remua la tête en signe d'assentiment.

Vernon ne savait que penser; se faisaient-ils réellement illusion à ce point, ou bien voulaient-ils seulement se tromper l'un et l'autre?

Il était évident pour lui qu'André avait atteint cette limite suprême où la plus légère émotion, le moindre effort, le plus simple mouvement suffit pour détacher l'âme de son enveloppe matérielle. Cependant il répondit amicalement :

— S'il en est ainsi, je vous félicite, mon garçon, et je félicite votre bonne mère. Moi, grâce au ciel! je peux enfin me servir de mon bras blessé. Pendant ma convalescence, qui a été plus longue qu'on ne pensait, je n'ai cessé de demander de vos nouvelles, mais nul ne pouvait m'en donner. J'ai profité d'une affaire qui m'appelait dans le pays pour en venir chercher moi-même. Comme j'ai été la cause involontaire de votre malheur, je tiens à vous offrir tous les dédommagemens qui sont en mon pouvoir.

La mère et le fils écoutaient d'un air distrait, et on eût dit que la présence de Vernon leur était importune; mais comment ne pas agréer une visite si naturelle, surtout quand le visiteur exprimait des sentiments si bienveillans, si généreux?

Madame Gambier balbutia quelques remercîmens; mais André continuait d'examiner le conseiller de préfecture avec des yeux effarés :

— Ne veniez-vous pas plutôt, — répliqua-t-il, — vous assurer... Enfin nous n'avons besoin de rien. Le bon Dieu, par l'intermédiaire d'un de ses anges, y a pourvu. Merci de votre visite; mais n'ayez aucune inquiétude à notre égard, et...

Il s'arrêta tout à coup.

— Et partez, — acheva Georges avec ironie, — n'est-ce pas ce que vous vouliez dire? Sur ma foi! mon petit ami, vous n'êtes ni poli, ni reconnaissant... Heureusement j'ai de l'indulgence pour les boutades, pour les caprices d'un malade.

Et il ne bougeait pas; mais André écoutait maintenant un bruit lointain qui avait frappé son oreille bien avant celles des autres personnes présentes.

— C'est la voiture! — dit-il. Il ajouta presque aussitôt en se tournant vers Georges : — Vous saviez quelle visite nous attendions, et je m'explique à présent pourquoi vous êtes venu.

Vernon fut un peu déconcerté de cette perspicacité; l'aveugle s'approcha de lui :

— Monsieur, — dit-elle avec embarras, — nous sommes bien honorés et bien reconnaissans de votre démarche; mais nous attendons ici en ce moment des personnes qui désirent ne pas être vues, et nous vous serions fort obligés si vous vouliez remettre à un autre jour...

— Oui, oui, partez, — dit André, dont les joues s'étaient subitement vermillonnées.

— Voilà, mes braves gens, de singulières façons, — répliqua Georges avec dédain ; — sur ma parole ! on se croirait dans une petite maison, à l'heure où le patron anonymé va y faire son apparition, et je suis tenté de voir ce qui m'arriverait si je refusais de me laisser éconduire.

En ce moment la jeune servante entra précipitamment.

— La voiture ! — dit-elle tout essoufflée ; — les dames seront ici dans un instant.

Elle demeura interdite à la vue de l'inconnu. L'aveugle dit avec volubilité, en cherchant à tâtons la main de Georges :

— Ne vous offensez pas, monsieur ; mais vous affligeriez cruellement les personnes qui vont venir si l'on vous trouvait ici.

Vernon consentit enfin à se lever.

— Soit, — reprit-il, — je ne prétends pas rester dans votre maison malgré vous... Adieu, madame Gambier... adieu aussi, mon garçon... Bien que votre réception n'ait pas été telle que je l'attendais, je ne vous en veux pas, et je vous souhaite mille prospérités.

Tout en parlant, il se dirigeait vers la porte ; il venait d'entendre une voiture s'arrêter sur la grand'route, et il espérait bien se trouver face à face avec ceux qui arrivaient.

Mais la servante eut l'air de deviner sa pensée.

— Pas de ce côté, — reprit-elle, — vous rencontreriez... Je vais vous faire sortir par l'enclos.

Vernon hésitait ; Fanchette le poussa doucement vers le fond de la chambre. Là elle souleva une portière en tapisserie, et l'introduisit dans une pièce un peu plus petite mais à peine moins ornée que la première. C'était évidemment la chambre à coucher d'André, quoique pendant la journée le malade occupât le lit de repos. Elle était, comme la première, tendue en riches étoffes, et une cheminée portative en porcelaine et en bronze doré y entretenait une température constante.

Fanchette entraînait toujours Vernon vers une seconde porte qui donnait sur l'enclos.

Tout à coup, elle le sentit demeurer aussi ferme qu'un roc. Elle se retourna d'un air étonné ; Georges lui fit signe qu'il n'avancerait pas davantage. La pauvre fille allait crier, protester contre cette violence ; mais, précisément en ce moment, elle entendit dans la première pièce la voix d'Odilia et de Paula, qui venaient d'entrer.

Comme elle paraissait mortellement effrayée, Vernon lui dit bas, avec énergie :

— Je ne veux aucun mal à vos maîtres et aux personnes qu'ils reçoivent chez eux. Je suis au contraire leur ami à tous ; mais je suis fermement résolu à écouter ce qui va se dire ici... Songez que vos cris pourraient causer au malade une émotion dangereuse, déterminer quelque scène désagréable. Je vous promets de ne pas vous retenir longtemps.

Et il glissa une pièce d'or à la jeune servante.

Que pouvait faire la pauvre Fanchette, sinon céder à ces indiscrètes exigences ? Moitié de gré, moitié de force, elle s'assit en silence sur un meuble pour attendre qu'il plût à Georges de se retirer. Pour lui, il revint sur ses pas, souleva la portière avec précaution, et s'arrangea de manière à ne perdre aucun détail de ce qui se passait dans la chambre voisine.

C'était bien Odilia et la tante Paula qui venaient d'arriver. Paula était vêtue de deuil, et, depuis les derniers événemens, une expression plus farouche qu'autrefois, une expression presque fatale, était empreinte sur sa figure jaune et ridée. Quant à Odilia, ses traits n'avaient pas changé de caractère, mais elle était devenue si mince, si pâle, et, pour ainsi dire, si éthérée, qu'elle ne semblait déjà plus appartenir à ce monde. Un enfant de six ans l'eût portée aisément dans ses bras.

Elle était enveloppée d'une ample pelisse en cachemire doublée de cygne, dont la blancheur et la finesse s'alliaient merveilleusement avec la pâleur satinée de la jeune fille.

Une légère coiffure de dentelle et de feuillage se confondait avec les boucles de ses cheveux. Malgré cette parure, son visage était celui d'une morte, et la vie n'éclatait que dans le regard.

La tante Paula s'était approchée de l'aveugle et lui avait dit quelques mots à voix basse ; madame Gambier répondit de même avec une expression de douleur et un sanglot mal étouffé. Puis les deux femmes s'assirent en face du lit, et demeurèrent silencieuses.

Cependant Odilia, après avoir rejeté sur ses épaules le capuchon de sa mante, s'était avancée vers le malade, d'un pas faible et chancelant, comme si le poids de ses vêtemens l'eût écrasée. Elle se laissa tomber dans un fauteuil, en adressant à André un mélancolique sourire.

André s'était soulevé péniblement.

— Odilia, chère Odilia ! — murmura-t-il avec douceur.

Mais la jeune fille, en entendant son nom, fronça le sourcil.

— Encore ? — dit-elle.

— Eh bien ! non... pas Odilia, puisque ce nom vous déplaît... mais la dryade, la fée du tilleul !... ou plutôt ma protectrice, mon bon génie, mon ange tutélaire !

Ils se regardèrent pendant quelques instans sans rien dire. Enfin Odilia reprit d'un petit air majestueux :

— Mon ami a-t-il quelques vœux à former ce matin ? Il sait que je peux accomplir la plupart de ses souhaits.

— Ah ! ma bien-aimée, si vous aviez le pouvoir que vous dites...

— Si ! — répéta Odilia en se redressant ; — pourquoi donc un pareil doute ?

— Eh bien ! alors, bonne fée, rendez-moi la force et la santé, rendez-les-moi pour ma pauvre mère qui s'épouvante et se désole.

— Vous guérirez bientôt, ami ; vous redeviendrez robuste, dispos et courageux ; vous serez doué de toutes les qualités de l'esprit et du corps. Vous aurez la force, l'adresse, la vaillance, comme vous avez la droiture et la loyauté. Je vous élèverai ainsi au-dessus de tous les hommes afin que vous soyez digne de moi.

— Je vous crois, mon amie, je veux vous croire, — répondit André avec une confiance naïve, — et à mon tour je m'efforcerai de mériter votre affection et vos bienfaits. J'étudierai les livres dont la science est aujourd'hui indispensable, puis je me ferai soldat, comme était mon père ; et bientôt, grâce à mon travail, à mon courage, je deviendrai officier...

— Hé ! quoi ! — interrompit Odilia dédaigneusement, — me contenterais-je de cela pour celui que j'aime ? Votre ambition est encore humble, André, et je compte vous placer bien au-dessus des vulgaires désirs de la foule. Je ferai pour vous, André, ce qu'une de mes pareilles fit pour le simple écuyer Crocus, qui devint fondateur d'un royaume ; j'écarterai de vous le péril, je vous inspirerai les grandes actions et les grandes pensées. La nymphe Egérie, qui apparaissait à Numa près d'une fontaine, et qui le rendit le roi le plus sage, le plus puissant de Rome, était aussi une dryade... Va, mon André, — poursuivit-elle avec une exaltation croissante, — mon pouvoir n'est pas inférieur à celui de mes sœurs : je te rendrai grand et heureux comme Crocus et comme Numa.

André, affaibli par de longues souffrances, consumé par une fièvre ardente, et d'ailleurs pénétré d'une admiration superstitieuse pour Odilia, au sujet de qui l'on racontait tant de choses extraordinaires, écoutait habituellement avec une crédule confiance les promesses obscures et mystiques de la jeune fille. Néanmoins, cette fois, les affirmations de la pauvre insensée, au lieu d'enflammer son imagination, le rappelèrent au sentiment de la réalité.

— Comment vous croirais-je capable d'opérer de semblables merveilles, — dit-il, — quand vous-même paraissez impuissante à vous guérir vous-même ? C'est pourtant à vous d'abord qu'il faudrait songer. Chaque jour votre faiblesse augmente, vos yeux s'entourent d'un cercle bleuâtre...

— Ignores-tu, enfant, — répondit Odilia en souriant, — les conditions particulières de ma double parure? Tu vois en moi les effets de l'hiver qui commence. A cette époque de l'année, la végétation s'arrête, l'arbre paraît se dessécher, ses branches sont nues; il frissonne sous la bise qui le tourmente. Hier, quelques feuilles se balançaient encore aux rameaux de mon tilleul; le vent du nord qui a soufflé la nuit dernière est venu brutalement les arracher. Étonne-toi donc que ta pauvre amie soit aujourd'hui malade et chancelante.

— Mais si en effet, — reprit André, — l'arbre venait à périr.

— Alors, ami, je me résoudrais en vapeurs blanches et légères comme celles qui flottent le matin sur les prairies humides... Mais, rassure-toi, — poursuivit-elle avec un nouvel enthousiasme, — un tel sort ne m'est pas réservé. Mon arbre est sain encore, quoique dépouillé par les approches de l'hiver. Quand reviendra le printemps avec son chaud soleil et ses vivifiantes ardeurs, il se couvrira d'une verdure nouvelle, puis de fleurs au doux parfum, et il élèvera vers le ciel ses rameaux pleins de sève. La fauvette viendra nicher dans sa feuillée; tout le jour retentiront sous ses ombrages les chants de la mélodieuse famille. La nuit, le rossignol reposera sur ses branches, et le beau sphinx du tilleul bourdonnera sur sa fleur. Comme mon arbre, je recouvrerai au printemps la force, la santé et la joie.

— Ah! mon amie, pourquoi le printemps tarde-t-il tant à revenir? Que de jours froids et noirs à traverser jusqu'à son retour!

Odilia reprit la parole avec tant de confiance et d'enthousiasme, qu'elle entraîna de nouveau le candide André dans le tourbillon de ses chimères. Pendant près d'une heure, ils s'abandonnèrent à des rêves insensés. Ils avaient oublié le monde réel: c'étaient déjà deux esprits détachés de la terre qui parcouraient à plein vol ces régions idéales auxquelles aspirent les âmes blessées.

Mais plus les malheureux jeunes gens se laissaient aller à ces élans maladifs de leur imagination, plus les assistans éprouvaient d'émotions navrantes. Madame Gambier cachait son visage dans son mouchoir pour étouffer ses sanglots; Paula elle-même, la rude Paula, ne s'apercevait pas que deux grosses larmes roulaient sur ses joues basanées.

Seul, Georges Vernon, derrière son rideau, avait le courage d'écouter avec calme ce babillage d'amour et d'espérances qui se faisait comme sur une tombe entr'ouverte.

Enfin Paula se leva et dit à sa nièce quelques mots à voix basse. Odilia se leva de même :

— L'heure est venue, André, — reprit-elle avec son air de solennité mélancolique ; — je te quitte, mais je t'apparaîtrai demain, à l'heure accoutumée; as-tu encore quelque vœu à former?

— Aucun, mon amie, aucun autre que celui de vous revoir, — répondit André profondément abattu; — quand vous me quittez, il me semble que je vous perds pour toujours.

— J'obéis à la destinée, mon André; mais je reviendrai demain. Sois patient; toutes les prospérités de ce monde nous sont réservées. — En se tournant vers la fit madame Gambier qui donnait libre cours à sa douleur. — Quelle est cette femme qui pleure quand nous sommes si heureux? — demanda-t-elle avec étonnement.

— Ne la reconnaissez-vous pas, Odilia? C'est ma bonne et tendre mère.

— Votre mère! En effet, comment avais-je pu oublier!... Moi aussi, j'avais un père, un homme énergique et bon qui prévenait tous mes désirs, tous mes caprices... Pourquoi n'est-il plus près de moi? Pourquoi ne vient-il plus m'embrasser chaque matin et chaque soir?

Elle demeurait immobile, l'œil fixe et morne; évidemment, ainsi qu'il lui arrivait parfois, un éclair de raison venait de passer dans la nuit de son intelligence. Mais Georges Vernon ne jugea pas prudent de rester davantage; il quitta son poste d'observation et traversa, non sans de grandes précautions, la chambre d'André. Fanchette lui ouvrit la porte de l'enclos, et le conduisit jusqu'à un sentier solitaire qui s'enfonçait dans la campagne.

— Vous avez bien mal agi, monsieur, — lui dit-elle d'un ton de reproche, — et j'aurais dû rester peut-être... Mais partez vite; mademoiselle Savinien et sa tante vont sans doute faire une partie de la route à pied, comme à l'ordinaire, et vous risqueriez d'être aperçu.

— Quoi! ne vont-elles pas remonter en voiture?

— Non; habituellement elles marchent pendant une partie du chemin pour retourner au Prieuré.

— Allons, je tâcherai de les éviter... Pas un mot de tout ceci, ma bonne fille.

Et il s'éloigna rapidement, en se glissant derrière les haies qui longeaient la route principale.

La petite servante ne se hâta pas de rentrer, craignant qu'il n'eût la fantaisie de revenir sur ses pas. Néanmoins, quand elle eut vu Odilia et sa tante sortir par l'autre porte de la maison, et se diriger à pas lents vers le grand chemin, elle crut devoir rejoindre ses maîtres, qui allaient sans doute avoir besoin de ses services.

En effet, comme elle approchait de l'habitation, elle entendit madame Gambier qui disait d'une voix effrayée, quoique contenue :

— Fanchette, au secours!... mon fils se meurt!

Fanchette accourut. Il n'était que trop vrai : le malade, à la suite de ces émotions prolongées, venait de tomber en faiblesse.

▽

L'ÉPREUVE.

Georges Vernon n'était pas absolument méchant, et s'il avait assisté avec une apparente insensibilité à la scène touchante de la maison Gambier, c'était qu'une passion dominante annihilait ses instincts généreux.

Cette passion, nous l'avons dit, n'était pas l'amour; c'était une ambition démesurée. Fils d'un parvenu qui avait fait un peu sa fortune *per fas et nefas*, ayant toujours vécu lui-même dans le monde des intérêts matériels, il était plus convaincu qu'il ne l'avait autrefois laissé voir à Savinien de l'omnipotence de la richesse.

Le désir de s'unir à Odilia était donc devenu pour lui comme idée fixe, et son père, non moins avide que lui, non moins désireux de lui assurer les biens immenses de Savinien, n'avait fait que l'entretenir dans ces projets depuis la mort du capitaliste. Aussi Georges poursuivait-il avec une fiévreuse opiniâtreté ce but éblouissant, et tous ses autres sentimens s'absorbaient-ils dans celui d'une ardente convoitise.

Pendant qu'il errait dans la campagne, mille réflexions agitaient son esprit. Il se disait que, malgré l'affligeante situation physique et morale d'Odilia, la partie ne pouvait pas encore être désespérée pour lui.

Ce pauvre André, à qui mademoiselle Savinien adressait tout à l'heure de si poétiques choses, n'était plus à craindre maintenant.

D'autre part, Max de Lichtenwald, bien que peut-être il n'eût pas renoncé à tout espoir, ne devait conserver aucune chance de succès depuis que sa famille connaissait la fameuse infirmité de mademoiselle Savinien.

Que restait-il donc en fait de prétendans auprès de la riche héritière? lui Georges Vernon, lui seul, et peut-être l'occasion était-elle favorable pour renouer d'anciens rapports avec son amie d'enfance.

Tout en pensant ainsi, il retournait de temps en temps la tête afin de reconnaître ce qui se passait dans le chemin.

A quelque distance, on apercevait Odilia, qui s'avançait péniblement à pied, appuyée sur le bras de sa tante. Deux domestiques en livrée de deuil marchaient à vingt pas derrière elles, prêts à les secourir et à les défendre au besoin.

Plus loin encore venait la voiture, qui, pour ne pas dépasser les dames, faisait des haltes fréquentes, au grand regret des chevaux, dont le cocher avait peine à maîtriser la généreuse impatience.

Georges s'arrêta; il était bien décidé, cette fois, à se placer sur le passage d'Odilia, mais il réfléchit qu'il serait maladroit peut-être de se montrer trop tôt sur la voie publique. Il pouvait être reconnu de loin, et la jalouse Paula, pour déconcerter son plan, serait capable de faire remonter Odilia en voiture, de fermer portières et stores, et de passer invisible avec sa nièce au galop des chevaux.

Il chercha donc des yeux un endroit favorable pour se cacher jusqu'au moment où les dames se trouveraient dans l'impuissance de l'éviter.

Le hasard lui fournit une place telle qu'il pouvait la souhaiter dans la circonstance présente.

C'était un de ces buissons appelés *remises* par les chasseurs; celui-ci se composait de cinq ou six grands arbres de haute futaie, sous lesquels croissaient des ronces, des sureaux, des coudriers, formant un taillis touffu à huit ou dix pas de la route. Vernon se hâta de gagner le bouquet de bois; mais quelle fut sa surprise, en y arrivant, de trouver ce poste d'observation déjà occupé.

Le personnage qui l'avait précédé en cet endroit avait vraiment l'air d'être le sosie, l'ombre, le *double* de Vernon lui-même; il portait un chapeau à larges bords qui lui couvrait une moitié du visage, et un grand manteau dont le collet relevé couvrait l'autre moitié.

Comme Vernon encore, il paraissait fort attentif à ce qui se passait sur le chemin. Il était même si profondément absorbé par sa contemplation qu'il n'avait pas entendu venir Georges; ce fut seulement quand on marcha sur les feuilles sèches près de lui qu'il se retourna brusquement. Les deux rôdeurs se regardèrent en silence.

Enfin l'inconnu toucha son chapeau et s'inclina légèrement; Georges reconnut le comte Max de Lichtenwald.

— Sur ma parole! monsieur le comte, — dit-il avec humeur, — notre sort, à l'un et à l'autre, est de nous rencontrer quand nous ne nous cherchons guère.

— Parlez bas, — dit Max en baissant lui-même la voix; — et si nous devons causer, amicalement ou non, veuillez me suivre à quelques pas d'ici.

Et il désignait de la main l'extrémité du taillis opposé au grand chemin.

— Et pourquoi cela, monsieur le comte? — répondit Georges sans bouger; — j'ai affaire où je suis; vous trouverez bon que j'y reste.

Les yeux de Max s'enflammèrent; mais il se contint, et reprit après une courte pause:

— Auriez-vous donc l'intention, monsieur, d'aborder les personnes qui vont passer et de leur adresser la parole?

— Si cela était, je ne reconnaîtrais à personne le droit de m'en empêcher. Aussi bien il me semble que vous-même...

— Moi... monsieur Vernon, je donnerais ma vie plutôt que de troubler par une semblable démarche le repos de la pauvre jeune fille qui approche. Écoutez-moi, nous aimons tous deux mademoiselle Odilia, si tant est que votre affection pour elle soit de même nature que la mienne. En dépit du congé brusque et humiliant que nous reçûmes le jour même des funérailles de monsieur Savinien, j'ai voulu revoir cette charmante et malheureuse enfant. Elle a refusé de m'admettre au Prieuré. Désolé de ce refus, j'errais dans le pays, attendant une occasion de me rapprocher d'elle, quand le hasard me fit rencontrer le docteur Delmas, le médecin et l'ami de la famille Savinien. Delmas m'apprit que c'était par son ordre que mademoiselle Paula exerçait une surveillance si active autour de sa nièce. D'après l'expérience du passé, les émotions journalières, même les plus douces en apparence, étaient fatales à cette organisation si éminemment impressionnable. Pour sauver Odilia, il voulait qu'elle vécût dans un milieu calme, uniforme, qu'elle évitât soigneusement toute cause d'agitation et d'inquiétude. Ce résultat, comme vous le savez sans doute, n'a pu être complétement atteint, à cause de la puérile passion d'Odilia pour un jeune garçon naïf et innocent comme elle. Quant à moi, depuis ma conversation avec le docteur, je me suis imposé le devoir de respecter scrupuleusement ses proscriptions. Voilà plus d'un mois que je demeure dans cette maison que vous voyez là-bas, de l'autre côté de la rivière, et aucun habitant du château n'a pu encore soupçonner ma présence dans le voisinage.

— Ah! ah! — dit Georges frappé d'une idée, — vous demeurez sur l'autre rive? Alors c'était vous sans doute qui, tout à l'heure, traversiez l'eau dans une barque?

— Comment pouvez-vous savoir...

Vernon désigna un magnifique diamant qui ornait la cravate de Max et qui continuait de briller à l'ombre du manteau entr'ouvert.

— Les bateliers de ce pays, — dit-il en souriant, — ne portent pas de pareils bijoux. — Le comte s'empressa de cacher ce signe de distinction oublié. dans sa toilette fort simple. Georges poursuivit: — Si je vous comprends bien, monsieur, il serait dangereux pour elle d'aborder en ce moment mademoiselle Odilia... Mais alors pourquoi donc êtes-vous ici?

— Au risque de m'attirer vos railleries, monsieur, — répondit Max en rougissant, — je vous avouerai toute la vérité. Je viens ici chaque jour, à l'heure où je sais que ces dames se rendent à Clairefont, et, caché dans ces broussailles, je les regarde passer. Si Odilia me paraît moins souffrante et plus gaie que d'habitude, je m'éloigne plein d'espérance et de joie; si au contraire je la vois sombre et abattue, je partage son abattement et sa douleur. Quand elle se trouve à quelques pas de moi, je dis bien bas : « Bonjour Odilia... que Dieu vous protége, pauvre enfant! » et quoiqu'elle ne puisse m'entendre, j'éprouve je ne sais quelle triste consolation à cette communication journalière. Mais je n'ai jamais eu la pensée de me montrer à mademoiselle Savinien, ni de lui adresser la parole; je me reprocherais cette pensée comme une mauvaise action.

Vernon regardait toujours du côté de la route, où commençait à se faire entendre le roulement de la voiture.

— Ce sont là de fort beaux sentiments, monsieur le comte, — reprit-il dédaigneusement, — et j'admire l'amour platonique, chevaleresque, capable d'inspirer des actes d'une délicatesse si raffinée. Pour moi, quoique j'estime et que j'aime plus que personne mon amie d'enfance Odilia, je ne vois pas pourquoi je négligerais cette occasion de lui adresser au moins une salutation respectueuse. Mon... *platonisme* ne saurait aller jusque-là.

— C'est que vous n'aimez pas, vous, Georges Vernon, — répliqua Max d'une voix sourde et profonde.

— Il suffit; quand je voudrai les avis de monsieur de Lichtenwald, je les lui demanderai... Mais, — ajouta Georges d'un ton différent, — si vous éprouvez vraiment les sentiments délicats dont vous faites parade, hâtez-vous de vous cacher, car vous pourriez être aperçu; voici ces dames.

En effet, à moins de trente pas du buisson où étaient les deux jeunes gens, Odilia s'avançait lentement, toujours appuyée sur sa tante.

Elles ne se parlaient pas, et Paula conservait son air morne et désolé. Mais la jeune fille, malgré sa faiblesse, paraissait souriante; on eût dit qu'elle se ranimait au soleil et au grand air, ces puissantes sources de la vie.

Max s'empressa de se jeter derrière les broussailles, et il dit tout bas à Georges :

— Encore une fois, monsieur, réfléchissez, ce que vous allez faire est infâme.

— Vous me rappelez, monsieur le comte, — répliqua Vernon de même, — qu'il existe entre nous certains engagemens, un peu anciens déjà. J'ai l'usage de mes deux bras maintenant, et je serai à vos ordres... quand j'aurai salué les dames Savinien.

Puis, sans écouter Max, qui lui prodiguait à demi-voix les épithètes de *lâche* et de *misérable*, il sortit du fourré et s'avança d'un pas étudié vers Odilia et sa tante.

En apercevant Vernon, qui avait écarté son manteau afin de se faire reconnaître, la jeune fille poussa un petit cri de surprise; mais ses traits conservèrent leur expression souriante, et elle s'arrêta tout à coup en dépit de Paula, dont les yeux lancèrent comme des flèches de feu sur le conseiller de préfecture.

Celui-ci, le chapeau à la main, avait pris une contenance respectueuse.

— Je demande grâce pour ma hardiesse, — dit-il; — mais en voyant des personnes amies passer si près de moi, je n'ai pu résister à la tentation de les aborder, bien que peut-être ma présence leur soit importune.

— Si vous savez cela, — répondit Paula avec colère, — pourquoi nous abordez-vous?

Mais Georges feignit de n'avoir pas entendu cette rude apostrophe; Odilia venait de lui tendre la main avec une affabilité gracieuse.

— Bonjour, monsieur Georges, — lui dit-elle; — voilà bien longtemps que nous nous sommes vus.

Cet accueil rendit confiance à Vernon.

— Ce n'est pas ma faute, mademoiselle; depuis longtemps j'avais un ardent désir de vous rencontrer; mais...

— Eh bien! vous l'avez rencontrée maintenant, — interrompit Paula, — vous devez être satisfait... Allons, petite, — ajouta-t-elle en s'adressant à sa nièce, — tu as assez marché pour aujourd'hui; il est temps de remonter en voiture.

Mais l'enfant gâtée ne céda pas aux sollicitations de sa tante, et la conversation continua sur le pied d'une amicale intimité pendant un moment.

Sauf quelques expressions bizarres, quelques idées excentriques, Odilia parlait à cette heure avec autant de bon sens que de bienveillance, et de son côté Vernon évitait avec soin tous les sujets scabreux. Néanmoins, Paula, sachant bien que ce calme apparent était trompeur, paraissait souffrir le martyre.

Elle voulait toujours rompre l'entretien et amener Odilia, qui résistait en souriant.

L'événement prouva bientôt que la tante avait raison.

Vernon, dans son embarras de trouver des sujets de conversation, venait de rappeler distraitement combien son père était dévoué aux intérêts d'Odilia depuis l'immense malheur dont elle avait été frappée.

Tout à coup la jeune fille s'anima :

— Je connais les bontés de votre digne père pour nous, — répliqua-t-elle; — mais, au nom de Dieu! Georges, quel est donc le malheur dont vous parlez?

Vernon allait répondre, mais Paula lui adressa un geste si suppliant et si menaçant à la fois, qu'il demeura tout interdit.

— Expliquez-vous donc... Mon Dieu! — poursuivit la jeune fille avec un geste de souffrance, — il est des momens où je ne reconnais plus mes amis les plus chers, où j'oublie les événemens qui me touchent le plus et jusqu'à mon propre nom. Que s'est-il donc passé pendant un de ces accès où ma pauvre tête s'égare?

Elle demeura pensive, les yeux baissés.

— Calme-toi, chère petite, — dit la tante Paula; — ce monsieur Georges ne sait ce qu'il dit.

— En effet, — balbutia Georges, qui comprenait son imprudence et voulait la réparer à tout prix, — quand je parle d'un malheur... ce n'est pas malheur qu'il faudrait dire, mais accident, événement subit et inattendu. Car enfin la mort de... d'un parent éloigné...

Ces explications étaient bien maladroites, car on ne connaissait aucun parent à mademoiselle Savinien, ni du côté de son père ni du côté de sa tante.

Tout à coup Odilia examina la robe noire qu'elle portait sous sa mantille, puis le châle et les vêtemens noirs de Paula.

— Ma tante, — demanda-t-elle, — de qui donc sommes-nous en deuil?

Paula hésitait à répondre; Vernon crut nécessaire de venir à son secours.

— Mais, sans doute, de ce parent... de cet ami dont je vous parlais tout à l'heure.

Odilia ne l'écoutait pas et regardait toujours la bohémienne.

— Vous m'avez trompée! — s'écria-t-elle enfin avec explosion; — mon père n'est pas en voyage, comme vous me le répétez sans cesse, et je n'ai pas rêvé l'épouvantable catastrophe qui m'a rendue orpheline.

Elle chancela et finit par s'affaisser sur elle-même.

Prompte comme l'éclair, Paula la soutint, l'enleva dans ses bras et courut vers la voiture, que les domestiques ouvrirent précipitamment.

— Vous lui avez porté le dernier coup, — s'écria Paula en jetant un regard furieux à Georges Vernon; — que la malédiction divine retombe sur votre tête!

Une minute après la portière s'était refermée, les valets avaient repris leur place sur le siège, et la voiture disparaissait dans un nuage de poussière.

Georges, désolé du résultat de sa démarche, demeurait immobile au bord de la route, quand il sentit une main se poser sur son épaule; c'était celle de Max de Lichtenwald.

— Vous avez voulu tenter l'expérience, — dit le comte d'une voix grave, — êtes-vous content? A nous deux maintenant... Où vous retrouverai-je demain, monsieur Georges Vernon?

— Chez Granget, à l'hôtel du Tourne-Bride.

— Fort bien, et d'ici à demain, sans doute, il vous sera facile de vous faire assister par un ami?

— Je vais envoyer mon cabriolet à la ville avec un exprès pour chercher mes témoins; je suis aussi pressé que vous.

— A demain donc.

Ils se saluèrent froidement et se séparèrent.

Le lendemain, Georges Vernon, à la suite d'une rencontre qui eut lieu dans une prairie voisine de l'auberge, reçut à la poitrine un coup d'épée qui mit longtemps sa vie en danger.

VI

LE DERNIER BOURGEON.

Le printemps était revenu. Le comte Max avait passé la plus grande partie de l'hiver dans la maison de campagne qu'il avait louée sur le bord de la rivière, en face du village de Clairefont, s'absentant seulement par intervalles pour aller rendre visite à son père dans la principauté. Mais, depuis quelque temps, il occupait d'une manière permanente cette habitation, où il vivait très-solitaire, en compagnie du vieux Fritz, son valet de chambre affectionné et son surveillant occulte.

Cette habitation, fort simple, appartenait à un fonctionnaire d'une ville voisine, qui l'avait fait construire pour s'y retirer plus tard.

Elle se composait de trois ou quatre pièces modestement meublées, mais d'une propreté exquise; un jardin, moitié potager, moitié d'agrément, dont un paysan du voisinage prenait soin, en était la dépendance.

Une jolie barque, attachée à un rocher devant la maison, avec le droit de pêche et de chasse sur la rivière, complétaient les avantages de cet humble domaine. Chaque jour, Max prenait la barque pour aller à Clairefont, tandis que Fritz, après avoir vaqué aux soins du ménage, s'amusait à pêcher à la ligne en fumant sa pipe de porcelaine. Du reste, le maître et le domestique vivaient dans un entier isolement.

Cependant, un jour de ce printemps qui venait de commencer, la petite maison du bord de la rivière avait repris quelque animation.

Fritz, revêtu d'une livrée neuve, faisait avec empressement les honneurs de la cuisine à un autre domestique récemment arrivé.

Dans le salon destiné au maître du logement, Max recevait d'un air de cordialité mélancolique un visiteur qui se confondait en salutations et en témoignages de respect; ce visiteur était le baron Schwartz.

Après les premiers complimens, le baron se mit à examiner avec intérêt Max de Lichtenwald, qu'il n'avait pas vu depuis plusieurs mois; il le trouva maigre, pâle et abattu.

Max, autrefois si recherché dans sa mise, était vêtu avec une négligence qui trahissait l'abandon de lui-même. Son air triste, ses manières languissantes, le son de sa voix, attestaient une douleur qui, pour ne pas se manifester bruyamment, n'était pas moins profonde.

— Son Altesse ayait raison, monsieur le comte, — dit Schwartz avec un soupir, — et toutes ses inquiétudes se trouvent justifiées. Vous dépérissez ici à vue d'œil; il est temps de vous arracher aux idées qui vous minent et vous tuent. Votre auguste père, malgré son désir de ne pas déchirer votre cœur, m'a envoyé pour vous supplier de revenir auprès de lui au plus vite, et vous voudrez bien cette fois, je l'espère, vous rendre à son vœu.

Max secoua la tête :

— C'est impossible, Schwartz, — répliqua-t-il; — j'écrirai à mon père pour le conjurer de prendre patience encore un peu de temps. Je dois rester dans ce pays jusqu'à ce que... jusqu'à la fin, — ajouta-t-il avec une sorte de gémissement.

— De grâce, monsieur le comte, songez au chagrin de Son Altesse... Eh bien! ce que je n'ai pas voulu vous dire d'abord, de peur d'alarmer votre tendresse filiale, je me vois forcé de vous l'apprendre. Le prince est malade; une langueur de fâcheux augure s'est emparée de lui, et rien peut-être, si ce n'est la présence de son fils, ne pourra vaincre ce mal.

— Vous me navrez, Schwartz; mais l'état de mon père est-il donc assez grave pour ne pas me permettre de passer ici quelques heures encore, tout au plus quelques jours? Oui, quelques jours suffiront, j'en ai la triste certitude.

Sans doute Schwartz avait un peu exagéré la maladie du vieux prince, car un délai si court ne lui parut pas déraisonnable.

— Qu'il soit fait selon votre volonté, — répliqua-t-il; — vous écrirez à Son Altesse pour lui annoncer votre prochaine arrivée, et sans doute cette bonne nouvelle préparera sa guérison... Mais pardon, monsieur le comte, un vieil ami tel que moi a le droit peut-être de s'immiscer dans vos secrets; permettez-moi donc de vous demander où vous en êtes avec... avec une personne qui, je le sais, mérite tous les égards?

— Et aussi toute l'admiration, toute la pitié, — répliqua Max avec entraînement. — Ne m'interrogez pas, cher baron, car je n'aurais à vous apprendre que malheurs et souffrances dans le présent, sinistres prévisions pour un avenir prochain.

— Ainsi la raison de cette pauvre jeune fille...

— Sa raison est perdue sans ressources, et c'est une consolation pour ses amis de songer qu'elle n'a plus qu'imparfaitement conscience d'elle-même.

— Mais du moins sa santé s'améliore-t-elle depuis l'arrivée des beaux jours, ainsi que l'on en avait conçu l'espoir?

— Il n'y a plus d'espoir!

Schwartz reprit après un moment de silence :

— Je comprends votre douleur, monsieur le comte; mais alors, pourquoi vous obstiner à demeurer dans ce pays? Cette jeune demoiselle, si j'en crois une lettre, ancienne déjà, qui m'a été communiquée par Son Altesse, refuse de vous voir...

— Les circonstances ont changé depuis la lettre dont vous parlez, mon cher baron; maintenant je vais chaque jour au château, et j'y suis parfaitement accueilli par Odilia... bien que peut-être, — ajouta-t-il avec un soupir, — je ne doive pas être fier de cette faveur.

— Que voulez-vous dire, monsieur le comte?

— Vous vous souvenez, Schwartz, d'un pauvre enfant, d'un jeune oiseleur qu'Odilia avait pris en affection, et qui fut renversé par un cheval furieux, en même temps que monsieur Georges Vernon? — Le baron fit un signe affirmatif. — Ce jeune homme, malgré l'insuffisance de son éducation, avait des sentimens nobles et élevés, et Odilia, dans sa naïve exaltation, l'avait pris pour héros d'une de ces tendres pastorales que rêvent parfois les jeunes filles; mais la réalité brutale s'est plu à souffler sur ces brillantes illusions, et le pauvre André est mort; il s'est éteint doucement dans les bras de sa mère, le jour même de mon duel avec monsieur Georges Vernon.

— Ah! ah! et comment va-t-il, cet insolent roturier qui a osé diriger son épée contre le fils du prince de Lichtenwald? — interrompit Schwartz avec dédain.

— Mais fort bien, si j'en crois les dernières lettres arrivées de la ville, et c'est là un regret de moins pour moi, car je ne manque pas d'autres soucis... Je vous disais donc que, depuis la mort d'André, un brusque revirement s'était opéré en ma faveur dans l'esprit des dames Savinien. Mademoiselle Paula connaissait mon séjour ici; ma discrétion, mon amour profond et désintéressé pour sa nièce l'avaient touchée; elle me fit prier de venir au château. Elle m'accueillit avec bienveillance; nous souffrions d'une douleur commune, nous pleurâmes ensemble. Bientôt elle voulut aussi me présenter à Odilia, dont le dérangement d'intelligence, sauf quelques alternatives de plus en plus courtes et plus rares, était devenu permanent. On avait caché à la jeune fille la mort d'André; elle ne sortait maintenant que dans le jardin ou dans le parc, Paula ne savait plus quelle fable imaginer pour calmer l'agitation d'esprit de sa nièce. On m'admit enfin auprès de mademoiselle Savinien, dans l'espoir de lui causer une distraction salutaire, mais non sans trembler des résultats possibles de l'expérience. Quel fut notre étonnement à nous tous quand Odilia, non-seulement me reconnut pas pour ce que j'étais, mais encore me prit pour ce même André à qui elle avait voué une tendresse si complète et si pure? C'était lui qu'elle croyait revoir, mais grandi, revenu à la santé, pourvu de tous les avantages dont elle s'imaginait, dans sa folie, l'avoir doué elle-même. Qui aurait eu le courage de détruire son erreur? Depuis ce moment, je puis aller chaque jour au château; Odilia me témoigne la plus touchante affection; elle m'adresse les paroles les plus tendres. Jugez de mon supplice, Schwartz, quand je songe que ces projets sont des illusions insensées, surtout quand je me souviens que ces témoignages de tendresse ne s'adressent pas à moi, mais à un autre qui n'est plus, tout au moins à un être idéal, créé par l'imagination malade de cette pauvre enfant.

Le baron écoutait avec un vif intérêt.

— Voilà, — reprit-il, — une situation bien étrange bien douloureuse. Mais la satisfaction qu'éprouve Odilia de vous avoir près d'elle n'a-t-elle donc exercé aucune influence favorable sur sa santé?

— Nos vœux et nos espérances à cet égard ne se sont pas réalisés. Odilia, au dire du docteur, serait atteinte d'une maladie organique, héréditaire dans sa famille, et qui, une fois déclarée, ne laisse aucune chance de guérison. Aussi décline-t-elle chaque jour, et à peine a-t-elle conservé la force de se mouvoir. Elle attribue sa faiblesse croissante au dépérissement de cet arbre mystérieux auquel on suppose que son existence est attachée, et, s'il faut l'avouer, Schwartz, moi-même par moment, je suis tenté de croire à une intervention fatale dont je sens la maligne influence sans pouvoir l'expliquer.

Schwartz aspira lentement une prise de tabac.

— Je suis de plus en plus convaincu, monsieur le comte, — reprit-il, — que j'ai bien fait de venir. Vous souffrez, votre tête s'exalte, et il serait à craindre... Je ne vous quitte plus, jusqu'à ce que tout soit fini. Son Altesse ne me pardonnerait pas de vous avoir laissé livré à vous-même dans des circonstances si fâcheuses... Ne vous serait-il pas possible de me présenter au Prieuré? Je voudrais juger par moi-même de l'état des choses, examiner avec des yeux non prévenus...

— Rien de plus facile, baron, — répliqua Max en se levant; — la tante Paula n'a pas persisté dans son système d'isolement, qui n'a produit aucun bon résultat; et d'ailleurs Odilia, sans doute, ne vous reconnaîtra pas. Justement, voici l'heure où je me rends chaque jour au château, et, si vous n'étiez disposé à m'accompagner, je serais dans l'obligation de vous demander congé... Eh bien! donc, êtes-vous prêt?

— Me voici, — répliqua Schwartz en se levant à son tour.

Leurs préparatifs ne furent pas longs, et ils quittèrent la maison après que le comte eût donné quelques ordres aux domestiques.

On entra dans le bateau, qui était amarré devant la porte, et Max s'empressa de le détacher; puis il jeta sa redingote noire sur un banc et se mit à manier les rames avec dextérité. Le diplomate ne put retenir un geste de surprise en voyant le fils de son souverain remplir lui-même l'office de batelier.

— Bah! nous ne sommes pas ici dans la principauté, — dit le comte avec un sourire triste.

En quelques minutes ils eurent traversé la rivière; alors Max attacha sa barque au tronc d'un saule, se rhabilla, et les deux amis prirent terre en face de Clairefont.

Une extrême activité régnait dans le village.

De nombreux ouvriers travaillaient à déblayer un vaste terrain et à élever des bâtimens qui semblaient devoir être considérables.

— Vous voyez déjà l'accomplissement d'un vœu fait par mademoiselle Paula pour la guérison de sa nièce, — dit le comte à son compagnon; — on va construire ici un hospice, une école, une nouvelle église, et des sommes importantes sont affectées à la dotation de ces établissemens hospitaliers... Hélas! tout cela sans doute ne la sauvera pas!

Ils traversèrent le village. Les gens qu'ils rencontraient les saluaient avec respect, car on savait qu'ils allaient au château. Comme ils passaient devant la maison de la veuve Gambier, Max vit l'aveugle assise sur une chaise devant sa porte et se chauffant au soleil; elle avait les coudes posés sur ses genoux et la tête dans ses mains, l'attitude du désespoir. La petite servante, qui travaillait à quelques pas d'elle, s'observait avec sollicitude.

Le comte ne put résister au désir d'adresser quelques consolations à cette pauvre créature si malheureuse. Il fit un signe au baron, et s'engagea dans l'étroit passage pratiqué entre les deux haies d'aubépine, alors couvertes de fleurs embaumées. Au bruit des pas, l'aveugle ne leva pas attentive, ne changea pas de posture. Que lui importait? elle n'attendait plus personne.

Max la salua; sa voix paraissait bien connue de madame Gambier, qui se redressa enfin et tourna vers lui ses yeux fixes, où la source même des larmes était tarie. Elle écouta les encouragemens qu'on lui donnait, mais elle n'y répondit pas et secoua la tête.

— Ne pourrais-je rien pour vous, madame Gambier? — poursuivit le comte au moment de continuer son chemin.

— Merci, — répliqua l'aveugle avec effort. — Si les biens du monde pouvaient quelque chose à ma peine, je n'aurais pas sujet de me plaindre; mais à quoi me serviraient toutes les richesses de la terre à présent? Elle reprit après une courte pause : — Comment va-t-elle aujourd'hui, monsieur Max?

— Je l'ignore encore; je me rends au Prieuré; mais je n'attends rien que de sinistre.

— Les anges ont tous hâte de retourner au ciel! — répliqua l'aveugle avec un gémissement.

Max et son compagnon s'éloignèrent. Ils parcoururent d'un bon pas, mais en silence, la longue avenue qui conduisait au Prieuré. La grille n'en était plus fermée comme le jour de l'arrivée de Georges Vernon, et le rébarbatif concierge François n'arrêta pas les visiteurs au passage. Néanmoins l'habitation avait conservé je ne sais quel aspect lugubre; aucun bruit ne s'élevait de l'intérieur, et elle paraissait abandonnée.

Comme Lichtenwald et le baron Schwartz traversaient le vaste et sombre vestibule du rez-de-chaussée, ils rencontrèrent Blanchard, qui, tête nue et l'air bouleversé, venait en sens inverse.

L'intendant s'approcha précipitamment de Max.

— Ah! monsieur le comte, — dit-il avec émotion, — tout est fini cette fois, je le crains... Pauvre chère demoiselle! Que lui servent donc ses grâces, sa beauté, ses richesses? Quand son père passait les jours et les nuits à entasser somme sur somme, il n'avait pas prévu son sort et celui de sa fille!

— Au nom du ciel! monsieur Blanchard, — demanda Max tremblant, — qu'est-il donc arrivé de nouveau?

— Mademoiselle est au plus mal, et je cours au-devant du docteur, bien que sans doute les secours de l'art doivent être inutiles.

— Où sont ces dames en ce moment, monsieur Blanchard?

— Sur la terrasse, où mademoiselle a voulu être transportée.

Sans en demander davantage, Max se dirigea vers le jardin, et le baron le suivit.

En arrivant sur la terrasse, ils comprirent pourquoi le château paraissait désert; les domestiques, hommes et femmes, formaient çà et là des groupes affligés; autour de l'arbre natal d'Odilia était un groupe principal d'où la douleur et le désespoir semblaient rayonner sur les autres assistans.

C'était d'abord Odilia, pâle, diaphane, drapée dans une de ces amples robes blanches que les peintres donnent aux anges. Elle était étendue dans une chaise longue qui avait servi à la transporter. Une femme de chambre soutenait au-dessus de sa tête une ombrelle de soie rose pour la préserver des ardeurs du soleil, et le reflet légèrement incarnat de l'ombrelle répandait seul une nuance de vie sur les traits de la jeune fille mourante. De l'autre côté se tenait la tante Paula, attentive, muette, surveillant chaque mouvement de la malade, devinant ses désirs à des signes imperceptibles. Le vieux jardinier Simon, en costume de travail, était agenouillé au pied du tilleul, et observait quelque chose d'un air d'anxiété croissante.

Cet arbre auquel une existence si chère paraissait être attachée, contrastait, par son aspect nu et désolé, avec les autres arbres du jardin. Autour de lui la nature s'était réveillée sous l'influence puissante du printemps; les oiseaux chantaient leurs amours en bâtissant leur nid; les insectes se poursuivaient en bourdonnant dans l'air tiède; le germe brisait son enveloppe, le bouton s'épanouissait; la vie débordait de toutes parts, et avec la vie apparaissait la beauté qui accompagne la jeunesse et la vigueur.

Les lilas abandonnaient à la brise les parfums de leurs belles grappes flottantes; les poiriers balançaient leurs rameaux, où le feuillage vert s'entremêlait aux fleurs

blanches, espoir du prochain automne ; les pêchers se-
couaient leurs pétales roses sur le gazon des boulingrins.
Dans les plates-bandes, les plus humbles plantes elles-
mêmes avaient part à cette fête du renouveau ; la tulipe
étalait sa corolle aux mille couleurs ; les jacinthes dres-
saient leurs hampes munies de clochettes bleues à l'odeur
suave ; le narcisse jaune s'énorgueillissait de sa couronne
d'or. Seul, l'arbre d'Odilia conservait sa mine sombre et
triste des mauvais jours d'hiver.

Il était là, sec et dépouillé, au milieu du jardin dont il
avait eu si longtemps la royauté.

Ce n'était pas pour lui que le ciel était resplendissant,
la terre féconde, que l'air se chargeait d'atomes parfumés
et vivifians. Aucune feuille ne verdissait, aucun bouton
n'apparaissait sur ses branches. Une main attentive et
savante l'avait pourtant taillé en temps opportun, afin
d'appeler la séve dans ses canaux, mais la séve ne montait plus.

L'extrémité de ses rameaux n'avait même pas cette
teinte pourprée qui, dans le tilleul, présage la nouvelle
pousse ; tout était mort, fragile, cassant ; une mésange
qui se fût posée sur une de ses vergettes l'eût brisée de
son poids.

Cependant il restait au pauvre arbre déshérité un dernier signe d'existence ; à la base de son tronc, un peu au-
dessus du sol, avait poussé un bourgeon chétif. Ce bourgeon s'était ouvert et avait produit trois ou quatre folioles
d'un vert tendre, mais flasques, humides, sans vigueur.
Malheureusement c'était l'effort suprême de la nature
expirante ; le mince jet de séve qui avait produit cette
verdure étiolée semblait s'être arrêté tout à coup. Les
petites feuilles ouvertes de la veille se flétrissaient, se ri-
daient, pendaient vers la terre, un rayon de ce chaud
soleil, si salutaire au reste de la nature, allait d'un moment à l'autre les dessécher sans pitié.

C'était cette dernière verte que contemplaient Odilia,
Paula, le jardinier Simon.

Celui-ci, agenouillé devant l'arbre, faisait un écran de
son chapeau, afin de préserver le bourgeon précieux des
ardeurs du soleil. Mais, en dépit de ces précautions, les
folioles s'inclinaient de plus en plus vers la terre, à mesure qu'augmentait la chaleur du jour.

Au moment où Max et le baron parurent sur la terrasse,
les domestiques saluèrent avec respect et se mirent à
chuchoter ; cependant on se tut en voyant la tante Paula
se retourner. Elle avait entendu le sable crier
sous les pas des arrivans, et elle avait froncé le sourcil
avec impatience. Quand elle aperçut le comte, elle s'élança
impétueusement vers lui.

— Ah ! vous voici enfin, — dit-elle d'une voix altérée ;
— je vous attendais et j'avais peur que vous n'arrivassiez
trop tard. — Puis, se tournant vers le baron : — Vous venez le chercher, — poursuivit-elle ; — je vous le rendrai
bientôt... Prenez patience.

Elle entraîna Max vers l'arbre natal.

— Qu'y a-t-il donc, mademoiselle Paula ? — balbutia le
comte hors de lui.

— Il y a que les terribles prophéties du hexenmeister
s'accomplissent malgré moi ; il y a que la fille de ma
sœur Salomée n'a pu éviter la sentence terrible portée
contre la race de Magnus Herman... L'heure est venue.

Max allait lui demander l'explication de ces étranges
paroles, mais on approchait d'Odilia, et ils se turent l'un
et l'autre, tandis que Schwartz, par discrétion, s'arrêtait
à quelques pas, le chapeau à la main.

Odilia, étendue dans sa chaise longue, ne faisait aucun
mouvement ; le sang paraissait déjà s'être retiré de ses
membres, qui avaient la transparence et la blancheur de
la cire. A la vue de Max, elle essaya de lui tendre la main,
mais la pauvre petite main n'eut qu'un tressaillement
presque insensible, et demeura immobile sur le coussin
qui la soutenait.

Max mit un genou en terre sur le gazon devant la mourante. Un faible sourire se joua sur les lèvres décolorées
d'Odilia.

— Ami, — dit-elle d'une voix éteinte, quoique douce et
argentine encore, — nous pouvions être si heureux ! Le
destin ne le veut pas. Mon temps d'épreuves sur la terre
est fini ; mon arbre est desséché, et tu ne verras plus la
dryade, ta protectrice... Mais me vois-tu, peux-tu m'entendre encore ? Il me semble que déjà je ne suis qu'une
ombre, une légère vapeur qui flotte dans l'air au moment
de se dissiper. — Max répondit qu'il la voyait, qu'il l'entendait. — Reçois donc mes adieux, — répondit la jeune
fille ; — je te laisse beau, riche et puissant, tout que j'ai
trouvé si pauvre et si humble. Mais quoique nous soyons
séparés en apparence, je n'en serai pas moins toujours
présente autour de toi ; je serai la brise fraîche qui cares-
sera ton front, je serai l'oiseau qui chantera au-dessus de
ta tête, le ruisseau qui murmurera dans le gazon à tes
pieds. Quand une bonne et grande pensée germera dans
ton cœur, ce sera moi qui l'y aurai semée. La nuit, je pro-
tégerai ton sommeil, je t'apparaîtrai quelquefois dans tes
rêves, avec ma robe blanche et ma couronne d'étoiles,
comme ta fée protectrice et ton ange gardien.

Max ne répondit pas, son cœur se brisait. D'ailleurs,
qu'eût-il répondu ? Il prêtait encore l'oreille, mais la voix
devenait de plus en plus faible et indistincte ; les mots
étaient incohérens, sans suite ; bientôt même ce ne fut
plus qu'un murmure qui allait toujours en s'amoindris-
sant.

En ce moment, le jardinier, jusque-là penché au pied
du tilleul, se releva lentement, et, montrant le petit ra-
meau flétri et desséché :

— Pas moyen ! — dit-il avec tristesse ; — le hâle est plus
fort que moi... C'est mille francs de rente que je perds...
Pour le bourgeon et pour l'arbre tout est fini.

— Et ma nièce est morte ! — s'écria Paula d'une voix
déchirante en tombant évanouie sur le gazon.

Le comte, qui tenait la main d'Odilia dans la sienne,
n'avait éprouvé aucune secousse, n'avait remarqué aucune
de ces convulsions qui marquent d'ordinaire la séparation
de l'âme et du corps. Au cri poussé par la tante Paula, il
regarda fixement la jeune fille... Il n'était que trop vrai ;
l'œil encore ouvert était toujours caressant, les lèvres sou-
riaient toujours, mais l'esprit s'était envolé quand Simon
avait annoncé que l'arbre était mort.

Max demeura comme anéanti.

Les domestiques, qui remplissaient le jardin, et à qui la
douleur n'ôtait pas la faculté d'observer, remarquèrent
une circonstance particulière : au moment où Odilia rendait le dernier soupir, un nuage, le seul qui fût alors
dans le ciel bleu, passa devant le soleil et assombrit tout
à coup l'atmosphère.

Les oiseaux cessèrent de chanter, les insectes de voltiger
et de bruire, comme au moment d'une éclipse, et la nature parut en deuil. Mais le nuage s'éloigna, l'astre du
jour se montra de nouveau ; les chants, les bourdonne-
mens recommencèrent ; au bout de quelques minutes la
campagne avait repris son aspect joyeux. Rien n'était
changé... seulement une belle et noble créature ne devait
pas se ranimer comme les oiseaux et les abeilles ; son front
ne devait pas se relever comme les fleurs sous les tièdes
baisers du soleil.

Le médecin, qui accourait en toute hâte, conduit par
Blanchard, trouva les assistans en prières ou les yeux
pleins de larmes, Paula évanouie, et Max toujours agenouillé, pressant convulsivement contre ses lèvres une
main glacée qu'il ne pouvait plus réchauffer.

Le soir, le bon docteur, en essuyant une larme que lui
arrachait le souvenir de la poétique Odilia, disait à des
personnes du village qui lui demandaient des détails sur
ce triste événement :

— C'est un cas curieux pour la science. De toutes les
anomalies bizarres que j'ai eu l'occasion d'étudier dans
certaines organisations de jeunes filles, celle-ci est la plus
inexplicable. Aussi, le docteur Z... et moi, comptons-nous

VII

LA SUCCESSION SAVINIEN.

La tante Paula, en sa qualité de proche parente d'Odilia, héritait de toute l'immense fortune de Savinien, et à elle seule appartenait désormais de donner des ordres au Prieuré. Cependant elle voulut que les funérailles de sa nièce fussent simples et sans pompe ; quelques amis de la famille, en tête desquels se trouvaient Max de Lichtenwald et le baron Schwartz, y furent seuls invités. A la vérité, tous les pauvres du pays étaient venus grossir le cortége, et le nombre en était grand. Les restes de la jeune fille furent déposés dans un caveau où se trouvaient déjà les restes mortels de son père, en attendant qu'ils pussent être transportés, les uns et les autres, dans l'église de l'hospice alors en construction, que l'on devait appeler *hospice Savinien*, du nom de ses fondateurs.

Paula présida à ces douloureuses cérémonies avec une fermeté d'âme dont l'eussent crue incapable ceux qui savaient de quel amour passionné, violent, exclusif, elle avait aimé sa nièce. Drapée dans ses vêtemens noirs, elle marcha d'un pas ferme et la tête haute derrière le cercueil ; elle accomplit avec une ponctualité religieuse tous les devoirs d'usage : elle ne versa pas une larme, ne laissa pas échapper un cri de douleur, un geste de désespoir. Aucun sentiment ne se refléta sur ce visage impassible ; son âme indomptable ne donna pas une marque de faiblesse.

Cependant il paraît que cette fermeté et ce stoïcisme ne persistèrent pas quand, la cérémonie achevée, la nouvelle héritière fut rentrée au château. Max de Lichtenwald et le baron Schwartz, qui comptaient partir le soir même pour la principauté, étant venus au Prieuré prendre congé de la tante Paula, ne purent pénétrer jusqu'à elle. Comme ils attendaient, dans le petit salon qui précédait l'ancien appartement des dames, ils entendirent, malgré les portes et les épaisses draperies, des cris sauvages, des trépignemens, des exclamations en langue inconnue. Deux fois ils voulurent se retirer, et deux fois on les retint.

Enfin Blanchard parut, défait et bouleversé. Il vint à Max et lui apprit, avec un mélange de cordialité et de respect, que mademoiselle Paula était décidément dans l'impuissance de le recevoir, non plus que le baron Schwartz ; elle suppliait ces messieurs de l'excuser ; elle les remerciait de leurs bons offices et leur souhaitait toutes sortes de prospérités.

Ce message était poli, conçu dans des termes pleins de convenance ; aussi Max soupçonna-t-il le messager d'avoir un peu orné ce compliment d'une personne plongée dans l'affliction. Comme Schwartz se levait pour se retirer, Lichtenwald demanda bas à Blanchard :

— Dans quel état se trouve maintenant cette pauvre femme ?

— Dans l'état où se trouverait une tigresse qui aurait perdu ses petits, — répliqua l'intendant d'une voix étouffée ; — à certains momens, quatre personnes robustes sont impuissantes à la contenir.

Max soupira, puis il serra la main à Blanchard et se laissa conduire par le baron dans la cour, où la voiture les attendait.

Pendant plusieurs jours, la tante Paula demeura invisible pour tous les habitans du château, sauf pour les femmes de chambre et pour Blanchard. On entendit encore plusieurs fois, dans son appartement, ces trépignemens, ces cris, qui avaient déjà excité l'attention de Max et du baron ; mais peu à peu les crises devinrent plus rares, et enfin elles cessèrent tout à fait. Paula se montra de nouveau ; elle était sombre et taciturne, mais calme en apparence. Du reste, les domestiques n'eurent pas longtemps à épier sa douleur. Le soir du huitième jour après la mort d'Odilia, tous les gens du château, grands et petits, hommes et femmes, jeunes et vieux, reçurent l'ordre de se réunir dans la salle à manger. Ils y trouvèrent la tante Paula debout, froide et grave, à côté de Blanchard, qui était assis devant une grande table couverte de registres et de papiers.

Blanchard prit la parole et annonça que, sauf le concierge et le jardinier, indispensables pour la garde et l'entretien de la propriété, les autres serviteurs de la famille Savinien devraient quitter la maison dans le plus bref délai. Comme cette nouvelle était accueillie avec consternation, Blanchard s'empressa de prendre sur la table certaines pièces qui ne pouvaient manquer d'adoucir les regrets des assistans : c'étaient des titres de rente accordés à chacun d'eux en raison de l'ancienneté et de l'étendue de ses services.

Aucun n'avait été oublié ; les plus humbles fonctions étaient rémunérées avec une générosité royale. Des larmes de reconnaissance coulèrent de tous les yeux. Les femmes ayant observé que la tante Paula n'avait désigné personne pour son service particulier, plusieurs vinrent lui demander à voix basse la préférence.

— Merci, — répliqua Paula sèchement ; — désormais je me servirai moi-même.

Le lendemain de cette scène, les rentiers de fraîche date quittèrent le château, et la vaste habitation prit un aspect plus solitaire et plus désolé que jamais. Les fenêtres demeuraient closes ; le silence et l'obscurité régnaient dans les appartemens déserts. Les écuries elles-mêmes étaient vides, les chevaux ayant été vendus.

Cependant Paula n'avait pas encore quitté le Prieuré ; on la voyait errer quelquefois comme une ombre noire dans les galeries et les jardins.

Des notaires, des hommes d'affaires avaient de longues conférences, soit avec elle, soit avec l'universel Blanchard. Quel était le projet de la maîtresse de Clairefont, et où tendaient ces allées et ces venues mystérieuses ?

Tout à coup éclata une nouvelle extraordinaire, invraisemblable ; Paula venait de quitter le pays sans vouloir dire où elle allait, et avant son départ elle avait renoncé par acte authentique à la riche succession de sa nièce et de son beau-frère, en faveur des membres de la famille Savinien, si l'on pouvait en découvrir encore. Les fondations pieuses, les legs de conscience étaient réservés, mais il fut avéré que Paula n'avait rien retenu pour elle une obole des millions entassés dans la caisse de Blanchard, et qu'elle devait en être réduite pour vivre à ses ressources personnelles, si elle en avait.

Bien des gens à Clairefont et dans le voisinage refusèrent d'abord de croire à ce désintéressement miraculeux, et l'on vint aux renseignemens auprès de Blanchard. La voix publique avait dit vrai : l'acte de renonciation était déposé chez un notaire, et l'on avait nommé un conseil judiciaire pour administrer la succession Savinien. Quant à Paula, elle avait réellement disparu, et l'on ignorait le lieu de sa retraite. Peut-être Blanchard était-il mieux instruit que personne à ce sujet, mais il se montra d'une discrétion absolue, et, afin de couper court aux importunités de questionneurs, il partit pour l'Auvergne, où il espérait trouver des parens de feu son patron.

En effet, bientôt les prétendans ne manquèrent pas ; mais la difficulté d'établir légalement leurs droits et leur filiation, les obstacles que présentait la dispersion d'une race aussi nomade que celle des Auvergnats de la classe infime, devaient rendre la tâche longue et pénible. Aussi Blanchard y employa-t-il beaucoup plus de temps qu'il ne l'eût souhaité, et, après plusieurs années de peines, n'était-il pas encore parvenu à se reconnaître parmi les ascendans et les descendans, les agnats et les cognats qui réclamaient leur part dans la succession Savinien.

A peu près à l'époque où la tante Paula disparaissait du

Prieuré, deux paquets arrivaient à la résidence de Lichtenwald : l'un, de grande dimension, à l'adresse du baron Schwartz, pour être remis au prince régnant ; l'autre, beaucoup plus petit, à l'adresse du comte Max. Celui du comte renfermait une boîte fort simple, dans laquelle se trouvait un anneau d'argent. Une note, assez mal écrite et plus mal orthographiée, indiquait que cette bague avait appartenue à Salomée, la mère d'Odilia, et qu'elle avait été portée longtemps par Odilia elle-même ; elle était offerte comme *souvenir* à Max de Lichtenwald. Le comte fut vivement touché de cet hommage délicat ; ses larmes coulèrent en songeant à qui avait appartenu la bague en dernier lieu, et il écrivit à la tante Paula pour la remercier de ce présent ; mais rien ne prouva que cette lettre fût parvenue à son adresse, car il n'en reçut jamais de nouvelles.

Si le paquet adressé à Max avait une grande valeur aux yeux du comte, celui qui était arrivé à l'adresse de son père n'était pas moins précieux, quoique d'une nature différente : il contenait une quittance en forme légale des trois millions prêtés à la principauté de Lichtenwald par feu Savinien.

A cette quittance était jointe une lettre fort respectueuse de Blanchard. L'homme d'affaires exposait que mademoiselle Paula, héritière de son beau-frère et de sa nièce, croyait remplir le vœu de l'un et de l'autre en annulant la dette dont il s'agissait, et que, dans le cas où Son Altesse le prince régnant éprouverait certains scrupules à accepter personnellement ce legs, il ne pourrait toutefois le refuser *pour les pauvres de la principauté.*

Cette lettre et la pièce importante qui l'accompagnait mirent en émoi la petite cour de Lichtenwald. Il y eut une espèce de conseil privé, où fut appelé le comte Max, et l'on examina si la dignité de l'État permettait d'accepter les dons de l'héritière de Savinien. La fierté aristocratique du prince et de son ministre Schwartz était éveillée ; on convint de refuser une libéralité que rien ne semblait justifier.

En conséquence, Schwartz expédia une dépêche à Blanchard pour lui annoncer, avec tous les détours diplomatiques et tous les ménagemens d'usage, que la quittance demeurait comme non avenue, et que le Lichtenwald ne se considérait pas comme dégagé de ses obligations. Blanchard répliqua que mademoiselle Paula avait disparu, qu'il n'avait pas d'ordre, que ses écritures étaient en règle, et qu'il ne pouvait revenir sur un fait accompli. Nouvelles dépêches de Lichtenwald ; on exprimait toujours la volonté bien arrêtée de payer ses dettes, capital et intérêts.

Cependant l'affaire traîna en longueur, et, au bout de plusieurs années, on n'était guère plus avancé que le premier jour dans cette contestation d'une espèce si rare.

Du reste, pendant cet espace de temps, de grands événemens avaient eu lieu au Lichtenwald. Les regrets de Max, si poignans d'abord, s'étaient insensiblement adoucis. Il avait fini par céder aux instances de son père et de Schwartz en épousant la fille cadette du grand-duc de X***, jeune personne charmante qui l'aima passionnément.

Puis, le vieux prince étant mort, Max était devenu à son tour souverain du Lichtenwald, et il administrait la principauté avec le concours de l'inamovible baron. Cependant, au milieu de ses prospérités, il avait parfois des accès d'humeur noire qu'il ne pouvait surmonter.

Souvent sa belle et gracieuse jeune femme le surprenait dans ces quarts d'heure de mélancolie, et lui disait avec un accent de doux reproche :

— Cher Max, à quoi pensez-vous ?

— Au passé, chère Stéphanie, à un passé si triste que mon bonheur actuel ne peut en effacer complètement le souvenir.

Vers la fin de l'automne de 184., Max était venu avec la princesse passer quelques jours auprès du grand-duc son beau-père. La cour grand-ducale résidait alors dans un château situé au milieu de montagnes sauvages, entourées d'immenses forêts séculaires où l'on faisait chaque jour des chasses magnifiques.

Un soir, Max revenait à cheval d'une de ces chasses, et il se hâtait pour arriver avant la nuit au château où la princesse l'attendait. Il s'était attardé à la poursuite d'un dix-cors qui avait entraîné fort loin la meute et les piqueurs, et il était suivi seulement de deux domestiques à cheval comme lui.

On ne se trouvait plus qu'à une demi-heure de marche de la résidence, quand le prince et sa suite s'engagèrent dans une gorge étroite, entre de hautes montagnes couvertes de sapins. Cette espèce de défilé était habituellement fort obscur à cause de l'élévation des rochers formant à droite et à gauche des murs perpendiculaires ; mais en ce moment le soleil, qui se couchait en face des voyageurs, y projetait obliquement une lumière rouge éblouissante. Le disque de l'astre du jour avait pourtant disparu déjà sous l'horizon, mais les nuages d'un pourpre éclatant qui l'environnaient avaient pris, comme il arrive parfois, l'aspect d'un immense incendie.

Au milieu de la route, on apercevait un personnage de grande taille, appuyé sur un bâton de montagne ; il demeurait immobile, et se dessinait en noire silhouette sur le ciel resplendissant.

Bientôt les cavaliers purent reconnaître que ce personnage mystérieux était une femme, enveloppée dans une mante de couleur foncée, assez semblable à celles en usage parmi les plus pauvres paysannes.

Cette femme examinait les voyageurs avec curiosité, et, bien qu'ils avançassent de toute la vitesse de leurs chevaux, elle ne se pressait pas de céder le passage. Enfin pourtant, quand ils ne furent plus qu'à une courte distance, elle gagna lentement le bord du chemin, où elle resta de nouveau immobile, appuyée sur son bâton.

Max, tout occupé d'admirer le magnifique coucher du soleil, avait à peine remarqué cette inconnue, dont l'apparence annonçait une mendiante. Comme il allait passer distraitement devant elle, on lui dit d'une voix forte :

— Max de Lichtenwald !

Le prince fit signe à l'un de ses valets de donner quelque argent à cette femme. Le domestique se mettait en devoir d'obéir, quand on ajouta d'un ton de colère et de mépris :

— J'ai souvent fait l'aumône, mais je ne l'ai jamais reçue... Prince de Lichtenwald, avez-vous si peu de mémoire ?

Max arrêta son cheval et regarda la prétendue mendiante avec plus d'attention. Alors il n'eut pas de peine à reconnaître la taille élevée, le visage osseux et bronzé, les yeux noirs et profonds d'une personne qu'il avait tant de raisons de ne pas oublier.

— Paula !... malheureuse Paula !... — dit-il avec émotion, — est-ce bien vous ?

Il mit pied à terre ; les domestiques, qui s'étaient arrêtés aussi, s'approchèrent pour prendre la bride de sa monture. Paula, car c'était bien elle, fit un geste impérieux.

— Renvoyez-les, renvoyez-les, — dit-elle, — il faut que je vous parle.

Le prince donna l'ordre à ses gens d'aller en avant avec son cheval, annonçant qu'il les rejoindrait bientôt ; mais les valets n'osèrent laisser leur maître avec cette femme suspecte ; ils se contentèrent de se retirer hors de la portée de la voix, et firent halte sous un bouquet de chênes, prêts à revenir au premier appel.

Max ne songeait déjà plus à eux, et il continuait d'examiner la bohémienne avec autant de curiosité que de pitié.

— Pauvre Paula, — répéta-t-il, — dans quel état je vous revois !

— Vous, du moins, — dit Paula de sa voix rude, — vous savez que si ma situation est misérable aujourd'hui, cette misère est volontaire... Eh bien ! oui, leur richesse m'inspirait de l'horreur. Quand Dieu envoie quelque part la fortune, il y envoie quelquefois aussi tous les maux ; afin que le riche se souvienne de la faiblesse humaine, il veut faire expier à ces privilégiés leur opulence ; et, vous l'avez bien vu, il n'a épargné aucun des miens, ni la jeune mère, ni le père ambitieux et fier, ni la pauvre fille si timide et si douce. Aussi n'ai-je pas voulu de leur or qui portait malheur. J'ai tout rendu, le jour où ceux qui m'étaient chers s'en sont allés de ce monde ; je n'ai voulu rien garder d'une fortune qui les avait si mal préservés des atteintes du sort. Avec le prix de quelques bijoux qui m'appartenaient en propre, j'ai su me créer une existence indépendante. Il faut si peu pour vivre, et la mort vient si vite !... Quelquefois, — continua la bohémienne d'un air sombre, — il semble qu'elle oublie les vieux, les pauvres, les malheureux, pour frapper les jeunes, les riches et ceux qu'on envie.

Le prince écoutait avec émotion ces paroles, où l'amertume se mêlait au détachement absolu des choses humaines. Il reprit avec douceur :

— J'ai admiré plus que personne votre désintéressement, Paula, bien que, suivant les idées du monde, il puisse paraître aveugle et précipité. Mais mes instincts nobles et généreux n'ont pu vous tromper, et l'on doit respecter les inspirations de votre conscience... Cependant, permettez-moi de vous demander si ce désintéressement ne vous aurait pas entraîné trop loin. Où demeurez-vous maintenant et comment vivez-vous ?

— Je vis dans le silence et l'isolement qui conviennent à une âme blessée... Mais ce n'est pas de moi qu'il s'agit. Prince de Lichtenwald (car on m'a dit que vous étiez prince aujourd'hui), pensez-vous encore quelquefois à... à celle que vous avez aimée d'un amour si vrai et si pur que cet amour a fini par trouver grâce devant moi ?

— Si j'y pense !... — répondit Max en soupirant : — Paula, pouvez-vous me le demander ?

— Et pourtant vous avez une femme charmante, et bonne autant que belle... J'ai voulu la voir aussi, cachée dans un taillis, quand elle passait dans une brillante voiture ; j'ai pu admirer sa grâce et sa beauté. Elle est digne de votre admiration, de votre tendresse, et vous l'aimez, n'est-ce pas ?

— Je l'aime.

— C'est justice ; cependant n'arrive-t-il pas souvent qu'un souvenir du passé... Prince, montrez-moi vos mains.

— Max la regarda d'un air surpris ; mais cette femme singulière frappa du pied et répéta brusquement : — Montrez-moi vos mains. — Enfin, le prince devina de quoi il s'agissait ; il se déganta en souriant, et Paula put voir à son doigt, à côté d'un anneau de mariage, la bague d'argent d'Odilia. Rien ne saurait peindre l'émotion de la bohémienne en acquérant la preuve que Max, au milieu de ses grandeurs, ne répudiait pas les douloureux souvenirs du passé. Elle si fière, elle déposa un baiser d'abord sur l'anneau, puis sur la main, et, quand elle se redressa, une larme, la dernière peut-être de ses yeux flétris, coula sur sa joue parcheminée. — Vous avez un brave cœur, — reprit-elle d'une voix tremblante, — et vous étiez vraiment digne d'elle... Pourquoi n'en ai-je pas toujours été convaincue ? Fatale richesse, qui me mettait en défiance contre tous ceux qui nous approchaient !... Mais quand même j'aurais pu reconnaître le véritable amour, que pouvais-je, malheureuse, contre la destinée ! — Elle se taisait, les yeux tournés vers la terre. Elle reprit enfin, comme si elle sortait d'un rêve : — Ce n'était pas non plus pour vous parler d'elle que j'ai désiré vous voir et que j'ai épié pendant trois jours l'occasion favorable de vous entretenir sans témoin... Un autre intérêt m'appelait ici ; mais quel intérêt ?.... je ne le sais plus. J'oublie tout, excepté ce que je ferais bien d'oublier peut-être ! — Après une nouvelle pause, elle reprit d'un ton plus calme : — J'y suis maintenant... Vous aimiez Odilia, je le vois, j'en suis sûre ; eh bien ! vous devez respecter ses volontés dernières. Vous refusez d'accepter la quittance des trois millions qui vous a été adressée après mon départ du Prieuré, et, malgré toutes les instances, vous persistez dans le désir de restituer cette somme à la succession Savinien. Prince, j'ai voulu vous dire qu'en vous envoyant cette quittance, je n'avais fait que me conformer aux volontés expresses de ma chère Odilia... Un jour, peu de temps avant sa mort, ma nièce était auprès de moi, quand Blanchard vint m'entretenir de plusieurs affaires d'intérêt qu'il disait urgentes. On ne se défiait pas de la pauvre Odilia, dont la raison paraissait alors perdue sans remède, et Blanchard me parla en sa présence des trois millions du Lichtenwald. Pendant notre conversation, ma nièce devint attentive ; toutefois, elle ne prononça pas une parole. Ce fut seulement après le départ de l'intendant qu'elle me dit d'un ton ferme, et où il n'y avait plus rien de son égarement ordinaire : « Ma tante, monsieur de Lichtenwald est un bon et généreux jeune homme ; je suis fâchée d'apprendre que sa principauté ait été obligée de recourir à un emprunt, ce qui annonce la gêne et la souffrance de ses sujets. Quand mon arbre sera desséché (vous savez maintenant ce que signifiaient ces expressions dans sa bouche !) vous ne réclamerez jamais cette somme, et vous prierez le comte Max de l'employer pour le bonheur de ses peuples. Vous m'entendez, ma tante ? et j'espère que monsieur de Lichtenwald ne refusera pas ce don, parce qu'il vient de moi. » Voilà exactement ce qu'elle m'a dit, prince, et je vous le répète, elle avait alors toute sa raison. Nous causâmes encore quelques instans, et jamais son esprit ne m'avait paru plus net et plus lucide ; puis sa tête se fatigua, le délire revint, et avec lui les bizarreries si gracieuses mais si tristes que vous connaissez... Et maintenant, monsieur de Lichtenwald, ferez-vous encore des difficultés pour accepter le legs de ma nièce ?

Max ne put retenir ses larmes en apprenant une circonstance qu'il avait ignorée jusqu'à ce moment.

— Mademoiselle Paula, — dit-il d'une voix altérée, — ce souvenir affectueux de notre chère Odilia me pénètre de reconnaissance. Nul ne saura jamais combien était vive mon admiration pour elle, et toute preuve d'intérêt de sa part m'est maintenant précieuse... Cependant, je ne dois pas vous cacher que l'avis de feu mon père, l'avis de mes conseillers, parmi lesquels se trouve le baron Schwartz, a été que ma dignité et celle de mon pays ne permettaient pas d'accepter un tel présent. Ma volonté elle-même serait impuissante peut-être...

— Quoi ! — reprit Paula avec sa violence passée, — suivez-vous les conseils de ce baron froid et rusé, qui juge tout d'après les calculs de sa sèche politique ?... N'écoutez que votre cœur, Max de Lichtenwald, et il vous dira que vous ne pouvez pas, que vous ne pouvez pas contredire au dernier vœu d'Odilia !

Le prince essaya de lui faire comprendre quels devoirs impérieux, quels préjugés inexorables lui imposait sa position souveraine ; l'opiniâtre bohémienne s'agitait, s'impatientait et ne voulait rien entendre.

Enfin Max reprit avec un faible sourire :

— Il y a là-dessous, bonne Paula, un sentiment de susceptibilité de notre part qui mérite indulgence ; mais qu'importe la forme si au fond vos désirs se trouvent réalisés ? Écoutez-moi : mes graves conseillers sont convenus en principe qu'on ne pouvait accepter un don de cette importance, mais aucun d'eux ne s'est avisé de se demander au moyen de quelles ressources la principauté pourrait un jour solder au même les intérêts échus ou à échoir. En réalité, nous sommes aussi gênés que jamais, et il me paraît impossible de payer une semblable dette sans recourir à des extrémités devant lesquelles on recule toujours. Laissez-nous donc la vaine satisfaction de crier bien haut que nous ferons face à nos engagemens, quand nous sommes en effet dans l'impuissance de nous acquitter. Si nos banquiers venaient jamais en France avec des sacs d'or ou d'argent pour désintéresser nos créanciers, alors seulement il serait temps de vous plaindre et de protester... Vraiment, mademoiselle, — continua-t-il en rougissant légèrement, — je suis confus de vous montrer ainsi à nu les misérables moyens auxquels nous oblige notre fière pauvreté; mais je sais que la tante Paula est incapable d'abuser de mes aveux.

Paula, malgré son inexpérience des affaires, comprit alors qu'en définitive sa volonté serait accomplie et le legs d'Odilia accepté; elle n'en demandait pas davantage. Femme d'action avant tout, elle s'inquiétait peu des petites subtilités derrière lesquelles s'abritait l'orgueil puéril des conseillers du Lichtenwald.

— Il suffit, — reprit-elle; — je ne vous retiendrai pas plus longtemps, car votre charmante princesse doit vous attendre avec impatience... Aimez-la, monsieur Max, aimez-la bien; mais, je vous en conjure, n'oubliez pas non plus... *l'autre*, celle dont vous portez au doigt l'anneau d'argent. Elle avait peu d'amis, et son souvenir est déjà effacé de la terre; il n'existe plus que dans votre cœur et dans le mien, et bientôt peut-être serez-vous seul au monde à cultiver ce précieux souvenir.

Elle parut vouloir s'éloigner. Lichtenwald lui prit la main.

— Paula, chère Paula, — lui dit-il avec chaleur, — nous ne pouvons nous séparer ainsi; puisque je vous ai enfin retrouvée, vous me permettrez bien de m'occuper de votre situation personnelle et de vous demander...

— Rien, prince, — répliqua Paula d'un ton farouche; — et cependant, — ajouta-t-elle aussitôt en adoucissant sa voix, — vous êtes la personne au monde à qui je regretterais le moins de devoir un bon office.

— Vous me direz pourtant où vous demeurez, afin que je puisse vous voir quelquefois, tout au moins veiller sur vous et vous protéger.

— Je n'ai pas besoin de protection; nul ne s'attaquerait à si bas que moi. D'ailleurs, ma pauvre retraite serait indigne de vous recevoir... Allons! adieu, Max de Lichtenwald; que Dieu vous comble de prospérités, vous et les vôtres, car vous savez aimer!... N'essayez pas de me faire suivre; je vais marcher toute la nuit, et demain matin je serai loin d'ici.

— Promettez-moi donc de me donner de vos nouvelles.

— A quoi bon? je suis redevenue une humble bohémienne qui a pris en dégoût tout ce qui excite l'ambition des hommes. Je ne demande qu'à mourir bientôt seule et oubliée.

— Paula, ne me laisserez-vous pas la consolation de satisfaire un de vos désirs? Formez-en un, et peut-être...

— Eh bien! donc, puisque vous le voulez, souvenez-vous de ceci : Quand une pauvre femme de ma race s'arrêtera dans votre pays, ne soyez pas si cruel envers elle que votre aïeul Sigismond l'a été pour ma mère.

En même temps, la rancunière Paula fit un signe de la main, et entra précipitamment dans le fourré, où elle disparut.

Depuis cette soirée, Max ne la revit plus et n'entendit plus parler d'elle. Sans doute la bohémienne, selon son vœu, mourut seule et oubliée dans sa retraite inconnue.

A peu près à l'époque où la tante Paula s'était montrée au prince de Lichtenwald pour la dernière fois, on apprit, dans les départemens formés de l'ancienne province de Lorraine, le mariage de Georges Vernon.

L'ambitieux conseiller de préfecture, débouté de ses prétentions à l'immense fortune Savinien, n'avait pas renoncé pour cela à la pensée d'arriver aux honneurs par un riche mariage. Aussi venait-il d'épouser madame Surville, autrefois institutrice d'Odilia.

Que voulez-vous? madame Surville était encore jeune, encore fraîche, encore jolie; elle ne manquait pas d'intelligence et d'expérience du monde. D'ailleurs et surtout elle tenait, tant des libéralités occultes de Savinien que de la générosité de Paula, quarante mille livres de rente, bien nettes et bien liquides; or, de pareilles dots ne sont pas communes en province.

Il y avait bien quelque chose à dire sur feu monsieur Surville, dont la forme se dessinait d'une manière passablement nébuleuse dans l'obscurité du passé; mais qui songe au passé quand le présent a tant d'éclat!

D'autre part, la position de l'ancienne institutrice au Prieuré avait bien été un peu équivoque; toutefois, il n'y avait pas eu scandale, et la richesse actuelle de madame Surville pouvait passer pour la juste rémunération des soins donnés à l'opulente héritière de Savinien.

Aussi le monde ne trouva-t-il rien à redire à un pareil mariage, et les notabilités locales ne manquèrent pas d'assister aux fêtes brillantes qui le signalèrent.

Vernon paraissait ravi; la fortune de sa nouvelle épouse, jointe à celle qu'il devait posséder plus tard, lui donnait les moyens de parcourir, avec des chances certaines de succès, cette carrière des honneurs dans laquelle il se jetait avec tant de fougue; et peut-être ses espérances n'ont pas été vaines, qui sait?

De son côté, Blanchard, à force de recherches, était parvenu à découvrir, au fond de l'Auvergne et à Paris, des parens plus ou moins éloignés de feu Savinien.

Les membres de la principale branche, à la vérité, n'avaient pas été encore retrouvés, et il avait fallu verser leur part de millions à la caisse des dépôts et consignations, où ils attendent peut-être encore leurs propriétaires.

Quant à la portion revenant aux autres collatéraux, elle fut répartie entre plusieurs individus; la plupart n'avaient jamais entendu parler de Savinien, et cette succession était pour eux comme si elle fût tombée du ciel.

Quatre millions échurent à un ancien porteur d'eau, qui, en apprenant l'heureuse nouvelle, devint fou de saisissement.

Trois autres millions revinrent à une famille de savetiers, dont le chef, après avoir touché son legs, ne cessa pas un instant d'être ivre jusqu'à la fin de ses jours.

Je ne sais combien de millions tombèrent en partage à un charbonnier de la rue Mouffetard; celui-ci, ne se trouvant pas assez riche, lui qui avait vécu pendant trente ans à cinquante centimes par jour, voulut jouer à la bourse et perdit tout.

Enfin, une centaine de mille francs seulement échut à de braves gens qui surent en faire un digne usage.

C'était une pauvre veuve, arrière-cousine de Savinien, qui avait six enfans. La bonne femme profita de ces ressources inattendues pour élever et établir convenablement sa famille.

Ce fut la seule partie de la riche succession qui fut bien employée; mais la fortune aveugle s'était trompée sans doute!

Et Blanchard, en voyant ce que devenaient les sommes énormes que son patron avait amassées au prix de tant de soins et de fatigue, disait en soupirant :

— Pauvre Savinien!... C'était bien la peine!

FIN DE LA DRYADE DE CLAIREFONT.

www.ingramcontent.com/pod-product-compliance
Lightning Source LLC
LaVergne TN
LVHW051509090426
835512LV00010B/2424